사회갈등과 정치적 소통

사회갈등과 정치적 소통

인 쇄: 2016년 6월 25일
발 행: 2016년 6월 30일

편저자: 고상두·민 회
발행인: 부성옥

발행처: 도서출판 오름
등록번호: 제2-1548호 (1993. 5. 11)
주 소: 서울특별시 중구 퇴계로 180-8 서일빌딩 4층
전 화: (02) 585-9122, 9123 / 팩 스: (02) 584-7952
E-mail: oruem9123@naver.com

ISBN   978-89-7778-463-5   93340

이 저서는 2013년도 정부(교육부)의 재원으로 한국연구재단의 지원을
받아 수행된 연구임(NRF-2013-S1A3A2054311).

사회갈등과 정치적 소통

고상두 · 민 희 편저

Social Conflicts and Political Communication

Edited by
KO, Sangtu & MIN, Hee

ORUEM Publishing House
Seoul, Korea
2016

서 문

우리는 주변에서 혼자 떠드는 사람을 가끔씩 보게 되는데, 그러한 사람을 의사소통의 달인이라고 부르긴 어렵다. 왜냐하면 의사소통에는 말하는 사람 뿐만이 아니라 듣는 사람의 입장도 배려되고 반영되어야 하기 때문이다. '소통'이란 우리말로는 흐름과 통함이 의미론적으로 결합되어 있고, 라틴어의 '커뮤니케이션'은 '공동(com)'이라는 의미를 내포하고 있다. 따라서 소통은 상호소통이 이루어질 때 진정한 본질을 갖게 되는 것이다.

소통은 인간 상호 간의 신뢰를 극대화시켜주는 방법이다. 경청을 전제로 하는 대화는 상대방의 세밀한 부분에까지 관심을 보이는 것이며, 이것은 무시, 회피, 경쟁과는 다른 정치적 태도에 해당한다. 오늘날 사회 이익이 다원화하고 정책결정과정이 민주화되면서 정치적 소통이 중요한 갈등해결 수단으로 부상하고 있다. 하지만 소통은 우리사회 구성원 모두가 그 중요성을 인정하지만 아직 우리사회에서 결핍되어 있다고 하겠다.

소통의 분석틀은 행위자로서 발신자와 수신자 그리고 행위의 대상인 메시지 혹은 정보로 구성되어 있는데, 발신자는 정보를 통제하고 왜곡시킬 위험이 있고, 수신자는 정보에 대한 불신을 가지고 있고, 정보는 방대한 양과 빠른 속도라는 문제점을 안고 있다. 이 책은 이러한 위험과 한계에도 불구하고 정치적 소통이 사회갈등을 해소하는 데에 어떻게 성공하였는지를 설명하고 있다. 물론 실패사례도 빠뜨리지 않았다.

이민규의 "갈등의 심리학적 이해"라는 글은 이 책에서 해결하고자 하는 대상인 사회갈등을 심리적 관점에서 분석하고 있다. 그는 후기 산업사회에서는 개인과 집단의 다양성이 증가하기 때문에 상호 불일치성이 늘어나는 등 갈등유발의 조건이 강화된다고 본다. 이러한 상황에서 경쟁, 불공정성, 판단오류 등이 사회갈등을 유발하는 중요요인으로 작용한다고 지적하면서, 갈등의 중재전략으로서 예방, 해결, 관리, 변혁이라는 4가지 전략을 제시하고 있는데, 이 중에서 어느 전략이 가장 좋다는 합의는 없고 상황에 따라 선별적으로 사용해야 한다고 주장한다.

사회갈등을 정치적 소통으로 해결하려는 국내외 사례연구로는 3명의 필자가 한국사례를 분석하고, 5명의 필자가 선진국 사례를 소개하고 있는데, 윤성이는 "뉴미디어 정치의 갈등과 소통: 과잉민주주의 대 과소민주주의"라는 글에서 한국사회는 과잉민주주의 사회가 아니라 과소민주주의 사회로 간주되어야 한다고 주장한다. 그는 오늘날 정치제도에 대한 불신이 높은 상태에서 네트워크 정치에 대한 시민의 참여가 증가함으로써 대의민주주의가 위기상황에 처했다는 일부 학자의 우려를 소개하고 있다. 즉 국가정책이 자주 시민의 저항에 부딪히고, 정치적 권위가 심각한 도전을 받고 있는데, 이것은 과거 권위주의 정권 시기의 과소민주주의와는 확연히 다른 모습인 것이다. 하지만 저자는 정치적 대표자가 주요 행위자인 대의민주주의 시각이 아닌 정보사회를 맞이하여 시민이 주요 행위자로 부상하는 참여민주주의 시각에서 보면 한국사회는 아직 과소민주주의이며 더 많은 정치적 소통이 필요하다고 주장한다.

　민희는 "한국의 지방 민주주의 엿보기: 광역의회 간 소통"이라는 글에서 정보사회가 도래하면 지방 민주주의가 활성화되고 시민참여의 정치 공간적 확장이 이루어질 것이라고 내다본다. 이를 위해 저자는 무엇보다도 지방의회의 역량 강화가 필요하다고 보는데, 그동안 지방분권이 중앙과 지방 간의 권력분점 차원에서 이루어졌다면, 앞으로는 지방 내 혹은 지방 간의 권한배분의 형태로 이루어지게 되고, 이 과정에서 지방의회는 단체장과 상호 균형적인 관계를 확립하고, 광역협의회 등을 통해 타 지방의회와 소통하고 협력하는 관계를 추구할 필요가 있다고 주장하는 것이다.

　장선화는 "한국의 사회적 대화 거버넌스: 제도적 실험과 소통의 한계"라는 글에서 한국사회에서 사회적 대화가 경제사회발전노사정위원회를 중심으로 시도되었으나 참여주체의 대표성과 노·정 간 소통의 한계로 인해 참여자 상호 간에 동반자적 관계가 형성되지 못하였고, 결과적으로 한국의 사회적 대화는 상호 대화를 통한 의사결정이 아니라 정부의 노동시장정책을 정당화하는 도구적 차원에 머무르고 있다고 평가한다. 하지만 한국의 사회적 대화 거버넌스의 다차원적 속성이 강화됨으로써 향후 사회적 대화의 진전 가능성은 잠재해 있다고 본다.

　서정건은 "제도지체와 정치소통: 미국 대의제도를 중심으로"라는 글에서 미국의회 내의 제도화는 전문성과 효율성을 높여 정책결정의 안정성을 증가시키지만, 그 대신 유권자의 의사를 대변하려는 개별 의원의 정책제안이 번번이 다수결의 장벽에 의해 무산된다는 점을 지적한다. 이처럼 제도화는 제도지체를 수반하기 때문에, 제도화된 정치는 빠르게 변화하는 사회적 수요를 반영하지 못하고 있으며, 미국의회는 이러한 한계를 극복하기 위해 의회 중심의 대의제에 네트워크 참여정치를 적극적으로 결합하는 수직적 동화를 시도하고 있다고 주장한다.

　고상두는 "유럽 정당의 중도화 전략: 이념 대결에서 정책 소통으로"라는 글에서 유권자의 이념성향이 중도화되면서, 이념적으로 대립해온 양대정당이 중도적 부동층을 겨냥한 중도화 선거 전략을 채택하는 경우가 늘어나고 있다고 주장한다. 유럽의 경우 이러한 전략은 진보정당에 의해 시작되었으나, 오늘날에는 이념적 선명성에서 비교적 자유로운 보수정당이 더 빈번하게 사용하고 있으며, 그 결과 정당과 유권자 간의 정책적 소통이 늘어나고 있다는 것이다. 저자는 한국사회의 안철수 현상이 이러한 관점에서 해석될 수 있다고 주장한다.

김성진은 "유럽 난민 갈등: 시리아 난민을 중심으로"라는 글에서 시리아 난민 사태가 유럽에 위기상황을 유발하면서 유럽연합 회원국 간에 공동 대처를 위한 정치적 소통이 늘어나고 협력 메커니즘이 생기고 있다고 주장한다. 시리아 난민은 그 규모의 방대함, 난민과 이주의 혼합성, 국제테러리즘과의 연계성 등으로 인하여 유럽연합에게 전대미문의 도전이 되고 있다. 하지만 저자는 이러한 도전이 오히려 유럽연합의 난민정책과 제도가 보다 신속하고 효율적으로 변화하는 계기로 작용하고 있다고 주장한다.

김민정은 "프랑스 낙태 관련 입법을 둘러싼 갈등과 정치적 소통"이라는 글에서 국가주의가 강한 프랑스에서 여성의 정책요구가 성공적으로 입법화될 수 있었던 사례를 소개하고 있다. 여성의 낙태비용에 의료보험을 적용하는 문제와 관련하여 행위자들이 서로 정책적인 갈등을 하였지만, 결국 여성권리부는 의제 설정을 주도하고 여성단체는 자문 및 의견수렴에 적극 참여하는 등 상호 소통과 역할분담을 통해 입법화에 성공하였다는 것이다.

심창학은 "프랑스 연금 개혁과 사회적 대화"에서 재정적자 해소를 위해 추진하는 연금 개혁은 사회구성원의 개혁에 대한 강한 반발 때문에 매우 해결하기 어려운 과제임에도 불구하고 정부가 대체로 연금 개혁을 성공적으로 관철하는 데에는 위원회와 토론회 등의 사회적 대화를 통해 소통하고 이해 관계자의 정당한 요구를 일부 수용하였기 때문이라고 주장한다. 이러한 소통과 타협의 과정을 거치기 때문에 프랑스의 연금 개혁에서는 무조건 연금 수급권이 약화되는 것이 아니라 일부 강화되는 내용도 담는 결과를 가져오게 된다는 것이다.

이상과 같이 사회갈등을 해소하는 데에 정치적 소통이 활용된 국내외 사례들을 살펴보면 서구 선진국에서 성공사례가 많이 나타나지만, 한국사회에서도 많은 가능성을 보여주고 있다는 점을 알 수 있다. 서구의 경험을 활용하여 우리의 가능성을 극대화한다면, 한국사회도 정치적 소통이 활발하고 그 결과 사회갈등이 긍정적으로 조절될 수 있는 미래가 올 것이라고 확신한다.

이 단행본이 나오기까지 음과 양으로 다섯 가지의 도움이 있었다. 첫째, 무엇보다도 한국연구재단의 사회과학연구(SSK) 지원사업 덕분에 지적 관심이 동일한 공동연구진이 활발한 토론을 할 수 있는 연구환경을 마련할 수 있었다. 둘째, 경상대 심창학 교수님은 우리 연구단 소속이 아니지만 단행본을 발간하는 데에 필요한 세부주제를 채워주기 위해 기꺼이 도움을 자청하였다. 셋째, 민희 박사님은 단행본 발간을 기획하고 원고를 모으는 등 온갖 수고를 도맡아 해주었다. 넷째, 도서출판 오름의 부성옥 대표는 본 학술서의 기획서를 보고 흔쾌히 발간을 수락하였고, 수차례의 교정을 거쳐 한 권의 책이 탄생할 수 있도록 해주었다. 다섯째, 우리 연구단이 발간하는 단행본 시리즈를 위해 주옥같은 글을 쓰느라 모든 필자들이 밤과 낮을 바꿔가며 애를 썼다. 모든 분들에게 감사를 드린다.

2016년 여름
정치적 소통을 희망하는 저자들을 대표하여
고상두

차 례

Contents...

Contents ···

갈등의 심리학적 이해

이민규 | 경상대학교

I. 들어가는 말

분업과 대량생산으로 특징지어지는 산업사회에서 수요가 공급을 이끌어 왔다. 지금의 우리사회는 컴퓨터, 모바일 등 전자 통신장치의 발달과 시공간에 구애받지 않고 정보를 얻을 수 있는 환경으로 변화하였다. 공급이 많아지고, 공급이 수요를 인위적으로 창출하는 것이 가능하게 되었다. 이런 환경이 자율성, 다양성, 개성, 감성 그리고 상대성을 중시하는 포스트모던 시대를 이끌고 있다. 개인 혹은 집단이 지니는 포부, 신념, 목표, 동기, 가치, 욕구의 다양성이 개인 내, 개인 간, 집단 간 차이를 만들고 갈등 유발의 조건을 형성하고 있다.

갈등은 개인적 수준에서 국가 수준까지 온 세상 구석구석에 산재한다. 갈등의 근원적 요인인 다양성이 역기능적으로 작동하면 부정적인 결과를 초래하게 된다. 먼저 갈등의 본질에 대해서 알아보고, 갈등의 심리적 매개 혹은 조절요인 그리고 갈등 중재 전략에 대해서 살펴보고자 한다.

II. 갈등의 본질

이해관계, 살아온 길, 그리고 세상에 대한 관점이 서로 다르면 갈등은 발생할 수밖에 없다. 평화로운 시기에 이런 갈등은 잘 관리되어 확산되지 않지만, 균형이 깨어지면 장기적인 폭력, 불안 그리고 극단적인 경우 전쟁과 집단학살도 일으킨다(Wagoner 2014). 갈등은 차이를 관리하기 위한 여러 가지 대안들 중 어떤 것을 선택할 수 없는 상태에서 일어나는 역동적인 과정이다. 따라서 갈등은 본질적으로 불일치(disagreement), 관련 당사자(parties involved), 지각된 위협(perceived threat), 그리고 욕구, 이해관계, 관심사(need interests concerns)의 요소를 포함한다(Ohana 2012). 불일치는 의견의 차이, 현실에 대한 해석의 차이 등을 말하며 실제적(true) 불일치와 지각된(perceived) 불일치로 구별할 수 있고 지각된 불일치는 오해에 의해서 확대된다. 사람들은 현재의 이슈, 과거 이슈와 관계, 조직 내에서의 역할 등에 의해서 갈등의 한쪽 당사자가 된다. 지각된 위협은 예상되는 혹은 기대되는 위협 즉, 위협이 있다고 생각하는 것으로 갈등 상황에서 사람들은 실제적 위협보다 지각된 위협에 주로 반응한다. 욕구, 이해관계, 관심사는 갈등의 문제를 말하며 돈, 음식, 물처럼 눈에 보이는 것일 수 있고 안전, 사랑, 복수처럼 눈에 보이지 않는 것도 있다.

갈등을 유형으로 분류하는 것은 갈등의 본질을 이해하고 갈등 중재 전략을 개발하는 데 도움을 준다. 분류 기준에는 갈등 당사자(예: 개인 내, 개인 간, 집단 간, 사회조직 내, 국제 간 등), 갈등의 맥락 혹은 갈등이 일어나는 사회적 삶의 영역(예: 정치, 경제, 문화, 이념 등), 갈등이면의 동기(예: 물질적 욕구, 문화적/정신적 욕구-가치 이념 규칙, 사회적 욕구-지위 역할 파워

등), 갈등의 결과(예: 생산적, 파괴적), 갈등의 기간(예: 단기, 장기), 갈등의
강도(예: 빠르고 충동적인, 느린), 갈등에서 폭력의 사용(예: 비폭력, 사소한
폭력, 심각한 폭력, 전쟁 등), 갈등의 표출(예: 잠재적, 표출적), 갈등의 규모
(작은, 거대한)가 있다(Ohana 2012).

Ⅲ. 갈등의 심리적 매개 혹은 조절요인

위에서 언급한 바와 같이 갈등의 전제 조건은 의견, 신념, 선호, 혐오,
요구 및 목표, 행위, 가치 등에서의 불일치 또는 양립 불가능 상태이며, 이런
전제 조건에서 갈등이 발생하기 위해서는 심리적인 매개 혹은 조절요인 즉,
경쟁, 지각된 불공정과 오지각(misperception)이 있어야 한다.

심리적 매개 혹은 조절요인인 **경쟁**의 역할을 개인 내 갈등과 개인 혹은
집단 간 갈등으로 나누어 살펴보는 것이 유용할 수 있다. 개인 내 갈등은
두 개 이상의 동기(목표) 혹은 욕구가 동시에 성취되어야 할 때 즉, 하나를
선택하여 결정해야 하는 경쟁상황이다.

Lewin(1951)은 선택할 대안들의 유인가(valence)에 따라서 세 가지 갈
등 상황으로 분류하였다(Diederich 2003); 접근-회피 갈등(approach-avoi-
dance conflict): 접근은 어떤 것으로 향해 가는 것을 의미하며 회피는 어떤
것으로부터 멀어지는 것을 말한다. 이 갈등은 한 목표가 동일하게 긍정적
측면과 부정적인 측면을 모두 지니고 접근 반응과 회피 반응을 유인하는
경우이다(예: 좋은 학점을 받고 싶고 동시에 공부는 하기도 싫은 경우). 접
근-접근 갈등(approach-approach conflict): 경쟁하는 대안들이 모두 긍정
적인 측면을 지니는 갈등 상황이다(예: 좋아하는 영화 두 편을 동시에 둘
다 보고 싶은 상황). 회피-회피 갈등(avoidance-approach conflict): 경쟁
하는 대안들이 모두 부정적인 측면을 지니고 있는 갈등 상황이다(예: 치과

에 가는 것도 싫고 동시에 치통으로 밤에 잠 못 자는 것도 싫은 상황).

개인 내 갈등의 강도는 욕구들이 유발한 긴장, 유인가의 크기, 심리적 거리에 의해서 결정된다. 예를 들어, 케이크를 먹고 싶은데 살찌는 것이 싫은 접근-회피 상황에서 긴장은 배고픈 정도와 체중 감소 욕구 간 경쟁이며, 유인가의 크기는 케이크를 좋아하는 정도와 체중 증가를 싫어하는 정도이고, 심리적 거리는 케이크를 구할 수 있는 정도와 목표 체중을 성취하는 정도이다. 대안들 간에 긴장, 유인가, 심리적 거리가 동등하게 강한 경우 갈등은 쉽게 해결하기 어려우며 장기적으로 이어질 가능성이 높다. 이때 심리적으로 가능한 해결 방법들 중의 하나는 대안들의 유인가를 변화시키는 것이다. 예컨대, 케이크 먹는 것의 부정적인 측면을 적극적으로 탐색함으로써 케이크 먹는 것의 가치를 낮출 수 있고, 날씬함을 유지하는 것에 대한 더 긍정적인 측면을 많이 수집함으로써 날씬함에 대한 중요성을 증가시킬 수 있다. 이렇게 유인가 강도를 조절하여 경쟁 대안의 선택을 용이하게 할 수 있다.

집단 간 경쟁에 의한 갈등은 Sherif 등(1961)의 "Robber's Cave" 연구에서 잘 이해될 수 있다. 그는 보이스카우트 캠프의 현장 실험을 통해서 집단 간의 승리-패배(win-lose) 경쟁이 강력한 갈등을 유발하고 외집단(out-group)에 대한 부정적 이미지를 만들고 내집단(ingroup)에 대해 응집력을 높이고 자긍심을 고취함을 밝혔다. 관찰된 현상에 대한 Sherif의 설명은 집단 간 기능적 관계에 기초해 있다. 두 집단이 부정적으로 서로 관계되는 상황(예: 두 집단에게 모두 중요한 목표를 한 집단만이 성취할 수 있는 상황, 이해관계가 상충되는 현실적 갈등 상황 등)에서 집단 간 관계는 강한 대립과 적대감으로 특징지어지고 집단 내 결속력의 증가와 함께 내집단 편애를 보인다. 집단들이 서로 공통된 프로젝트를 수행하거나 상위 목표에 도달할 필요성이 있을 때, 적대감은 감소하고 서로에 대해 더 호의적이 되고 집단관계는 조화를 이루는 경향이 있다(Valentim 2010).

갈등을 유발하는 또 다른 심리적 매개 혹은 조절요인은 지각된 불공정성 (perceived equity)이다. Walster 등(1978)의 공정성 이론(equity theory)에 따르면 사람들이 불공정한 관계에 있다고 지각하면 부정적인 심리적 상태에 놓이고 공정성을 회복하기 위해서 동기화된다. Geurts 등(1993)의 연구에서 불공정성을 더 많이 경험할수록 갈등도 더 많이 일어남을 밝혔다. 불일치하는 상황이 불공정성 경험에 영향을 주어 갈등을 많이 경험하게 할 수 있다. 또한 불일치 상황이라 하더라도 그 상황이 공정하다고 지각하면 갈등이 일어나지 않지만 불공정하다고 지각하면 갈등이 유발될 수 있다.

상황에 대한 잘못된 지각 즉, 오지각이 갈등의 심리적 매개 혹은 조절요인으로 작용할 수 있다. 불일치 혹은 양립할 수 없는 상태에서 그 상황을 잘못 지각하게 되어 갈등으로 이어지게 된다. 상황을 왜곡하여 잘못 지각하게 만드는 심리적 기제들에는 집단사고(groupthink), 집단양극화(group polarization), 내집단 편향(ingroup bias), 이기적 편향(self serving bias), 기본적 귀인 오류(fundamental attribution error) 등이 있다.

반대나 불일치가 집단에 대한 배신 혹은 불성실한 행위로 여겨질 수 있는 응집력이 높은 집단에서 집단구성원의 생각에 반대하는 것이 쉬운 일이 아니다. 집단사고는 매우 응집력이 높은 집단에서 의사결정을 할 때 현안 문제의 모든 측면을 비판적으로 검토하지 못하는 경향성을 말한다. 집단사고는 집단의 비판적 사고 과정의 실패를 의미하며 이것은 집단 내의 불일치, 의심과 갈등을 표현하지 못하게 하는 것이다(Adams & Galanes 2006). 따라서 집단사고는 현안들에 대한 지각과 이해를 왜곡하여 갈등을 유발한다.

집단양극화에 대한 Esteban과 Ray(1994)의 정의에 따르면, 개인이 속한 집단에서 구성원들의 속성들은 매우 동질적이지만 속하지 않는 집단과는 매우 이질적이다. 양극화된 사회에서 자신이 속한 집단구성원에 서로 동일시를 보이는 반면, 다른 집단에게는 사회적 혹은 이념적으로 분리된다는 생각을 한다(Esteban & Schneider 2008). 양극화는 집단 내 동질성은 높이고 집단 간 이질성을 극대화하여 대안을 선택해야 하는 상황에서 불일치를 왜곡하고 오해를 높여 갈등을 유발한다.

내집단 편향은 자신이 소속되어 있는 집단(내집단)을 다른 집단(외집단)보다 더 좋게 평가하는 것으로 집단 간 관계에서 잘 나타나는 현상이다(Cairns, Kenworthy, Campbell & Hewstone 2006). 내집단에 대한 편향은 외집단에 대해서는 부정적으로 평가하고 차별적인 행동을 수반한다. 따라서 집단 간 의사결정 상황에서 현안들에 대한 지각과 이해를 왜곡시켜 집단 간 갈등을 유발한다.

이기적 편향(예: 잘된 일은 내 탓, 잘 못된 일은 조상 탓)은 바람직한 결과에 대해서는 내적 귀인(예: 자신의 능력, 노력, 기술 등)을 바람직하지 않은 결과에 대해서 외적 귀인(예: 외부환경, 운 등)을 하는 것을 말한다(Shepperd 2008). 자신의 행동 결과에 대한 이기적 오지각은 의사결정 혹은 선택 상황에 대한 오지각을 일으켜서 갈등을 유발한다.

Ross, Amabile 및 Steinmetz(1977)의 연구에서 타인들이 크게 성취한 일이나 끔찍하게 실수한 것에 대해서 책임 혹은 원인을 개인의 기질이나 특성 탓으로 생각했고, 특정 상황에서 그 원인을 찾지 않는다는 사실을 발견했다. 이렇게 사람들이 타인의 행동에 대한 원인을 설명할 때, 기질적이거나 성격적인 요인을 과대하게 추정하고 상황적인 요인을 과소 추정하는 것을 기본적 귀인 오류라고 한다(Gilbert & Malone 1995). 기본적 귀인 오류는 종종 타인의 행동에 대한 판단을 왜곡시킬 수 있다(Berry 2015). 상대 집단 혹은 개인의 행동 특히, 나쁜 일에 대한 원인을 상황이나 외적인 요인이 아니라 상대편의 기질적 특성으로 지각함으로써 상대편의 행동 동기를 왜곡하게 되어 갈등을 유발하게 된다.

IV. 갈등 중재 전략

우리는 일상생활에서 갈등의 선행 조건이 되는 다양한 종류와 강도를 지닌 불일치를 경험한다. 갈등에 대한 근거 없는 믿음 가운데 하나는 갈등 당사자들이 이런 불일치하는 문제에 관해서 성실히 상의하면 갈등이 해결될 수 있다는 것이다. 해결할 수 있는 갈등도 있고 그렇지 못한 갈등도 있다.

특히, 기본적인 가치와 핵심 목표에서의 불일치에 대한 갈등은 해결하기 어려운 문제다. 그러나 제한된 자원의 분배와 목표를 달성하는 방법에 대한 불일치는 당사자들의 기본 가치와 목표가 양립 가능하다면, 의사소통을 통해서 해결 가능하다.

개인 내적인 욕구들 가운데 하나를 선택해야 하거나 집단으로 함께 의사결정을 해야 할 때 갈등이 생기며, 갈등을 억누른다고 해서 제거되지 않는다. 잠복할 뿐이다. 경험하는 다양한 갈등들에 대한 중재 전략은 갈등마다 다르다. 개인 내 갈등은 위에서 기술했듯이 개인 내 욕구들의 유인가를 조절하는 중재 전략이 유용하다. 즉, 경쟁하는 욕구들의 긍정 유인가와 부정 유인가를 변화시켜 힘의 균형이 깨어지면 선택은 더 쉬워지게 된다.

개인 간 혹은 집단 간 갈등 중재 전략에서 Ohana(2012)는 갈등을 어떻게 바라보는가 즉, 갈등에 대한 관점에 따라서 갈등 중재 전략을 예방(prevention), 해결(resolution), 관리(management), 변혁(transformation)으로 나누었다.

예방 전략에서는 갈등을 부정적이고 폭력적인 것으로 가정하며 갈등은 회피되고 일어나지 말아야 한다고 본다. 갈등을 예방하는 적극적인 방법에는 갈등 증폭 가능성이 있는 상황에 초점을 두는 '가벼운 예방'과 갈등의 근본적인 원인에 초점을 두는 '깊은 예방'으로 나눈다.

해결 전략은 갈등 당사자들이 서로 수용 가능한 방식으로 갈등을 기꺼이 해결할 수 있다고 가정한다. 이 전략의 목적은 갈등들을 완전히 해결하여 당사자들의 모든 욕구가 충족되고 갈등을 사라지게 하는 것이다. 그러나 어느 한편이 다른 편에 이기기 위해서 법이나 공권력을 행사하는 갈등에는 적용할 수 없다.

관리 전략은 갈등이 긍정적 혹은 부정적으로 처리될 수 있지만 갈등 그 자체가 긍정 혹은 부정적인 것이 아니라고 가정한다. 즉, 갈등은 중립적인 것이며 갈등 당사자의 행동으로 결정된 갈등 과정과 결과가 부정적·파괴적이거나 긍정적·생산적일 수 있다고 본다. 따라서 이 관점은 갈등에 대한 가치를 가정하지 않는다. 갈등 관리는 갈등의 강도와 결과를 통제하는 능력을 말하며, 갈등 관리 방법에는 권리 혹은 이해관계에 근거한 접근이 있다. 권리에 기초한 접근은 공식적인 기구에 기초하고 해결 결과는 강제되고 한 쪽 당사자 혹은 양쪽 모두에게 불만족스러울 수 있다. 이해에 기초한 접근은 갈등 당사자의 이해관계에 초점을 두고 문제의 근원일 수 있는 더 깊은 관심 사(욕구, 욕망, 가치, 공포 등)를 다룬다. 권리에 기초한 접근에 비해서 더 비공식적이고 모든 갈등 당사자들에 대한 존중, 적극적 경청, 효과적인 의사 소통을 통해서 갈등을 관리한다.

Thomas(1976)는 갈등 당사자들이 자신의 욕구만족 차원과 타인의 욕구 만족 차원의 두 차원의 조합으로 회피(avoidance), 수용(accommodation), 경쟁(competition), 협력(collaboration), 타협(compromise)의 5가지 갈등 관리 방식을 제안하였다. **회피 방식**은 다른 사람의 만족 동기와 자신의 만 족 동기가 모두 낮은 경우로 갈등에 직면하거나 처리할 때 비자발적이다. 회피 방식에서는 갈등 상황에서 어떤 의견도 내지 않는다. **수용 방식**은 다 른 사람이 원하는 것을 해주어 타인의 욕구는 만족시키나 자신의 욕구는 만족시키지 못하는 갈등 관리 방식이다. 갈등의 이슈가 자신에게 중요하지 않고 타인에게 중요한 것이라면 이 관리 방식이 적절할 수 있다. **경쟁 방식** 은 다른 사람의 욕구를 고려하지 않고 자신의 관점을 밀어붙이는 방식으로 자신의 가치와 신념에 반하거나 해를 주거나 잘못되었다고 믿은 일을 상대 편이 할 때 적절할 수 있다. **협력 방식**은 갈등의 win-win 관리 방식으로 자신의 욕구와 타인의 욕구 모두를 만족시키기 위해서 함께 작업한다. 기본 적인 가치관이 다르거나 신뢰가 부족하면 이 방식은 불가능할 수 있다. **타 협 방식**은 부분 승리-부분 패배로 각자 만족을 얻기 위해서 자신의 일부분 을 포기하는 것이다. 시간 압력이나 가치관의 차이로 협력이 불가능할 때 타협 방식이 유용한 선택지가 될 수 있다. 이 방식은 모든 당사자들이 포기 해야하는 것이 비슷하다고 생각하고 제시된 갈등 해결책이 모두에게 공정하 다고 느낄 때 잘 작동한다.

변혁 전략은 개인과 지역사회들이 당사자들의 불일치를 다룰 때, 승자-패배자(win-lose) 접근에서 벗어나 승자-승자(win-win) 접근으로 이끄는

데 목적을 둔다. 이 전략은 갈등의 본질과 표현이 영원히 변화하기 때문에 갈등 또한 영원히 끝나지 않는 과정으로 본다. 따라서 이 변혁 전략은 모든 갈등 당사자들이 평화롭게 공존하도록 하는 이해와 기술을 바탕으로 장기간 동안 다양한 수준에서 갈등의 개인, 구조, 관계 그리고 문화적 측면에 대한 변화를 다룬다. 4가지 갈등 중재 전략 가운데 어떤 갈등 중재 전략이 더 좋은지에 대한 합의된 의견은 없다. 갈등의 문제와 상황 그리고 당사자들이 원하는 갈등 중재 결과에 따라서 적절한 전략을 선택하면 된다.

【참고문헌】

Adams, K., & G. J. Galanes. 2006. *Communicating in Groups: Applications and Skills*. Boston MA: McGraw Hill.

Berry, Z. 2015. "Explanations and implications of the fundamental attribution error: a review and proposal." *Journal of Integrated Social Sciences, 5*(1). 44-57.

Cairns, E., J. Kenworthy, A. Campbell, & M. Hewstone. 2006. "The role of in-group identification, religious group membership and intergroup conflict in moderating in-group and out-group affect." *British Journal of Social Psychology, 45*(4). 701-716.

Daniel T. Gilbert, & P. S. Malone. 1995. "The Correspondence bias." *Psychological Bulletin, 117*(1). 21-38.

Diederich, A. 2003. "Decision making under conflict: Decision time as a measure of conflict strength." *Psychonomic Bulletin & Review, 10*(1). 167-176.

Esteban, J., & D. Ray. 1994. "On the measurement of polarization." *Econometrica, 62*(4). 819-851.

Esteban, J., & G. Schneider. 2008. "Polarization and conflict: Theoretical and empirical issues." *Journal of Peace Research, 45*(2). 131-141.

Geurts, S. A., W. B. Schaufeli, & B. P. Buunk. 1993. "Social comparison, inequity, and absenteeism among bus drivers." *European Work And Organizational Psychologist, 3*(3). 191-203.

Hatfield, E., G. W. Walster, & E. Berscheid. 1978. *Equity: Theory and research*. Boston: Allyn and Bacon.

Lewin, K. 1951. *Field theory in social science:* Selected theoretical papers. New York: Harper & Brothers.

Ohana, Y. 2012. *Youth transforming conflict*. Council of Europe and European Commission. Strasbourg: Council of Europe Publishing.

Ross, L. D., T. M. Amabile, & J. L. Steinmetz. 1977. "Social roles, social control, and biases in social-perception processes." *Journal of Personality and*

Social Psychology, 35(7). 485-494.

Shepperd, J., W. Malone, & K. Sweeny. 2008. "Exploring causes of the self-serving bias." *Social and Personality Psychology Compass, 2*(2). 895-908.

Sherif, M., O. J. Harvey, B. J. White, W. R. Hood, & W. C. Sherif. 1961. *Intergroup Conflict and Cooperation: The Robbers Cave Experiment.* Norman, Oklahoma: The University of Oklahoma.

Thomas, K. W. 1976. "Conflict and Conflict Management." In *Handbook of Industrial and Organizational Psychology.* pp.889-935, ed. by Marvin D. Dunnette. Chicago: Rand McNally.

Valentim, J. P. 2010. "Sherif's theoretical concepts and intergroup relations studies: notes for a positive interdependence." *Psychologica, 2*(52). 585-598.

제2장

뉴미디어 정치의 갈등과 소통:
과잉민주주의 대 과소민주주의

윤성이 | 경희대학교

I. 과잉민주주의에 대한 고민

최근 한국사회는 민주주의의 진전과 정보화의 확산이라는 이중적 변화를 동시에 겪으면서 정치사회적 격변을 경험하고 있다. 1987년 민주화 이후 시민사회가 급속히 성장하면서 시민들의 참여욕구는 나날이 폭증하고 있다. 권위주의 정권하에서 억눌렸던 정치참여의 욕구가 한꺼번에 분출되어 나온 것이다. 1987년 민주화 운동의 성공의 경험은 시민들의 정치효능감을 더욱 높여 놓았다. 시민들은 더 이상 자신들의 정치적 권한을 정부와 국회에 위임하지 않으려 한다. 자신들의 목소리에 귀 기울이지 않는 정치적 대표에 의존하기보다는 스스로 자신들의 요구와 이익을 표출하고 결집하고 성취하고자 한다. 1990년대 중반 이후 나타난 IT 기술의 발달은 이러한 시민참여의 욕구를 더욱 증폭시키고 있다. IT 기술이 확산되면서 시민들은 정치사회적 쟁점에 대한 정보를 빠르고 손쉽게 얻게 되었다. 시민들은 각종 온라인 네트워크에 접속하면서 자신들의 생각을 표현하고 다른 시민들과 의견을 공유하고 있다. 나아가 같은 생각을 가진 사람들을 모으고 결집하면서 무시할 수 없는 정치세력을 형성하게 되었다. 정부와 국회, 정당과 같은 대의제도가 중심이 되는 제도 정치와 시민들의 직접적 참여가 만들어내는 네트워크 정치 간의 충돌현상이 빈번히 발생하고 있다. 정치제도에 대한 불신이 높아가면서 시민들의 직접 참여 욕구는 더욱 커지고 있다. 경제개발협력기구(OECD)의 2013년 조사에 따르면 한국의 정부신뢰도는 24.8%로 스위스(82.2%), 룩셈부르크(80%), 노르웨이(71.1%) 등과 비교해 형편없이 낮을 뿐 아니라 OECD 전체 평균 42.6%에도 크게 못 미치고 있다. 국회에 대한 신뢰도 또한 심각한 수준이다. 한 언론사의 조사에 따르면 시민의 13.7%만이 국회를 신뢰한다고 답하였다(『세계일보』, 2014년 3월 27일).

정치제도에 대한 불신은 심각한 수준으로 높고 시민들의 네트워크 정치 참여는 급속히 증가하면서 우리의 대의민주주의는 위기상황에 처해 있다. 시민들은 정부나 국회가 결정한 주요 국가정책을 순순히 받아들이려 하지 않는다. 중앙정부뿐 아니라 지방정부의 정책에 이르기까지 거의 모든 쟁점 정책들은 시민들의 저항에 부딪히고 있다. 정치제도와 정치적 대표들의 권위가 국민으로부터 심각한 도전을 받고 있다. 한편에서는 이를 민주주의의 과잉현상이라고 우려한다. 시민들이 헌법에서 정한 정치제도의 권한과 권위를 인정하지 않고, 법에서 정한 절차에 따라 민주적 방식으로 결정한 정책을 수용하지 않으면서 자신들의 요구를 받아들이라고 줄기차게 주장하는 현실에 대한 우려이다. 많은 경우 이들의 정치참여 행위는 법과 제도가 정한 절차와 규칙을 무시하기 일쑤이니 과잉민주주의에 대한 우려의 목소리가 나올 법도 하다.

시민들의 요구를 묵살하고 기본적인 참여조차도 보장하지 않으면서 정권에 대한 일방적 복종을 강요하였던 과거 권위주의 정권은 분명 과소민주주의의 문제를 갖고 있었다. 그렇다면 오늘날 우리사회에서 빈번히 나타나는 정치제도에의 불신과 거역 그리고 제도와 절차를 무시하는 길거리 정치의 확산은 과잉민주주의의 문제를 보이고 있는 것인가? 이에 대한 답은 어떤

민주주의를 할 것인가에 따라 달라질 것이다. 산업사회를 지탱해왔던 대의
민주주의 모델을 전제로 한다면 현재의 상황은 분명 과잉민주주의의 모습을
보이고 있다. 그렇지만 참여민주주의를 기준으로 놓고 본다면 정책결정과정
에 시민의 목소리를 제대로 수렴하지 않는 현재의 상황은 오히려 과소민주
주의로 해석될 수 있다. 과잉 혹은 과소민주주의에 대한 우려에 앞서 어떤
민주주의를 할 것인가에 대한 사회적 합의가 더 시급한 문제이다. 대표중심
의 대의민주주의가 정보사회에서도 여전히 적실성 있는 통치방식이 될 수
있을지에 대해 우리 모두 고민해볼 필요가 있다.

　　과잉민주주의와 과소민주주의를 둘러싼 논쟁은 민주주의를 어떻게 정의
할 것인가라는 본질적 문제와 관련되어 있다. 민주주의가 무엇인가에 대
해서는 대표와 참여를 강조하는 입장을 중심으로 오래된 논쟁이 진행 중
이다. 대표의 역할을 강조하는 입장에서는 민주주의를 의사결정의 방식
(Schumpeter 1966), 혹은 민주적 원칙이 작동하는 일련의 정치제도로 이해
한다(Dahl 1999).

　　한편, 인간 본연의 가치를 강조하는 입장에서 민주주의는 시민적 덕목
(civic virtue), 삶의 방식(way of life) 혹은 공동체 이익을 추구하는 개인들
의 행위양식으로 이해된다(Arendt 1973; Putnam 1992). 이와 같은 민주주
의에 대한 상반된 시각은 '대의민주주의'와 '직접민주주의'를 중심으로 논의
되어 왔다. 대의민주주의는 민주주의를 '하나의 통치 방식'으로 이해하고,
이를 가장 효율적으로 실천할 수 있는 방법으로 '제도화'를 강조한다. 반면
직접민주주의는 민주주의를 '인민 본연의 가치 실현'으로 보고, 인민의 직접
참여를 중요하게 여긴다.

　　따라서 전자는 효율성, 책임성 등을 중시하면서 대표, 선거 등을 강조하
는 한편 후자는 자치, 인민주권 등을 기반으로 한 구성원들 상호 간의 숙의
및 참여를 강조한다. 대의민주주의를 주장하는 슘페터(Schumpeter)나 샤
츠슈나이더(Schattschneider)는 민주주의를 통치의 정당성을 획득하기 위
한 수단으로 간주한다. 따라서 민주주의는 자연스럽게 효율성, 책임성, 대표
제 등에 초점을 맞추게 되며, 정책결정과정을 주도하는 것은 정치 지도자

즉, 대표이다(윤성이 2009).

샤츠슈나이더(Schattschneider 2008)는 복잡한 현실세계에서는 대중이 통치에 관련된 충분한 지식을 갖추기 어렵기 때문에 대표가 필요하며, 인민의 자율적 참여보다는 대표의 선택이 더욱 중요하다고 주장한다. 슘페터(Schumpeter 1975) 역시 대중은 자신의 일상과 관련된 것만을 현실적으로 다루며, 정치적 사안을 다루어야 할 경우라도 그 행위능력이 현저하게 떨어지기 때문에 선출직 대표의 중요성을 강조한다.

이러한 이유로 인해 대의민주주의 시각에서 이상적인 민주주의는 정부 및 정당과 같은 제도권과 이에 관여하는 선출직 대표를 통해 실현된다. 인민의 의지 또한 대다수의 의지로서는 절대 대표될 수 없는 것으로 간주된다(한국정치연구회 1992). 인민 대다수의 참여에 의한 결정은 인민의 의지를 실행하는 것이 아니라 오히려 인민의 의지를 왜곡하는 것으로 여기기 때문이다. 따라서 이들은 직접민주주의자들의 시각인 최대 인민의 참여에 의한 통치를 비현실적이라고 비판한다. 결국 대의민주주의는 오랫동안 제도권을 중심으로 하는 공급자 혹은 엘리트 중심의 통치 방식으로 이해되어 왔으며, 수용자 중심의 자발적 참여는 점점 배제되기 시작했다(윤성이 2009).

이에 반해 바버(Barber 1984)는 대의민주주의의 대표 기제가 오히려 통치의 정당성을 약화시킨다고 주장한다. 대의민주주의하에서 개인은 정치로부터 고립될 수밖에 없으며, 자신의 이익을 추구하는 인간으로 간주되기 때문이다. 따라서 그는 '대표'가 아닌 '참여'만이 정부를 통제할 수 있는 유일한 방법이라고 강조한다. 인민의 직접 참여를 주장하는 학자들은 참여적 가치의 중요성을 강조한다. 개인은 참여를 통해서 자아를 실현하고, 사회적 정체성을 획득하며, 자기개발을 할 수 있다는 주장이다(김대환 1997).

또한 개인이 민주적인 의사결정과정에 직접 참여하는 기회를 갖게 되면서 사회적 일체감이 증대될 뿐 아니라, 정부에 대한 충성심이 강화되면서 정치체제의 정통성을 확보하는 효과적인 수단이 되기도 한다(Jefferson 1955, 99). 이러한 견지에서 본다면 정부에 대한 불신은 시민의 참여가 부족하여 정부와 시민 사이의 의사소통이 제대로 되지 않아서 발생하는 것이다(윤성이 2009).

　민주주의 모델을 둘러싼 대표와 참여 사이의 논쟁을 블라우그(Blaug)는 현직자 민주주의(incumbent democracy)와 비판자 민주주의(critical democracy)라는 개념을 통해 설명한다(Blaug 2002). 현직자 민주주의는 대의제도를 중심으로 하며 유권자들의 지지에 의해 적자생존이 결정이 되는 자유시장적 참여를 토대로 한다. 최근 민주주의 국가들이 겪고 있는 참여의 저하는 엘리트 중심적 의사결정의 질과 정통성을 훼손하는 문제를 야기한다. 현직자 민주주의자들은 이러한 민주주의 질 저하의 문제를 해결하기 위해 국민들의 정치적 요구를 수렴하고 이를 정책에 반영할 수 있는 정치제도를 개선하는 데 초점을 두고 있다. 여기에서 민주주의의 발전은 국민들의 이익이 제도를 통해 정확히 대표되는 것, 제도의 책임성을 강화는 것, 그리고 국민들이 생각하는 바를 정치엘리트가 보다 잘 이해하는 것을 의미한다. 결과적으로 현직자 민주주의의 발전은 참여의 효과적 관리를 통해서 가능하다(윤성이 2009).

　한편, 엘리트 지배에 저항하는 비판자 민주주의는 제도적 정치활동에서 배제된 주변(periphery) 집단의 참여와 권능(empowerment)을 강화하는 데 주안점을 두고 있다. 현직자 민주주의에서 참여가 시장원리에 기초하고 있는 데 반해, 비판자 민주주의에서 참여는 개인이 직접적으로 관여하는 광장(forum)을 기반으로 하고 있다. 이들은 주변의 목소리가 배제되거나 부당한 강요를 받지 않을 때 비로소 민주주의가 작동한다고 본다(Cohen 1991; Fishkin 1992).

　비판자 민주주의는 선출된 대표의 권위에 대해 회의적이며 개인 참여자들의 지식과 합의능력을 높이 평가하고, 개인의 참여를 통해 정통성이 확보될 수 있다고 본다. 비판자 민주주의도 제도의 최소한의 필요성을 인정하나, 이는 참여자들에 의해 지배되고 통제되는 것이어야 한다고 믿는다. 현직자 민주주의가 정치제도를 비로소 참여의 효과성이 실현될 수 있다고 믿는 반면, 비판자 민주주의는 구성원들이 공동의 관심사에 대해 집단적 지지를 보일 때 비로소 참여의 효과를 얻을 수 있다고 본다. 나아가 이들은 참여의

제도화를 급진적 에너지(radical energy)를 길들이기 위한 수단으로 인식한다(Blaug 2002, 106). 이처럼 대의민주주의자들은 엘리트 지배의 책임성을 제도화하려는 노력을 기울여온 반면, 직접민주의자들은 시민의식을 고양하고 엘리트들의 개혁을 강제할 수 있는 급진적 동원과 참여를 만드는 데 더 많은 열정을 쏟았다. 결국 대의민주주의와 직접민주주의 사이의 논쟁은 민주주의 질적 개선을 위한 점진적 진화의 노력과 급진적 변화에 대한 갈망 사이의 갈등으로 이해할 수 있다(Blaug 2002, 104; 윤성이 2009).

II. 뉴미디어 정치의 확산과 권력구조의 변화

1. 네트워크 권력의 특성

현대사회의 권력구조를 설명하는 대표적인 이론으로 미헬스(R. Michels)의 과두제의 철칙(The Iron Law of Oligarchy)이 있다. 현대사회의 모든 조직이 복잡해지고 관료화되면서 최고 지도층과 조직의 엘리트 집단에 권력이 집중된다는 것이다. 소수의 엘리트가 다수의 대중을 지배할 수 있는 것은 정보와 통치기술의 독점 때문이다. 엘리트 집단이 조직 운영과 관리에 필요한 중요한 정보 대부분을 생산하고 독점적으로 소유하면서 자신들의 권력을 유지한다.

또한 조직운영의 경험을 통해 엘리트 집단은 통치기술을 더욱 연마하고 그들만의 견고한 네트워크를 형성하게 된다. 반면에 일반대중들은 정보로부터 소외되어 있다. 비록 숫자가 많기는 하나 뿔뿔이 흩어지고 고립되어 있어 하나의 개체로 힘을 발휘하기가 어렵다. 이것이 소수의 엘리트가 다수의 일반대중을 통치하고 자신들의 권력을 지속적으로 유지하고 강화할 수 있는 메커니즘이다(윤성이 2013a, 46). 이러한 과두제의 철칙은 소수의 선출된 대표가 다수의 국민을 효과적으로 통치하는 대의민주주의가 유지될 수 있는 원리를 잘 설명하고 있다.

인터넷 기술을 기반으로 하는 디지털 네트워크가 확산되면서 엘리트 독점의 산업사회 권력구조, 즉 대의민주주의는 커다란 도전에 직면하게 한다. 정보와 네트워크의 독점력이 약화되었기 때문이다. 우선 디지털 정보가 무수히 쏟아져 나오고 있다. 과거에는 일반대중에 있어 정보부족이 문제였지만 이제는 정보의 과잉이 문제이다. 정보생산자도 정부나 엘리트 집단에 한정되지 않고 모든 개인이 정보의 소비자이자 생산자이다. 개인이 인터넷이나 소셜 미디어에 올린 정보는 TV나 신문보다 훨씬 빠르고 넓게 퍼져 나간다. 인터넷 공간의 개인은 더 이상 고립되어 있지 않다. 디지털 네트워크를 통해 촘촘히 그리고 폭 넓게 연결되어 있다.

지난 2008년 석 달 넘게 계속되었던 촛불시위는 한 고등학생에 의해 발화되었다. 안단테라는 인터넷 필명을 쓰는 한 고등학생이 포털사이트 다음 아고라에 이명박 대통령 탄핵 서명을 제안하는 글을 올렸다. 불과 한 달 만에 100만 명이 넘게 서명에 동참하면서 광우병 촛불시위의 기폭제가 되었다. 디지털 네트워크가 없었더라만 불가능한 일이었다. 촛불시위의 전반부를 주도했던 집단들은 정치 조직도 시민운동단체도 아니었다. 2008년 촛불시위의 특징은 전통적 비정치참여 집단으로 분류되었던 청소년과 주부들이 주축을 이루었으며, 개인들의 참여도 정치집단이 아닌 82Cook, MLB Park, 엽혹진 등과 같은 비정치적 동호회를 중심으로 나타났다는 점이다(윤성이 2013a, 47).

경제학의 롱 테일 현상(long-tail effect)에서 유래한 '롱 테일 정치(long-tail politics)'라는 새로운 개념은 네트워크 권력의 특성을 잘 설명하고 있다. 본래 롱 테일 현상은 전체 상품 가운데 가장 인기있는 20%의 상품이 매출의 80%를 차지한다는 80:20의 파레토 법칙이 디지털 경제에서는 더 이상 적용되지 않는다는 것을 말한다. 정보유통 비용이 거의 들지 않는 디지털 경제의 특성에 힘입어 80%의 소량 판매 상품이 전체적인 매출에서 차지하는 비중이 더욱 높아지게 된 것이다(강원택 2007, 98).

롱테일 현상은 정치 영역에서도 그대로 나타난다. 즉 이전에 정치적으로 대표되지 않았거나 무시되었던 소수의 정치적 요구가 인터넷 네트워크의 확산과 함께 여론 주도층으로 부상하게 된 것이다(강원택 2007, 102). 이와 같은 롱테일 정치를 가능하게 한 것은 인터넷의 네트워크 혹은 링크의 힘이다. 과거에는 뿔뿔이 흩어져 있는 개인들이 인터넷 네트워크를 이용해 서로의 생각을 공유하고 나아가 집단행동까지 조직하게 되었다.

라인골드(H. Rheingold 2002)의 '영리한 군중(smart mobs)' 역시 롱 테일 정치현상 가운데 하나로 휴대전화 네트워크를 기반으로 일반대중의 네트워크 힘을 보여주었다. 라인골드의 영리한 군중은 이동통신으로 무장한 다수의 힘을 상징하는데, 영리한 군중은 하나의 목표를 향해 나아가는 움직임에 동참하고 있다는 것을 스스로 철저하게 인식하는 군중을 의미한다(정연정 2004, 244). 영리한 군중은 일정한 리더없이 집합행동에 임하게 된다는 점에서 유동적이고 무정형적인 군중임에 틀림없으나 지식정보와 예리한 감성을 소지한 영민한 '인간적 대중'이란 점에서 지난날 대중사회론에서 말하는 무기력한 대중과는 전혀 다른 모습을 보인다(김문조 2005, 103; 윤성이 2013a).

이와 같은 디지털 네트워크의 확산은 조직과 개인의 구분을 무의미하게 만들었다. 소수의 정치엘리트들이 정치과정을 주도하면서 다수의 대중을 지배할 수 있었던 힘은 조직에서 나왔다. 거꾸로 대중은 수적 다수를 점하고 있으나 분산되고 고립되어 있어 조직으로의 권력을 행사할 수 없었다. 그러나 이제 네트워크는 흩어져 고립되어 있던 대중을 모으고 섞으면서 하나의 정치집단으로 바꾸어 놓았다. 그렇다고 위계적(hierarchical) 지휘체계를 갖춘 경직화된 조직은 아니다. 이들은 주체적 개인들이 수평적으로 연결된 느슨한 조직체계를 유지하고, 조직의 권력은 소수 엘리트가 아니라 네트워크로 연결된 개인들(networked individuals)이 창출해 낸다.

산업혁명과 함께 본격적으로 등장했던 대의민주주의 제도는 정보사회의 확산과 함께 위기를 맞고 있다. 정치제도의 유용성은 사회경제적 환경과 사회구성원들의 인식 및 행태와 특성과 밀접한 관계를 갖고 있다. 대의제도는 산업혁명의 진행에 따른 노동자 계급의 등장과 이에 따른 대중정당의 등장 그리고 보통선거권의 확산과 함께 발전해왔다. 정보사회로 들어오면서 사회 균열 체계가 복잡해지고 사회 내 이익을 부르주아 계급과 노동자 계급 간의 경쟁과 갈등만으로 정리하는 것은 더 이상 가능하지 않게 되었다.

대의민주주의의 근간을 이루는 정당체계가 대표 기능을 수행하는 데 근본적인 한계에 부딪히면서 대의민주주의 체제 자체가 위기를 맞게 된 것이다. 정치권력과 참여에 대한 시민의 의식 또한 정보사회가 진전되면서 변화를 보이고 있다. 정보사회 시민의 특성은 식견 있고(informed) 참여하는(participatory) 시민이라 할 수 있다. 이런 시민의 위상과 역할은 전통적인 산업사회 시민과는 다른 특성을 보이며, 그 차이는 네트워크라는 사회·정치 환경의 변화에서 비롯된다.

대의민주주의 제도에 대한 불신이 날로 높아져가고 있는 데는 몇 가지 이유가 있다. 우선 정치제도의 기능이 제대로 작동하지 않는 것이 큰 이유이다. 그 가운데서도 정당과 국회의 기능이 원활하지 못하니 시민들의 불신이 높을 수밖에 없다. 정당과 국회 모두 대의민주주의를 유지하고 작동시키는 핵심적인 제도들이다. 이들의 핵심 기능은 국민들의 정치적 의사를 대의하는 것이다. 그런데 정당과 국회 모두 국민의 정치적 의사를 대의하기보다는 자신들의 기득권을 유지하는 것이 우선이다 보니 국민의 불만은 높을 수밖에 없다. 매 선거 때마다 모든 후보들이 국회의원의 정치적 특권을 내려놓겠다고 공약을 한다. 물론 매번 말뿐이고 한 번도 제대로 지킨 적도 없지만, 의원들이 정치적 특권을 포기한다고 해서 정당과 국회가 제대로 돌아가는 것은 아니다. 정당의 대표적 기능은 이익결집과 이익표출에 있다. 국민들의 서로 다른 이익과 선호를 결집하여 법과 정책으로 표출할 때 비로소 대의기관으로서 역할을 제대로 할 수 있다.

정당과 국회가 대의기관으로 제대로 기능할 수 있을 것인가를 따져보기 위해서는 두 가지 문제를 고려해봐야 한다. 우선 정당들이 현대사회의 복잡한 이해관계를 제대로 대표할 수 있을지 따져 보아야 한다. 지금의 대의민주주의 제도, 특히 대중정당 제도는 산업혁명의 결과물이라 할 수 있다. 산업혁명과 함께 노동자 계급이 양산되면서 이들의 정치경제적 이익을 대변하기 위해 노동당 혹은 사회당 계열의 정당이 등장하였고, 부르주아 계급을 대표하는 보수정당들과 경쟁하는 정당체제가 자리 잡았다. 좌파와 우파정당이라는 이념정당 혹은 대중정당이 산업화 이후 기본적인 정당체제로 형성되어 수백 년을 이어온 것이다.

당시의 사회균열구조가 계급, 특히 부르주아 계급과 노동자 계급의 대립을 근간으로 하였기에 좌우 정당체제와 사회균열구조는 높은 친화성을 보였다. 또한 좌우 정당들이 이익결집과 이익표출 과정을 통해 정치사회적 갈등을 조정하고 합의점을 찾을 수 있었다. 적어도 서구민주주의 국가들에 있어 국민들의 정당일체감은 상당히 높은 수준이었고, 유권자들의 투표행태를 분석하는 데 있어 정당일체감은 매우 중요한 변수이다.

그렇지만 20세기 중반 이후 사회 다양화 및 복잡화와 함께 좌우 정당체제의 적실성은 점차 떨어졌고 국민들의 정당일체감 역시 지속적으로 약화되는 양상을 보인다. 우선 사회균열구조가 과거처럼 부르주아 계급 대 노동자 계급으로 단순화하기에는 자본주의와 시장경제는 매우 복잡하게 전개되고 있다. 계급 분화현상이 급속히 진행되면서 부르주아 계급뿐 아니라 노동자 계급 내에서도 차이가 발생하고, 계급 내부의 이익충돌 현상도 빈번하게 발생한다. 또한 계급 이외에도 환경, 인권, 여성 등 다양한 이슈들이 사회갈등의 중심축으로 자리 잡고 있다.

결국 좌파와 우파 정당체제로 복잡다단한 현대사회의 이해관계를 대표하고 갈등을 조정하기에는 근본적인 한계가 있는 것이다. 결국 정당일체감이 낮아지고 정당에 대한 국민 불신이 높아지는 것은 현재 정당들이 자신들의 역할을 제대로 수행하지 못하는 기능적인 부분뿐 아니라, 구조적으로 이익결집과 표출의 기능을 제대로 수행할 수 없는 사회균열의 다원화에서 비롯된 것이라는 점을 인식할 필요가 있다(윤성이 2013b).

대의민주주의의 한계를 논의하는 데 있어 고려해야 할 두 번째 문제는 '대의'의 적실성의 문제이다. 대의민주주의는 우리가 잘 아는 바와 같이 유권자들이 선거를 통해 자신들의 정치적 권리를 대표들에게 위임하고, 권한을 위임받은 대표들이 국민들을 대신하여 정치적 결정을 하게 되는 시스템이다. 엘리트를 중심으로 하는 대의민주주의 타당성에 대해서 여러 가지 공방이 있지만 대체로 현실적 이유와 규범적 차원에서 필요성이 인정되었다. 우선 현실적으로 모든 시민들이 정책결정과정에 참여하는 것이 물리적으로 불가능하기 때문에 대표를 선출할 수밖에 없다는 것이다. 규범적으로는 일반시민들에 비해 대표가 공공선의 관점에서 정치적 판단을 할 수 있는 자질과 전문성을 갖추고 있기 때문에 대의민주주의가 바람직하다고 주장한다. 정보화 시대에는 이러한 대의민주주의의 타당성을 주장하는 두 가지 이유 모두 더 이상 설득력이 없다.

우선 디지털 기술의 발달로 일반시민들이 정책결정과정에 직접 참여하는 것이 얼마든지 가능하게 되었다. 다음으로 디지털 정보의 확산으로 일반시민들이 정치사회적 이슈들에 대해 손쉽게 정보를 얻게 되고 상호 간의 소통도 활발해지면서 정치적 대표들에 못지않게 높은 이해력과 판단력을 갖추게 되었다. 결과적으로 시민들의 자신들의 정치적 권한을 더 이상 대표들에게 위임하지 않고 스스로 행사하고자 하는 욕구를 갖게 되는 것이다. 이와 같이 네트워크 사회의 대두와 정치 환경의 변화는 기존의 이성적이고 수동적인 동원의 대상이었던 시민의 역할과 위상도 재구성하고 있다. 이전의 정치참여가 집단적·조직중심적·동원적이었다면 네트워크 사회의 참여는 자발적이고 분산적이며 좀 더 직접 민주주의적 참여에 가까워지고 있다(윤성이 2013b).

2. 뉴미디어 시민의 특성

아리스토텔레스는 인간을 정치적(political) 동물이라고 정의했는데, 이를 당시 고대 그리스적 맥락에서 해석해보면 인간은 폴리스라는 공동체를 이루어 사는 존재라고 뜻이라고 풀이된다. 즉, 공동체와 그 구성원은 상호 교섭하며 상호 정의하는 관계에 있다. 개인은 그가 참여하고 있는 공동체에 의해 자기 정체성(identity)을 확보하며, 마찬가지로 한 공동체의 성격은 그 구성원 개개인의 정향에 의해 결정된다. 아리스토텔레스의 전통을 이어 인간을 공동체적 삶의 양식에 따라 정의한다면 오늘날의 인간은 네트워크적 동물이라고 새롭게 규정할 수 있다. 따라서 인터넷으로 대표되는 현대의 네트워크와 그것에 참여하고 있는 개인들 역시 상호규정의 관계에 있을 것이라고 추정하는 것은 매우 자연스러운 논리적 귀결이다.

정보사회의 네트워크를 통해 새로운 방식으로 정보를 얻고 인간관계를 조직하는 개인의 행태와 심리, 이념적 정향과 태도가 그 이전의 네트워크에 참여하던 개인들과 다를 것이라고 예측할 수 있다면, 그 역방향, 즉 정치적·경제적·사회적 동인들로 인해 이전 세대와 다른 특성을 지닌 새로운 세대의 개인들이 인터넷 네트워크에 참여함으로써 그 네트워크 자체의 특성에 영향을 준다고 가정하는 것도 마찬가지로 논리적으로 타당하다.

이처럼 정보사회의 정치가 산업사회 정치와 다른 모습을 보일 것이라 판단하는 근거는 시민의 특성이 달라진다고 보기 때문이다. 정치과정에 있어 시민은 주체이면서도 정치행위의 주요 대상이기도 하다. 미디어와 커뮤니케이션 양식의 변화가 개인의 일상생활뿐 아니라 정치현상과 권력에 대한 인식과 정치참여 행태를 바꾸어 놓는다는 점은 과거 문자의 발명과 출판기술의 발전 그리고 TV를 비롯한 대중 미디어 확산 등의 역사에서 잘 나타난다. 인터넷을 비롯한 정보통신기술의 발달 또한 개인의 정치인식과 정치 행태에 영향을 미칠 것이며, 따라서 정보사회의 정치 그리고 시민은 과거 산업사회의 그것들과는 차이를 보일 것이다.

사회 환경의 변화가 시민의식과 정치 행태를 바꾼다는 사실은 과거 많은 연구들이 입증하고 있다. 우선 달톤(Dalton)의 연구에 따르면 미국 시민의 의식과 정치행태에 있어 과거 의무적 시민(dutiful citizen)의 모습은 점차 약해지고 대신에 참여적 시민(engaged citizen)의 특성이 점차 뚜렷해지고 있다. 달톤에 따르면 의무적 시민은 '투표하기', '세금내기' '군복무 충실히 하기' '법을 준수하기'와 같은 행위를 중요한 시민적 의무로 인식하고 이를 잘 실천하는 사람을 말한다.

 한편, 참여적 시민 유형은 '결사체에 적극적으로 참여하기', '자원봉사에 참여하기', '불쌍한 사람들을 돕기', '자기의 의견을 형성하기', '정치에 적극적으로 참여하기'와 같이 자기표현을 적극적으로 하는 개인을 이상적으로 시민이라 한다. 정보통신기술 발달에 따른 커뮤니케이션 매체변화가 개인의 태도와 가치관의 변화를 가져오고, 이에 따라 이상적 시민의 모습도 변화한다는 것이 이 분야 연구 중 기술결정론자들의 주장이다. 미래학자인 탭스콧(Tapscott)은 정보통신기술 발달에 따른 개인의 가치관과 생활양식의 변화에 대해 보다 구체적으로 설명한다. 인터넷과 함께 성장한 디지털 세대(digital native)는 아날로그 세대와 다른 특성을 보이는데, 디지털 세대는 사회적 권위에 도전하는 의식이 강하고 정치참여를 통해 권력을 감시하는 데 적극적인 모습을 보인다. 탭스콧이 말하는 디지털 세대의 구체적인 특성은 다음과 같다.

 첫째, 디지털 세대가 가장 중요시하는 가치는 선택의 자유이다. 그들은 일할 장소와 시간을 스스로 선택하고자 하고, 다양한 선택지 가운데서 필요한 정보와 상품을 스스로 선택한다. 둘째, 디지털 세대는 제품뿐 아니라 일하는 방식도 자신들의 개성에 맞게 맞춤 제작하고자 한다. 자신이 선호하는 방식으로 제품을 변형해서 사용하며, 업무방식도 자신들이 원하는 시간과 장소에 맞춰 구성한다. 셋째, 디지털 세대는 정보를 철저하게 조사하고, 분석하여 스스로 판단하고자 한다. 이들은 뛰어난 정보검색 능력을 갖고 있으며, 이를 바탕으로 유입되는 정보를 사실과 거짓으로 판정하는 능력을 갖추고 있다.

 넷째, 디지털 세대는 약속을 지키고 성실함을 중시한다. 흔히 말하는 것처럼 디지털 세대는 자기중심적 세대가 아니며, 네트워크 안에서의 관계를 중시하고 공동체 정신을 갖고 사회봉사 활동에도 적극적으로 참여하는 성향을 갖고 있다. 다섯째, 디지털 세대는 협업에 익숙하다. 이들은 디지털 네트워크를 통한 관계 맺기에 매우 익숙하며, 다른 사람과 협력적인 일 하기가 일상화되어 있다. 여섯째, 디지털 세대에게는 일도 놀이처럼 즐거워야 한다. 이들은 생계유지를 위한 일도 즐거워야 하며, 일하면서 감정적 성취감을 얻고자 한다. 일곱째, 디지털 세대는 매사에 스피드를 추구한다. 일과 관계 맺기에 있어 즉각적 피드백을 중시하고, 빠른 속도의 발전을 지향한다. 여덟째, 디지털 세대는 혁신을 사랑한다. 이들은 발명의 문화 속에서 성장하였고, 디지털 세대에게 혁신은 전통적 명령과 통제의 위계질서를 거부하는 것이다(탭스콧 2009; 윤성이 2015).

그간의 다른 연구들도 디지털 세대는 과거 아날로그 세대와 다른 시민적 특성을 갖는다고 밝히고 있다. 기존 연구에서 말하는 정보사회 시민의 특성은 탈물질주의, 일상의 정치, 주체적 개인 그리고 감성 시민 등으로 정리할 수 있다. 우선 탈물질주의 특성은 개인의 욕구체계가 의식주와 같은 물질적인 면에서 벗어나 삶의 질, 인권, 환경, 자기 성취와 같은 탈물질적 가치를 더 중요시하는 것으로 가치체계가 바뀌었다는 점을 말한다.

둘째, 일상의 정치는 정치를 국회나 정당과 같은 제도화된 영역뿐 아니라 일상생활이 이루어지는 삶의 공간까지 확장하는 것을 말한다. 선거와 같은 정치참여뿐 아니라 비제도적 공간인 생활공동체 안에서 벌어지는 의사결정과 행동까지도 정치 행위로 인식하는 것이다. 또한 개인의 정치적 표현이 제도를 통해서만 나타나지 않고, 사적 공간 안에서 구성원들 간에 정치적 견해를 주고받으면서 정치적 선호를 표현하고 있다. 일상의 정치 속에서는 정치적 영역과 비정치적 영역 간의 구분이 모호해진다.

셋째는, 주체적 개인이다. 이는 자신의 삶을 스스로 결정하는 것을 말한다. 과거에는 집단 속의 개인으로 조직의 목적이나 가치가 개인의 주체적 판단보다 더 중요하였지만, 정보사회 개인은 공동체를 중시하면서도 개인행동의 판단 기준을 조직이 아니라 개인의 가치에 더 중점을 둔다. 주체적 시민은 과거 개인주의와 달리 공동체나 타인으로부터 고립되지 않고 다른 구성원들과 상호 연결되어 있으며, 개인의 이익만을 좇는 이기적 모습이 아니라 공동체의 이익을 중요시하는 이타적인 모습을 보인다. 정보사회에서의 주체적 개인은 고립화되고 원자화된 개인이 아니라 디지털 네트워크 안에서 상호 연결되고 소속감을 갖게 된다.

넷째는, 감성 시민이다. 정보사회의 개인은 정치적 판단과 행동을 함에 있어 이성 못지않게 감성을 중요시한다. 앞서 본 탭스콧의 설명과 같이 디지털 세대에게 일도 놀이처럼 즐거워야 한다. 디지털 세대의 정치 참여를 촉발하는 요인은 과거처럼 무거운 의무감이나 비장함이 아니라 즐거움과 재미이다. 이처럼 즐거움과 흥미를 동반하는 정보사회 개인의 정치참여 행태를 '유희적 참여(playful participation)'라고 설명한다(윤성이 2015).

이처럼 새로운 기술의 등장은 시민의 의식과 행동 방식을 바꾸고 있다. 기술발달에 따라 사회가 바뀌고 시민 또한 변하였다면 정치제도 역시 이러한 변화에 발맞춰 변화할 필요가 있다. 결국 대의민주주의의 위기를 해소할 정치개혁의 방향은 대의제도의 기능개선에 그치지 않고 대의민주주의 제도 자체에 대한 고민으로 확대될 필요가 있다. 200여 년 전 산업혁명과 함께 등장하기 시작한 대의민주주의제도가 현재의 디지털 시대에도 여전히 유효한 정치시스템인가에 대해 근본적으로 되짚어 보자는 뜻이다.

디지털 기술의 발달과 더불어 시민들은 더 이상 대의에 만족하지 않을 뿐 아니라 스스로 참여하고 결정할 수 있는 능력을 갖추었다고 자신하고 있다. 모든 정치제도가 각각의 장단점을 지니고 있다. 결국 정치제도의 유용성 혹은 적실성은 제도와 환경 그리고 시민 간의 친화성에 의해 결정될 수밖에 없다. 정치 환경과 사회구성원의 특성과 요구를 반영하고 수용하는 정치제도만이 안정적으로 기능할 수 있을 것이다. 따라서 정당정치와 대의민주주의의 개혁은 이러한 변모한 사회구조와 시민의 특성을 수용하는 방향으로 진행되어야 한다(윤성이 2013b).

3. 네트워크 거버넌스에 대한 요구

'정부의 실패' 그리고 '대의민주주의의 위기'에 대한 지적은 이미 오래전부터 시작되었다. 정부뿐 아니라 대의제도에 대한 국민의 신뢰가 나날이 떨어지고 있다. 정보통신기술의 발전은 네트워크 사회의 도래를 촉구하고 있다. 수평적 네트워크의 확산에 따라 정부 중심의 통치 방식은 끊임없이 도전을 받게 되고 시민사회의 참여에 대한 요구는 더욱 높아지고 있다. 이제 정부 중심의 통치는 정부와 시민 간의 갈등과 긴장을 높일 뿐 더 이상 적합한 통치방식으로 인정받지 못하고 있다. 정부 혹은 엘리트 중심의 일방적인 권력관계가 수용되지 못하면서 대의민주주의 운영방식 또한 변화를 요구받고 있다. 정부 혹은 대의기구가 일방적으로 정치과정을 주도하는 방식보다는 다양한 행위자들이 참여하는 체제 속에서 그들 간의 조정(coordination)·조종(steering)·조절(regulation)의 메커니즘이 작동하는 협력적 거버넌스 방식이 주목받고 있다(Kooiman 2003). 이러한 협력적 거버넌스 속에서 정부 혹은 대의기구는 정치과정을 주도하는 중심 혹은 허브가 아닌 다양한 행위가 가운데 하나 혹은 노드의 위치에서 역할을 수행하게 된다.

따라서 협력적 거버넌스 안에서 정부는 직접 문제를 제기하고 해결하는 기능보다는 다양한 이해관계를 조정하는 중재자의 역할에 충실하여야 한다. 정부가 독점적 권력을 행사하면서 시민사회 영역을 직접 통제할 수 없으며, 중앙집중적 권력을 바탕으로 자원의 배분에 직접 개입하는 행위 또한 용이하지 않게 되었다. 무엇보다 통치행위가 제도 중심의 공식적 방식의 행정처리에 한정되지 않고 민간과 함께하는 반관반민 혹은 정부와 민간이 함께하는 융합적 네트워크가 본격적으로 활용되는 방식으로 변하고 있다.

시민-정부 간의 역할 변화는 필연적으로 통치구조의 변화를 동반하게 된다. 정부 일방적인 통치방식의 한계가 지적된 것도 이미 오래전의 일이다. 또한 시민과 함께하는 거버넌스 통치방식이 필연적이라는 점도 수없이 지적되었다. 시민과 함께하는 거버넌스 방식으로 통치 시스템을 전환하지 못한 대가는 사회갈등의 증가로 나타났다. 27개 OECD 회원국가 대상으로 한 사회갈등지수 조사에 따르면 한국의 사회갈등 수준은 OECD 국가 중 네 번째인 0.71로 전체 평균 0.44보다 훨씬 높은 것으로 나타났다(삼성경제연구소 2009, 7). 사회갈등에 따른 경제적 대가는 매우 높은데, 사회갈등지수를 10% 낮추게 되면 1인당 GDP를 7.1% 증가시킬 수 있다. 만약 우리사회 갈등지수를 OECD 평균 수준으로 낮출 수 있다면 1인당 GDP를 27.0% 올릴 수 있다는 계산이 나온다(삼성경제연구소 2009, 11). 정부 주도의 일처리 방식이 치러야 하는 경제적 대가가 매우 높다는 것을 알 수 있다.

뉴미디어의 확산은 필연적으로 정치적 의사결정과정의 변화를 가져온다. 산업사회에서의 정치적 의사결정은 정부와 엘리트들이 주도하는 통치(government)의 형태를 띠었다. 수직적 정치제도를 통해 소수의 정치 엘리

〈표 1〉 뉴미디어 확산에 따른 정치적 의사결정과정의 변화

구분	산업사회	web 1.0시대	web 2.0시대
거버넌스 지향	대의민주주의: 책임성(accountability)과 반응성(responsiveness)	대의민주주의의 보완: 정치제도 중심의 참여 확산, 탑다운(top-down) 민주주의 사이버 공간을 통한 정부의 정보제공, 이슈에 대한 시민들의 피드백 가능	참여민주주의: 시민참여 중심의 바텀업(bottom-up) 민주주의 시민들의 적극적 참여를 통한 정부-시민 파트너십 형성
거버넌스 양식	통치(government)	정부 중심적 거버넌스	시민 중심적 거버넌스
가치적 지향	안정과 질서	효율성과 투명성	참여와 조화
의사결정의 주체	정부와 대중(mass): 의사결정자로서 정부, 공공서비스의 소비자로서 대중	정부와 공중(public): 의사결정자로서 정부, 협력적 참여자로서 공중	정부와 다중(multitude): 의사결정자로서 다중, 의사결정 조정자(coordinator)로서 정부
정책결정 과정	제도화된 소수의 중앙집권적 의사결정	공중의 협력적 의사결정참여	다중의 협업적 의사결정 (집단지성의 창출)
의사결정 네트워크	수직적 조직 네트워크	단일 허브(mono-hub) 네트워크	다 허브(multi-hub) 네트워크
문제점	정치적 무관심, 권위주의, 순응비용의 증가	얇은 민주주의, 엘리티즘(elitism), 정치적 불평등의 지속	집단적 광기 및 집단적 갈등으로 인한 거래비용의 증폭

출처: 윤성이, 『한국정치: 민주주의·시민사회·뉴미디어』(서울: 법문사, 2015), pp.308-309

트들이 정치적 의사결정을 주도하고 시민들은 정치적 소비자로 머무는 모양새이다. 소수의 엘리트가 정치적 의사결정을 주도하다 보니 거래비용은 줄어들지만 여론수렴이 제대로 되지 않은 결정사안에 대해 시민들이 저항하게 되면 정책집행 과정에서 순응비용이 과도하게 발생할 가능성이 높다. 과거의 새만금 사업이나 천성산 터널 공사, 밀양 송전탑 건설과 같은 사례가 이에 해당한다 할 수 있다.

한편, 정부 홈페이지를 통해 사회 이슈에 대해 정보를 제공하고 시민 여론을 탐색하던 웹 1.0시대에는 여전히 정부가 주도적으로 정치적 의사결정을 주도하면서 시민들의 협력적 참여가 가능했다. 정부 홈페이지를 통해 정보를 공개하고 여론을 수렴하면서 과거에 비해 국정 효율성과 투명성은 높아졌지만 엘리트 중심의 정치적 불평등 현상은 여전히 남아 있었다. 웹 2.0시대는 소셜 네트워크를 활용한 시민참여가 일상화되는 시기를 말한다.

이 시기 정치적 의사결정은 효율성과 투명성을 넘어서 시민의 적극적 참여와 조화를 중요시한다. 정치적 의사결정의 주체가 정부중심에서 시민중심으로 바뀌고 정부와 시민의 협력적 파트너십이 강조된다. 시민이 중심이 되는 협업적 의사결정 방식이 주를 이루고 정부는 조정자(coordinator)로서 역할하게 된다. 이러한 시민 중심적 거버넌스의 경우 참여 시민들 간에 협력과 조화가 잘 이뤄지지 않으면 집단적 갈등으로 인해 거래비용이 증폭되는 문제가 발생하기도 한다.

직접민주주의의 의사결정과정에서는 모든 구성원의 불만을 최소화하는 민주성의 가치를 우선시한다. 위계적 대의민주주의제도가 추구하는 효율성과 수평적 디지털 네트워크의 핵심가치인 민주성은 근본적으로 상호충돌 할 수밖에 없는 가치이다. 따라서 대의제도와 네트워크 질서가 공존하고 있는 현 상태에서 정부의 의사결정은 효율성과 민주성 어느 한쪽에도 치우치지 않아야 하는 과제를 안고 있다. 효율성을 강조하다 보면 사회적 합의에 이르기까지 치러야 하는 거래비용은 최소화할 수 있을 것이다. 그렇지만 정부의 의사결정이 사회적으로 수용되고 집행되는 데 들어가는 순응비용은 높아질 수밖에 없다.

　한편 모든 사회구성원들의 의사를 충분히 반영하는 의사결정이 만들어진
다면 민주성은 높아질 것이고 순응비용 역시 최소화될 것이지만, 의사결정
에 이르기까지 엄청난 비용과 시간이 발생하여 거래비용이 지나치게 높아지
면 문제가 발생한다. 결국 가장 바람직한 의사결정 방식은 거래비용과 순응
비용 사이에 적절한 접점을 찾는 것이며, 이러한 방식이 최선의 공적 가치
(public value)를 만들 수 있을 것이다. 다만 뉴미디어 사회의 정치와 시민
의 특성을 고려할 때 순응비용이 증가할 가능성이 매우 높으며, 따라서 다소
거래비용이 증가하더라도 의사결정과정에 있어 시민들의 참여와 협의를 중
시하는 참여민주주의 모델이 결과적으로 의사결정 비용을 줄이는 결과를 가
져올 것이다. 이는 또한 건강한 민주주의 발전을 위해 필연적으로 요구되는
정부의 정통성과 제도신뢰를 높이는 방안이기도 하다.
　그간 우리정부는 시민의 변화 그리고 정치 환경의 변화에 적응하려는 노
력을 보여 왔다. 무엇보다 정책결정과정에 있어 시민의 참여를 보장하려는
노력을 기울여 왔다. 그럼에도 불구하고 정부의 이러한 노력이 민주적 거버
넌스의 정착으로까지 발전하지는 못하였다.
　그렇다면 민주적 거버넌스는 어떻게 구축할 것인가? 사회 집단 내 혹은
집단 간 합의도출 및 의사결정 방식과 절차를 거버넌스라 정의한다면, 결국
뉴미디어 사회, 특히 소셜 네트워크 사회가 요구하는 사회적 합의방식은 단
일민주주의 모델 혹은 거버넌스 유형으로는 불가능할 것이며, 맥락에 따라
그리고 대상에 따라 다른 합의제도가 적용되는 융합 거버넌스 구축이 필연
적으로 요구된다.
　〈그림 1〉의 시민-정부 간의 역할 변화에 근거해보면 그간 정부는 정부강
제의 방식에서 벗어나 위임성과 대응성 단계까지 진전을 보였으나 협력과
시민우위 단계까지는 이르지 못하였다. 이를 거버넌스 유형에 따라 설명하
면 '도구적' 거버넌스의 도입을 시도하였으나 '보완적' 혹은 '전환적' 거버넌
스로까지는 발전하지 못하였다는 것을 알 수 있다. 스켈처 등(Sketlcher et
al. 2006)은 거버넌스와 대의민주주의의 관계를 '불가양립', '도구적', '보완
적', '전환적' 유형으로 구분하고 있다.

〈그림 1〉 시민-정부 간 역할 변화

출처: Vigoda, Eran(2008), p.479

　첫째, 거버넌스는 다차원의 공유된 주권 체제를 갖추지만 대의민주제는 국가의 헤게모니 체제이므로 서로 양립할 수 없는 '불가양립'의 관계에 있다고 볼 수 있다. 둘째, 중앙정부나 정치인들이 자신들의 정치적 목표 달성을 위한 도구로 거버넌스를 이용하는 '도구적' 거버넌스 유형이다. 셋째는, 시민참여의 거버넌스를 활용함으로써 대의민주주의 가진 정통성의 결여를 보완하는 '보완적' 거버넌스 유형이다. 끝으로, 중앙집중적 체제가 분권화된 네트워크형 정책결정 형태로 전환하는 '전환적' 거버넌스 유형이다. 여기에서는 '심의적' 거버넌스의 중요성과 '정치적 소통'으로서의 거버넌스(Bang 2004)의 중요성이 부각된다(Skelcher et al. 2006; 주성수 2008, 8-12).
　그간 한국 정부는 자신들의 지지기반을 확대시키고자 하는 목적으로 시민사회를 활용해 왔다. 유사한 정파적 성향을 갖는 시민단체와 운동가들을 중심으로 정부 위원회 등의 형식으로 국정참여 기회를 보장해왔고 시민단체에 대한 지원 역시 다분히 편향적으로 이루어졌다. 김대중, 노무현 정부를 통해 거버넌스가 부분적으로 진행되었지만, 정부-시민사회 관계가 사회통합보다는 사회갈등의 부작용을 심화시킨다는 부정적 평가를 받는 것도 이같은 정부 주도의 '도구적' 거버넌스 특성 때문이다. 이명박 정부 역시 '실용주의'를 앞세우며 시민사회를 필요에 따라 이용하려는 자세를 보여 왔다(주성수 2008, 28).

새로운 정부-시민관계의 방향은 궁극적으로 정부-시장-시민사회-시민이 함께 참여하는 '통합적(integrative)' 거버넌스 형태로 가야 할 것이다. 통합적 거버넌스에서 정부-시민사회 관계는 협력적 혹은 때때로 시민 우위적 형태가 되어야 할 것이며, 시민들은 파트너 혹은 주체적 행위자로서 역할과 권한을 행사하게 될 것이다. 통합적 거버넌스에서의 권력체계는 대의민주주의와 참여 혹은 직접 민주주의가 융합되는 모습으로 나타날 것이다. 그 과정은 행위자들 간의 이해관계가 충돌하는 정치적 긴장의 연속으로 구성되기 쉽다.

따라서 기존 수직적 질서체계와 새롭게 부상하는 수평적 혹은 네트워크 질서가 조화롭게 맞물리기 위해서는 무엇보다도 정부의 역할이 중요하다. 그것은 민주화와 정보화의 진행으로 인해 형성된 이질적 정치의식과 다층화된 이해관계를 정치과정에 적절히 흡수하고, 이들 간의 유연한 조화를 꾀하는 새로운 질서의 구축을 장려하고 모색하는 것이다. 즉 다양한 행위자들을 정책결정 네트워크로 유인하고 참여시키는 전략적인 '시민참여의 장려자'로 그리고 정책결정 네트워크를 구성하고 관리하고 통합하는 조정자로 그 역할을 수행하는 것이다(김용철 2010, 124).

III. 뉴미디어 정치 확산과 민주주의의 위기

1. 대의제도와 시민참여

뉴미디어의 확산과 함께 나타나는 새로운 시민의식은 긍정적 측면과 부정적 측면 양면을 모두 갖고 있다. 정치 참여의 측면에서 뉴미디어는 국회나 정당과 같은 대의제도와 소통하는 수단으로 활용되며, 시민 청원의 창구로도 활용될 수 있다. 이러한 온라인 시민참여는 개인의 정치 효능감을 높일 뿐 아니라 정치 무관심층의 참여를 촉진시키고 시민사회를 활성화시키는 긍정적 결과를 낳는다.

한편으로는 뉴미디어가 정치적 선동과 폭력적 참여의 수단으로 악용되는 경우도 있다. 또한 저질 패러디 리플 놀이는 정치를 희화화하는 부작용을 가져온다. 이러한 잘못된 온라인 참여로 인해 대의민주주의를 훼손하고 포퓰리즘을 확산하는 부작용이 생기기도 한다. 개인의 권리의식 강화의 측면에서 보자면, 뉴미디어가 정부 관료의 부정부패를 감시하고 대기업의 횡포를 고발하는 수단으로 활용될 수 있다. 이러한 온라인 활동은 시민들의 정치 권리와 소비자 주권을 강화하는 효과를 낳는다.

그렇지만 뉴미디어가 기성 권위를 파괴하거나 부당한 불매운동의 수단으로 활용되면서 공권력의 약화와 집단 이기주의의 확산을 불러일으키는 역기능이 생겨날 수도 있다. 사고의 다원화와 공동체 의식 측면에서는 뉴미디어가 창의적 사고를 확산하고 문화적 다양성을 증진하는 효과를 가져올 수 있는 반면, 일탈적 가치를 조장하고 사회갈등을 심화하는 문제를 양산할 수도 있다.

보울러(Bowler)는 시민의 정치참여 욕구는 제도 정치에 대한 불신과 이를 감시해야 한다는 책임감으로부터 발생한다고 말한다. 따라서 시민의 의사를 대표하는 정치제도들은 무엇이 시민으로 하여금 대의민주주의에 등을 돌리고 길거리로 나서게 만들었는지에 대해 우선 고민하여야 한다. 지금까지 정당은 대의민주주의를 운영하고 유지하는 데 핵심적인 기능을 수행해왔다. 정당은 사회의 주요한 의제를 설정하고, 이 의제들을 중심으로 다양한 집단의 이해를 집약하고 대표하면서 정치적 매개집단으로서 역할을 해왔다. 또한 정당을 중심으로 정치적 주장과 이해관계가 동원되고 대표되었으며, 정당을 통해 정치자원들을 충원해 왔다. 그간 정당에 대한 숱한 비판과 도전이 있었지만 대의민주주의를 유지하는 이러한 핵심기능을 수행하고 있었기에 지금까지 유지될 수 있었다.

그렇지만 디지털 네트워크의 확산과 이를 통한 새로운 정치참여 행태가 나타나면서 정당의 독점적이고 고유한 기능이 도전받기 시작했다. 따라서 향후에도 정당이 대의민주주의를 받치는 핵심제도로 유지될 수 있을 것이라는 확신은 없다. 무엇보다 네트워크 사회에서는 영역과 요소들 간의 역할과 권한에 있어 경계가 불분명해진다. 네트워크 안에서는 중심과 주변의 구분이 명확하지 않다. 네트워크 안에서도 다수의 노드와 연결되어 있는 중심이 존재한다고 하나 이는 일시적이고 가변적이다.

따라서 과거 대의민주주의를 이끌어갔던 거대 정치집단들 즉 정부, 국회, 정당이 불변의 중심세력이 되기는 어렵다. 시민사회 영역에 있어서도 거대 이익집단이나 소수의 시민단체가 여론을 대표하고 동원하는 독점적 권한을 행사하는 것이 더 이상 가능하지 않다. 네트워크 안에서는 소수의 중심세력보다는 다수의 주변집단이 힘을 발하는 롱 테일(long-tail) 현상이 뚜렷이 나타난다. 롱 테일의 힘은 디지털 네트워크의 연계성과 전파성으로 인해 가능하다. 그간 고립되고 단절되었던 주변세력들이 네트워크를 통해 서로 연결되고 섞이고 모이면서 힘 있는 정치세력으로 변모하는 양상이 수시로 나타나고 있다.

디지털 시대 시민은 정치과정의 결과물을 소비하는 수동적인 존재에 그치는 것이 아니라 정치적 쟁점의 형성과 여론의 향배 등을 적극적으로 주도하는 등 정치과정 자체에 영향력을 투사하는 적극적인 생산자로서 역할을 한다. 산업사회에서의 대의의 방식이 공급자 중심의 모델이었다고 한다면, 디지털사회에서의 대의의 방식은 "수요자 중심 참여모델"이라고 할 수 있

다. 디지털 시대의 정치참여 역시 기존의 정치참여와는 전혀 다른 양상으로
전개되고 있다. 즉, 선거 등의 제도적인 영역을 우회하여 비제도적인 영역을
중심으로 네트워크 운동이 펼쳐지면서 대의민주주의의 대표체제와 이해표
출을 완전히 허물어뜨리는 방식으로 나타나기도 한다. 그렇다고 정당과 선
거 등의 제도 정치의 영역이 소멸되지는 않을 것이다. 여전히 시민을 정치
적으로 매개하는 정당의 기능은 중요하고 앞으로도 그러할 것이다. 단, 정당
제도가 지속되기 위해서는 정당이 매개 혹은 "대의"해야 하는 대상으로서의
시민이 변화하고 있다는 점과 함께 '무엇을' '어떻게' 대의할 것인가의 문제,
즉 '대의'의 대상과 내용 그리고 방식이 변화하고 있다는 점을 명심하여야
한다. 새로운 비제도적 통로가 나타나고 있고, 그 중요성이 증가하고 있으
며, 이 부분에 대한 정당의 적극적 대응이 필요하다. 정당은 이러한 변화를
정확히 파악하여 새로운 시대에 맞는 방식으로 거듭나야 정치매개집단으로
서의 역할을 원활히 수행할 수 있을 것이다.

대의제도와 네트워크 정치 사이의 조화를 찾기 위해서는 우선 네트워크
사회에서 요구되는 시민참여의 형태는 무엇일까에 대한 대답이 필요하다.
이에 대한 답을 찾기 위해서는 우선 안스타인(Arnstein 1969)의 "시민참여
사다리"를 참조할 필요가 있다.

안스타인의 시민참여 사다리에서 제일 아래 두 단계인 조작(manipula-
tion)과 치료(therapy)는 시민의 힘이 전혀 없는 비참여 수준을 말한다. 이
수준에서 시민들은 정치과정에 전혀 참여하지 않으며 권력자들은 시민을
'교육'이나 '치료'의 대상으로 인식하고 있다. 정보제공(informing), 협의
(consultation), 그리고 회유(placation) 단계는 '형식주의(tokenism)' 차원
의 참여가 이루어지는 수준이다. 권력자들이 허용하는 수준에서 일반 시민들
은 자신의 견해를 밝히거나 정책 관련 정보를 얻을 수 있다.

그렇지만 권력자들이 일반시민들의 의견을 수용한다는 보장은 전혀 없으
며, 따라서 시민참여가 정치과정에 영향을 미치고 현상을 변화시킬 것이라
고 기대하기는 어렵다. '회유'는 수준 높은 형식주의 단계로 시민들이 권력자
들에게 조언을 하기는 하지만 정책결정의 권한은 여전히 권력자들의 몫이다.

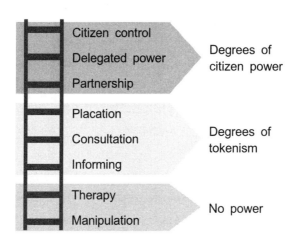

〈그림 2〉 안스타인(Arnstein)의 시민참여 사다리

출처: Sherry R. Arnstein, "A Ladder of Citizen Participation," *Journal of the American Planning Association*, 35(4)(1969), pp.216-224

참여 사다리의 가장 높은 수준은 파트너십(partnership), 권한위임(delegated power) 그리고 시민통제(citizen control) 단계로 시민들의 의사결정 권한이 점점 더 강해진다. 파트너십은 시민들이 전통적인 권력자들과 협상하고 거래할 수 있는 힘을 가진 것을 의미한다. 권한위임과 시민통제는 일반시민들이 의사결정에 필요한 다수 의석을 차지하고 있거나 혹은 완전한 통제권한을 가진 것을 말한다.

현재 대의제도와 네트워크 정치가 충돌하는 양상을 보이는 것은 상호 간에 허용하고 요구하는 시민참여의 수준이 다르기 때문이다. 대의정치가 허용할 수 있는 시민참여의 수준은 '형식주의' 차원의 시민참여인 반면에, 네트워크 정치는 시민들이 정치과정을 온전히 주도할 수 있는 시민통제의 수준이거나 최소한 파트너십 단계를 요구하고 있다.

2. 온라인 정치참여 방식

OECD(2001)는 정부-시민사회 간의 원활한 관계를 위한 시민참여 방법
으로 정보제공(Information), 협의(Consultation), 능동적 참여(Active parti-
cipation)를 제안한다. '정보제공'은 정부가 정책에 대한 정보를 제공하고,
시민이 정보에 접근할 수 있는 소통구조로, 정보의 흐름이 정부에서 시민으
로 일방적인 관계(one-way relationship)를 형성한다. 대표적인 예로 공공
정보 공개를 꼽을 수 있다.

'협의'는 정부가 정책에 대해 시민들에게 묻고, 시민의 반응을 살피는 참
여과정이다. 물론 시민의 피드백(feedback)을 받기 위해 정부는 사전에 시
민에게 정보를 제공해야 한다. 따라서 협의적 참여는 정보제공과 달리 정
부-시민사회 간 쌍방향적인 관계(two-way relationship)를 보여준다. '정보
제공'과 달리 '협의'의 경우 최근에서야 많은 나라들이 그 중요성을 인식하기
시작했다. 핀란드, 아이슬란드, 노르웨이, 스웨덴과 같은 몇몇 나라에서는
'협의적 방식'이 비공식적인 룰(rule)로 오래전부터 실천되어 왔다(김도희·
정준금 2006).

협의적 참여 수단으로는 정책결정에 대한 일시적 협의 수단과 지속적인
협의 수단으로 구분할 수 있다(이창원 외 2004). 일시적인 협의 수단으로는
공청회(public hearing), 포커스 집단(focus groups) 그리고 워크숍 및 세
미나 등이 있다. 뉴질랜드의 경우, 법안 작성 관련 자문이 의회 특별위원회
의 공청회를 통해 공개적으로 이루어진다. 이 밖에 지속적인 협의 수단으로
는 공개시간(open hours), 시민패널(Citizens' Panels), 자문위원회(Advisory
Committees), 공론조사 등이 있다. '공개시간' 방식에서는 일정 시간 동안
시민들이 의사결정자들에게 직접 접근할 수 있는 기회가 제공된다. 아이슬
란드의 경우, 모든 장관들이 일주일에 한 번씩 공개자문회를 개최하는데,
이때 시민은 정책집행 및 개발에 대한 의견을 개진할 수 있다. '시민 패널'의
대표적인 사례로 영국의 국민패널(the People's Panel)을 꼽을 수 있다.

국민패널은 전국에서 무작위로 선택되며, 연령, 성별, 거주지역이 골고루

분포되어 있다. 국민패널로 선출된 시민은 우편, 전화 설문, 면담 방식 등을 통해 정책집행과정에서 발생하는 분야별 문제들을 자문한다. '능동적인 참여'는 시민들이 의제설정 및 정책 입안에 적극적으로 관여하는 것을 의미한다. 이러한 참여 방식은 파트너십에 기반한 정부-시민사회 간 관계로써, 협의적 참여보다 한 단계 발전된 쌍방향적 관계를 보여준다. 물론 정책의 최종 결정 책임은 정부에게 있다(주성주 2004). 주요한 참여 수단으로 시민포럼(Citizens' Fora), 시민배심원(Citizens' Juries), 합의회의 등이 있다.

시민포럼은 시민 또는 시민단체가 만든 정책안을 직접 정책결정자에게 전달하는 기능을 하는데, 대표적으로 노르웨이의 '민주주의를 위한 청년 포럼'을 꼽을 수 있다(이창원 외 2004, 7). 이 포럼은 지역의 청년조직과 이익단체를 대표하며, 주로 국가정책에 대한 청소년들의 참여를 촉진시키는 방안을 제안한다. 포럼이 만든 제안서는 아동가정부 장관에게 제출된다. 캐나다의 '의료 시민포럼'은 정부가 국민의 보건 의료에 대한 관심을 증진시키고, 의료개혁 방안을 모색하기 위해 만든 것이다(Ham 2001; 주성수 2004, 137). 이 포럼은 의료 이해당사자와 시민 대표로 구성되어 양자 간 시각의 균형을 추구하고자 노력한다.

'시민배심원'은 최근 우리나라에서도 적극적으로 도입하고 있는 방식이다. 파주시의 경우 시장 공약사항을 평가하기 위해 주민배심원제도를 도입했는데, 배심원단은 파주 시민을 대상으로 무작위 추출방식을 통해 선정된다(『조선일보』, 2012년 6월 12일 자). 물론 다른 지방자치단체에서도 이와 유사한 시민평가단을 운영하고 있으나, 이들 대부분은 지역인사나 여론주도층을 중심으로 구성된다는 점에서 다르다.

또한, 우리나라의 경우 로컬 거버넌스 내의 갈등을 해결하는 데 주로 '주민배심원제도'를 활용한다. 핵폐기장 선정 사례와 같이 정부가 일방적인 사업추진을 해 지역 주민들과 극심한 갈등을 초래한 경우 주민 동의하에 '주민배심원단'이라는 중재기구를 구성하기도 한다. 이 경우 배심원단의 전문성 부족이 문제로 부각되기도 한다.

실제 울산 동구의 주민배심원제를 분석한 한 연구에 따르면, 주민배심원제의 경우 배심원단 대부분이 관련 분야 전문가들이 아님에도 불구하고 최종적인 결정을 내리기까지 활동 일정이 너무 짧아 지역의 주요 사안에 대한 의사결정에 어려움이 따른다는 것을 지적하였다(김도희·정준금 2006). 이러한 경우 전문가기구를 활용해도 좋다. 즉, 민간 갈등조정 자문기관인데, 이는 이해관계가 첨예하게 대립하는 갈등형 정책이슈를 주로 다룬다(삼성경제연구소 2009). 대표적으로 영국의 'Mediation UK'나, 미국의 'National Association for Community Mediation'이 이에 해당한다.

'합의회의'는 비전문가인 일반시민이 특정 이슈에 대해 전문가의 의견을 듣고 자신들의 의견을 교환하여 최종 의견을 수렴하는 제도이다. 합의회의의 경우 덴마크에서 처음 시작되었는데, 덴마크의 바이오테크놀로지 자문위원회를 대표적인 예로 꼽을 수 있다(주성수 2004, 139). 이는 바이오테크놀로지 분야와 직접 관련 없는 시민 대표와 전문가 집단이 중심이 되어 일 년간 시민패널과 전문가 포럼을 거쳐 최종 합의에 이른다.

그간 우리정부도 정책결정과정에서 시민들의 참여를 보장하기 위해 주민투표제, 시민배심원제, 자문위원회와 같은 다양한 합의방식을 운영하였다. 그럼에도 불구하고 이러한 제도가 운영되는 과정에서 오히려 사회갈등이 더 심화되거나 정부에 대한 신뢰가 급격히 떨어지는 부작용이 생겨났다(김소연 2007, 77-78). 그 원인은 다음과 같다.

첫째, 정부의 시민참여 수용시기의 문제이다. 정부는 시민들이 항의집회, 삭발, 단식 등과 같은 극단적인 행동을 취할 때 비로소 정책결정의 당사자로 시민을 수용하기 시작하였다. 이로 인해 정부에 대한 시민의 신뢰가 매우 낮은 상황이 되고 정부-시민 간 합리적 대화와 토론은 불가능하게 된다.

둘째, 시민참여 제도가 체계적이지 못하였고, 정부의 일관성 없는 대응의 문제를 노출하였다. 울산북구 음식물자원화시설 건립의 경우 시민배심원제를 도입하기로 합의한 후 채 일주일도 안 되는 기간 동안 배심원단을 구성하고 15일 만에 모든 논의를 마쳤다. 시민배심원 구성에 있어 구청, 시민단체, 종교기관 등이 배심원을 추천하는 권한을 행사하였고, 그 결과 배심원 구성에 있어 30대가 67%를 차지하였고 남성 배심원의 숫자가 여성의 두

배가 되어 외국의 단순무작위 선발방식과는 많은 차이를 보였다. 또한 부안 방폐장 유치사업의 경우 주민투표 도입여부와 도입 시기에 대해 정부당국자들의 입장이 제각각 달라 시민의 신뢰를 떨어뜨렸다. 김두관 행자부 장관은 주민투표를 시범적으로 실시하겠다고 발표한 반면 윤진식 산자부 장관은 주민투표법이 통과되기 전에서는 실시가 불가하다는 입장을 밝혔다. 주민투표 시기에 대해서도 고건 국무총리가 연내 투표가 가능하다고 언명한 반면, 김종규 부안군수는 총선 이후에나 가능하다는 입장을 밝혔다.

셋째, 정책합의과정에서 전문가들의 역할이 제대로 발휘되지 못했다. 천성산 원효터널 공사의 경우 일반시민의 경우 환경에 얼마나 영향을 미치는가를 판단하기 힘들기 때문에 전문가 집단의 평가는 결정적인 영향력을 행사할 수 있었다. 그런데 전문가 집단은 갈등을 해소하는 기여하기보다 오히려 불신을 심화시키는 문제를 낳았다. 환경단체와 철도시설공단 쌍방이 동수로 추천한 인사로 전문가 위원회를 구성하였는데, 양측 전문가들은 자신들을 추천한 측의 입장에 따라 활동하고 주장하였다(조옥라 2009, 277).

IV. 뉴미디어 시대의 민주주의

1. 상호융합의 원리와 유형

제도 정치와 네트워크 정치 간의 융합은 정부와 시민 간의 반응성을 높이는 데 초점을 두어야 한다. 이는 시민이 단순히 정부의 정보 혹은 서비스를 수용하는 수동적 고객이 아니라 공동 생산 파트너(co-production partner)로서 권한이 주어져야 한다는 것을 의미한다. 이를 위해 가장 중요한 것은 시민이 정보 흐름의 주도권을 가져야 한다는 것이다(Paoli & Leone 2015).

의제가 설정된 후에는 시민들이 대안을 검토하고 토론할 수 있는 공간과

제도가 보장되어야 한다. 대안에 대한 검토와 토론 후에는 시민들의 의사가 반영되는 정책결정이 뒤따를 것이다. 최종적인 정책 혹은 법안을 결정할 수 있는 권한은 여전히 정부 혹은 국회에 있다. 그렇지만 이러한 최종 결정과 정에 시민들의 의사와 판단이 충분히 그리고 무겁게 반영될 필요가 있다.

서구 여러 나라에서는 이미 이러한 "시티즌 소싱(citizen sourcing)"이 국정운영의 방식으로 도입되어 운영되고 있다. 시민이 정보흐름의 주도권을 갖는 시티즌 소싱은 정부에게도 주요 사안에 대한 상황적 인식을 높일 수 있는 효과를 주고 있다. 시티즌 소싱은 궁극적으로 정부의 반응성(respon-siveness)과 책임성(accountability)을 높이면서 굿 거버넌스(good govern-ance)를 구현하는 결과를 낳고 있다.

시티즌 소싱 모델은 설계(design), 실행(execution), 모니터링(monitor-ing)의 세 단계를 통해 구현된다(Linders 2012, 448). 설계 과정에서는 주요 의제에 대해 시민과 정부의 의견을 공유하는 작업이 이루어진다. 이러한 의견 공유를 통해 국정운영에 있어 대표성과 반응성을 높일 뿐 아니라 정부는 여러 정책 대안 가운데 최선의 것을 선택할 가능성을 높이게 된다. 전통적 정치과정에서는 타운 홀 미팅(town hall meeting) 등이 이러한 역할을 수행했으며, 디지털 네트워크 방식으로는 온라인 정책입안(eRulemaking) 등이 실행되고 있다.

두 번째 실행(execution) 차원에서는 크라우드 소싱(crowd-sourcing)과 공동전달(co-delivery)이 실행된다. 정부는 문제해결을 위한 온라인 플랫폼을 만들어 시민들과의 상호협력을 통해 문제를 해결하고자 한다. 또한 정부는 자신들이 운영하는 플랫폼뿐만 아니라 외부의 시민사회 혹은 시장 영역에서 실험을 통해 만들어진 혁신방안을 수용하기도 한다. 중요한 것은 국정운영의 주도권을 누가 갖느냐가 아니라 국정과정에서 나타난 문제점이 무엇인지 공유하고 문제해결을 위한 집단지성을 모으는 일이다. 정부와 시민사회 그리고 개인 간의 집단지성이 모아지는 과정에서 정부의 투명성이 높아질 것이며 정부에 대한 국민의 신뢰 또한 향상될 것이다.

마지막으로 모니터링 단계에서 중요한 것은 시민 리포팅(citizen report-

〈표 2〉 소셜 미디어 시대 시티즌 이니셔티브-시티즌 소싱(Citizen sourcing)

	설계 (Design)	실행 (Execution)	모니터링 (Monitoring)
참여 단계	Consultation and ideation - 시민의 의견을 정부와 공유할 수 있음 - 대표성(representation) 과 반응성(responsive-ness) 증진을 위한 시도 - 정부가 여러 정책 대안 들 중 최선의 것을 선 택하는 것을 도움	Crowd-sourcing and co-delivery - 개인적 차원에서 개인화(personaliza-tion)의 형태를 취함, 시민은 그들의 니즈 (needs)에 가장 적합한 서비스를 선택함 - 사회적 차원에서 사회적 기업과 자원 봉사 그룹을 통한 공공 서비스 형태를 취함	Citizen reporting - 시민은 정부에 다양한 정보를 제공 - 예컨대, 정부 서비스에 대한 피드백(만족감 등), 범죄 리포팅, 부패 모니터링 등이 포함
전통적 방식	Town halls, letters, election board	Crossing guard, park volunteer, charter school	311/911, survey, office visit
ICT- 기반 방식	eRulemaking, IdeaScale, eDemocracy party	CrisisCommons, Challenge.gov, PeerToPatent, government-run wikis	SeeClickFix, FixMyStreet

출처: Linders(2012), p.449

ing)이다. 이 과정에서는 정부정책에 대한 시민의 피드백과 새로운 의제에 대한 시민 제안이 이루어진다. 시민은 정부 서비스나 정책에 대한 피드백을 제공하고 자신들의 주변에서 발생하는 다양한 문제를 정부에 알리게 된다. 이를 통해 정부는 새로운 정책의제를 발굴하게 되고 시민과의 협력을 증진 하게 된다.

2. 새로운 민주주의 모델 탐색: 참여적 대의민주주의

현대 민주주의는 고대 그리스의 민주정 이래 고정불변이 아닌 진화하는 개념으로 인식되고 있다. 때문에 민주주의는 보편타당한 정치이념으로서 가장 큰 영향력을 가진 사상이자 제도로서 평가받고 있다. 그 만큼 민주주의는 단순한 정치적 체제로서의 의미만이 아니라 이념적으로나 제도적으로 중요한 의미를 가지는 가치이다(Norris 2002; 송경재 2006). 그런 차원에서 근대적 정체(polity)로서 민주주의가 정착된 이후에도 민주주의의 진화는 멈추지 않고 있다.

20세기 이후 민주주의의 대명사로 불리는 대의제 역시 민주주의 정체의 발전과 현대적 적용의 산물이라 할 수 있다. 이에 현대 민주주의 국가들은 모두 각 국가가 처해져 있는 정치 환경과 역사·제도적 맥락에서 자국의 민주주의 모델을 발전시키고 있다.

하지만 최근 민주주의는 새로운 상황에 직면해 있다. 대의민주주의에 대한 피로감이 누적되고 있는 현실이다. 민주주의 패러다임에서 대의민주주의는 20세기 후반부터 균열의 조짐이 보였다(최장집 2010; 임혁백 2000; Nye 1998). 국민은 정부를 믿지 못하고 새로운 탈물질주의적이고 개인주의적 가치관으로 무장한 새로운 세대의 등장, 여기에 정부의 국민과 이반된 정책의 실패로 인한 정권에 대한 국민의 지지철회 경향은 기존 전통적인 정치과정의 매개집단이랄 수 있는 정당, 결사체, 시민단체, 미디어의 역할마저 약화시키고 있다(Norris 2002; Barber 1998; Diamond 1999).

대의민주주의의 위기 징후는 곳곳에서 감지된다. 이에 많은 학자들은 대의민주주의를 보완하거나 대체할 수 있는 새로운 정체에 대한 고민이 활발하다. 그렇지만 학자들의 논의의 근간에는 민주주의 자체에 대한 부정이 아니라 민주주의의 내용적 확대와 새로운 정치체계로서의 민주주의를 더욱 강화하고자 하는 시도가 있다. 때문에 민주주의를 절차적 수준에서 또는 제도와 규칙을 준거로 하는 민주주의의 최소정의(minimalist conception of democracy) 차원이 아니라, 사회성원들이 정치참여를 통해 민주주의 가치

와 규범을 체득하고 이를 바탕으로 민주적 정치문화와 가치를 올곧게 실현
해야 한다는 주장이 제기되고 있다. 이에 대의제 민주주의를 보완 또는 대
체하기 위해 참여민주주의와 숙의민주주의 등이 논의되고 있다(Diamond
1999; 임혁백 2000; Barber 1998).

하지만 복잡한 정책 사안이 산재해 있는 현대국가에서 완전한 협의 절차
(deliberative procedure)는 사실상 불가능하다(Dahl and Tufte 1974, 23).
또한 하버마스(Habermas)가 언급한대로 '토론이 통치할 수는 없다(dis-
courses do not rule)'(Habermas 1992, 453). 디지털 시대의 정치 환경과
시민의 특성은 대표를 중심으로 하는 위계적 정치질서를 지향하는 대의민주
주의와는 제도적 친화성이 매우 떨어진다. 따라서 대의제도 즉 정당과 국회의
기능 개선에 초점을 둔 정치개혁 방안 역시 적실성이 떨어질 수밖에 없다.

시대에 적합한 새로운 민주주의 모델을 탐색하는 노력은 '움직이는 목표
물(moving target)'을 겨냥하는 작업과 같을 것이다. 이는 곧 시대에 따라
시민이 원하는 정치제도가 다르다는 것을 의미한다. 지금까지 정치개혁을
말할 때 가장 우선 대상이 되는 것은 항상 국회, 정당, 선거와 같은 대의민
주주의의 근간이 되는 제도들이었다.

다시 말하자면 지금까지의 정치개혁은 항상 대의민주주의의 패러다임 안
에서 구상되고 실천되어 왔다. 아마도 숱한 정치개혁의 노력에도 불구하고
그간 별다른 성과를 거두지 못한 것은 대의민주주의라는 기본 대전제를 벗
어나지 못했기 때문일 것이다. 정치 환경과 시민의 특성을 고려할 때 디지
털 시대 정치개혁은 대의제도의 개선보다는 참여제도의 확대에 초점을 맞출
필요가 있다.

민주주의 모델의 측면에서 본다면 참여적 대의민주주의제도에 대한 성찰
이 필요하다. 오랜 기간 동안 유지되어온 대의민주주의제도에 대한 경로의
존성을 일정 부분 인정하면서도, 정치과정에 있어 시민의 직접적 참여를 확
대하는 제도적 장치를 보완하는 방식으로 정치개혁이 이루어져야 한다. 민
주주의가 지향하는 가치 역시 '대표'보다는 '참여'쪽으로 무게 중심을 이동하
여야 하며, 집합적 의사결정의 비용도 거래비용보다는 순응비용을 줄일 수

<그림 3> 민주주의 유형과 대표자-시민 관계

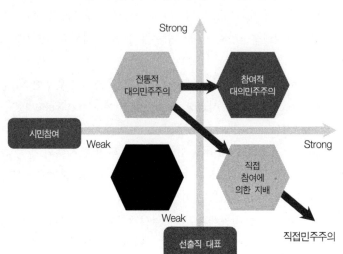

출처: Politech Institute, "eDemocracy_Award_Report_2005"(2005), p.6

있는 지점에서 이상적인 조합을 찾아야 할 것이다(윤성이 2013b). 디지털 시대의 사회갈등의 해소와 사회적 소통은 어떤 정치, 어떤 민주주의를 만들 것인가와 같은 정치적 지향점에 대한 고민에서부터 출발하여야 한다.

【참고문헌】

강원택. 2007. 『인터넷과 한국정치』. 집문당.

김문조. 2005. 『IT와 새로운 사회질서의 형성』. 정보통신정책연구원.

김상봉. 2004. "민족과 서로주체성." 『시민과 세계』 제5호.

문우진. 2007. "대의민주주의의 최적화 문제와 헌법 설계: 정치거래 이론과 적용." 『한국정치학회보』 41집 3호.

민 희·윤성이. 2009. "정보화시대에 있어서 대의제의 적실성 탐색." 『21세기정치학 회보』 19권 2호.

샤츠슈나이더 저. 현재호 외 역. 2008. 『절반의 인민주권』. 서울: 후마니타스.

울리히 벡 저, 정일준 역. 2005. 『적이 사라진 민주주의』. 서울: 새물결.

윤성이. 2006. "정책과정에서 온라인 시민참여의 제도화 방안." 『사회이론』 30호.

_____. 2009. "2008년 촛불과 정치참여 특성의 변화: 행위자, 구조, 제도를 중심으로." 『세계지역연구논총』 27집 1호.

_____. 2009. "민주주의 패러다임의 재성찰." 『현대정치연구』 2권 2호.

_____. 2012. "SNS와 참여민주주의의 미래." 『정치적 소통과 SNS』. 서울: 나남.

_____. 2013a. "디지털 기술과 권력구조의 변화." 『지식의 지평』 13호.

_____. 2013b. "디지털 시대의 정치개혁." 『자치의정』 16권 2호.

_____. 2015. 『한국정치: 민주주의, 시민사회, 뉴미디어』. 서울: 법문사.

윤성이·김주찬. 2011. "기술세대와 시민의식의 변화: 소셜 네트워크 서비스 활용을 중심으로." 『21세기 정치학회보』 21집 1호.

이극찬. 1999. 『정치학』. 서울: 법문사.

전상진. 2008. "촛불, 전문가지배에 대한 집단지성의 도전? 일반인과 전문가 관계 변동을 중심으로." 『온라인 세대와 촛불』. 정보통신정책연구원.

정연정. 2004. "영리한 군중(Smart Mobs)의 등장과 디지털 정치참여." 『국제정치논 총』 제44집 2호.

Barber, Benjamin. 1984. *Strong Democracy: Participatory Politics for a New Age.*

Berkeley: University of California Press.

Blaug, Richard. 2002. "Engineering Democracy." *Political Studies*, Vol.50. 102-116.

Buchanan, James M., and Gordon Tullock. 1962. *The Calculus of Consent: Logical Foundation of Constitutional Democracy*. Ann Arbor: The University of Michigan Press.

Coglianese, C. 2004. "The Internet and Citizen Participation in Rule making." *Journal of Law and Policy*, 1(1).

Cohen, J. 1991. "Deliberation and Democratic Legitimacy." A Hamlin and P. Pettit, eds. *The Good Polity: Normative Analysis of the State*. Oxford: Basil Blackwell. pp.17-34.

Curry, Nige. 2001. "Community Participation and Rural Policy: Representativeness in the Development of Millennium Greens." *Journal of Environmental Planning and Management*, 44권 4호.

Dahl, R. A. and E. Tufte. 1974. *Size and Democracy*. Stanford, CA: Stanford University Press.

Dalton, Russell J. 2009. *The Good Citizen*. University of California, Irvine.

Fishkin, J. S. 1992. *The Dialogue of Justice: toward a Self-Reflective Society*. New Haven, CT: Yale University Press.

Habermas, J. 1992. "Further Reflections on the Public Sphere." C. Calhoun, ed. *Habermas and the Public Sphere*. Cambridge, MA: MIT Press.

Hendriks, Frank. 2010. *Vital Democracy: A theory of Democracy in Action*. Oxford University Press.

INVOLVE. 2005. *People and Participation: How to Put Citizens at the Heart of Decision-making*. London: Involve.

Kinsley, Michael J. 1997. *Economic Renewal Guide: A Collaborative Process for Sustainable Community Development*. Snowmass. CO: Rocky Mountain Institute.

Norris, Pippa. 2002. *Democratic Phoenix: Reinventing Political Activism*. Cambridge, UK: Cambridge University Press.

Ostrom, Elinor. 1990. *Governing the Commons*. New York: Cambridge University Press.

Politech Institute. 2005. "eDemocracy_Award_Report_2005."

Pratchett, Lawrence. 2007. "Local e-Democracy in Europe: Democratic X-ray as the basis for comparative analysis." Prepared for the International Conference on Direct Democracy in Latin America. Buenos Aires, Argentina, 14-15 March.

Rheingold, Howard. 2002. *Smart Mobs: The next social revolution*. Basic Books.

Schumpter, J. A. 1975. *Capitalism, Socialism and Democracy*. New York: Norton.

Tapscott, Don. 2008. *Grown Up Digital: How the Net Generation is Changing Your World*. New York: McGraw-Hill.

Vigoda, Eran. 2008. "From responsiveness to collaboration." Edited by Nancy C. Roberts. *The age of Direct Citizen Participation*. Yew York: ME. Sharpe.

한국의 지방 민주주의 엿보기:
광역의회 간 소통*

민　희 | 경희대학교

Ⅰ. 서론

정보사회의 정치의 미래를 그려볼 때 예상할 수 있는 한 가지 변화는 아마도 지방 민주주의의 번영일 것이다. 지금의 지방정부들은 분권화를 시도하며 시민참여의 확장을 위해 힘쓴다. 이러한 시도들은 정치적 대표들의 연계를 재구조화할 가능성을 보여주며, 민주주의를 정당화하는 가장 강력한 움직임으로 나타나고 있다(카스텔 2008). 이 같은 맥락에서 이 글은 한국의 지방 민주주의의 문제를 다루고자 한다.

1995년 6월 27일 실시된 제1차 전국동시지방선거는 지방자치의 부활을 알리는 신호탄이었다. 급기야 2015년 지방자치는 20년을 맞이하였고 그동안 우리는 지방분권정책 추진에 역점을 두어 왔다. 일반적으로 분권(de-

---

* 이 글은 2015년 경기도의회와 함께 수행한 「정책보고서」 내용을 수정·보완한 것입니다.

centralization)은 중앙 수준의 정부로부터 지방 수준의 정부로 정책 결정에 관한 권위(authority)와 권력(power)을 이전시키는 것을 의미한다(전용주 2010, 112). 이러한 점을 상기시킬 때, 지방분권은 지방정부를 중앙정부로부터 분리시키고 자치권의 범위를 확대시키는 것으로써(이기우 2010), 민주주의의 원칙을 이행하는 지방자치의 가장 중요한 본질 중 하나라고 할 수 있다(정창화·한부영 2005).

그럼에도 불구하고 지방분권에 대한 평가는 여전히 밝지 않다. 2015년 3월 전국시도지사협의회, 전국시도의회의장협의회, 전국시장군수구청장협의회, 전국시군자치구의회의장 협의회로 구성된 지방 4대협의체는 공동성명서를 발표했다(『머니투데이』, 2015년 3월 20일 자). 이들은 지방자치법의 전부개정, 자치조직권 강화, 기관위임사무 폐지, 사회복지비 부담완화 위한 지방재정확충, 지방분권 개헌 공감대 확산을 주장했다. 지방분권화의 한가운데 위치해 있는 집행기관과 의결기관의 이러한 움직임은 역대 정부가 추진해온 지방분권정책이 큰 성과를 거두지 못하고 있음을 단적으로 보여주는 사례라고 할 수 있다. 우리의 지방자치는 지방분권의 시대적 필요성에 비해 분권수준에서 아직 미약한 실정을 보여주고 있는 것이다(부광진 2007).

그렇다면 지방분권의 실질적인 실현을 위해 우리가 보다 역점을 두어야 하는 부분은 무엇인가? 이 장에서는 이에 대한 해답으로 지방의회에 눈을 돌리고자 한다. 넓은 의미에서 지방분권은 지방자치단체로 하여금 지역사회의 일을 스스로 결정하고 해결하도록 정당성을 부여하는 과정이다. 이렇게 볼 때, 지방자치 시대의 지방분권은 풀뿌리 민주주의의 기능을 담당할 때 비로소 실현될 수 있다고 볼 수 있다(성태규 2006). 동시에 이러한 기능의 주도적 주체는 그 어떤 제도권 행위자보다도 지방의회에게 있는데, 이는 지방의회가 주민의 정치적 대표기관이면서 지방자치단체의 의결기관으로서의 지위를 지니고 있기 때문이다.

물론 지방분권에 있어서 지방의회의 역할이 중요함에도 불구하고 그동안 소홀히 다뤄진 데에는 몇 가지 요인이 작용한다.

첫째, 기존의 지방분권 논의는 의사결정의 주체가 중앙에 집중되는 것을

방지하기 위한 목적의 일환으로 지방행정개혁이 중심이 되었다. 특히 중앙
정부와 지방자치단체 간의 관계를 기반으로 한 행정사무 배분 및 이양 문제
에 초점이 맞추어져 왔다. 그렇다 보니 지방의회 혹은 지방의회 간 권한
및 기능배분에 대한 논의가 충분히 다뤄지지 않았던 것이다.

둘째, 제도적인 문제이다. 우리의 지방자치단체는 제도적으로 단체장과
지방의회를 분리시킨 기관대립형이다. 그 가운데 집행기관이 우위를 선점하
는 강시장-약의회 구조를 띤다. 지방자치단체는 기본적으로 단체장과 지방
의회가 상호 견제와 균형을 이루는 시스템으로 작동해야 한다. 하지만 이러
한 특징으로 인해 실질적으로 권력구조는 단체장에 보다 많은 힘이 쏠리기
마련이다(행정자치부 2014). 같은 맥락에서 지방분권정책의 추진 역시 중앙
정부가 주도하게 된다.

셋째, 법적인 문제이다. 우리의 헌법은 지방자치를 매우 추상적이고 불충
분하게 규정하고 있다(전용주 2010, 110). 더군다나 헌법이나 지방자치법에
는 지방분권화를 위한 분권적 철학이 제시되어 있지 않고, 분권화에 대한
개념도 명확하지 않다는 비판도 크다(정창화·한부영 2005, 59).

넷째, 지방의회 자질에 관한 문제이다. 이와 관련하여 지방의회에 대한
지역주민의 불신 심화와 무관심을 손꼽을 수 있다. 보다 부정적인 견해로는
지방의회 무용론까지 제시되기도 한다(김순은 2013; 유광호·박기관 2005).
2011년 한국지방행정연구원의 설문조사에 따르면 지방의회에 부정적 이미
지를 갖고 있는 응답자가 무려 69%를 차지했고, 지방의회가 주민의견을 '거
의 대변하지 못 한다'고 느끼는 응답자 역시 44.7%나 달했다(『경북일보』,
2011년 10월 3일 자). 지역주민의 이러한 인식은 지방의회의 제도적 한계뿐
만 아니라 지방의원의 함량 미달과 끊이지 않는 부정부패가 큰 영향을 미치
기 때문일 것이다.

요컨대, 지방자치 이념을 구현하고 지방자치제도의 안착과 발전에 있어
지방분권의 의미는 매우 크다. 여기에, 정치 환경의 내·외적 변화 역시 지
방분권화의 시대적 요청을 더욱 앞당길 것이다. 외적으로는 세계화 및 정보
화가, 내적으로는 정치세력들 간의 화합과 상생의 시급함이 지방분권화를

촉진시키는 데 기여할 것이다. 대표적인 지방분권적인 국가로 알려진 스위스와 독일이 각각 2004년과 2006년 지방정부의 권한을 강화하는 개헌을 단행한 사례를 볼 때 더욱 그렇다(안성호 2002). 보다 중요한 사안은 이와 같은 지방자치와 지방분권 간의 관계가 지방의회의 권한을 다양한 영역에서 확대해야 할 필요성을 함축하고 있다는 것이다. 즉 지금 우리는 지방의회 본연의 역할을 되찾고 전문성을 제고하는 일에 보다 관심을 가져야 한다.

이러한 인식하에 이 장에서는 지방의회, 특히 광역의회 간 관계에 중점을 둘 것이다. 이를 위해 광역의회 간 정치적·행정적 차원에서의 네트워크를 연구의 분석 단위로 설정하였다. 첫째, 정치적 차원에서는 특정 정책을 의제화 하는 데 있어서 광역의회 간 의사결정과정의 네트워크가 어떻게 작동하고 있는지 살펴본다. 둘째, 행정적 차원에서는 광역의회 간 원활한 정보 교류를 위한 의정지원시스템이 어떻게 작동하고 있는지 살펴본다. 마지막으로 선진국들은 지방정부 상호 간 소통을 위해 어떠한 제도들을 운영하고 있는지 알아보고자 한다.

II. 한국의 지방의회

지방의회는 지방분권의 촉진에 있어서 핵심적인 역할을 담당한다. 지방의회의 주요한 지위와 권한 중에서 '자치입법기관으로서의 지위'가 이를 증명한다. 자치입법권이란 지방자치단체가 그 자치권에 의거하여 관할영역 내에서 적용될 일반적 또는 추상적인 규정을 제정할 수 있는 권능인 자주법을 의미하기 때문이다(행정자치부 2014, 71-88). 그런데 이러한 지방의회의 지위에도 불구하고 우리의 지방의회와 지방자치는 상당한 거리감이 존재한다. 이와 같은 인식에는 제도적 요인의 영향력이 크게 작용한다고 볼 수 있다. 무엇보다 우리의 지방자치단체는 기관대립형 구조를 띤다. 일반적으로 지방자치단체의 유형은 기관대립형과 기관통합형으로 구분되는데, 전자는 단체장과 지방의회가 분립적으로 구성되는 경우로 의사결정권과 집행권이 별개의 영역으로 작동된다. 반면 후자는 지방자치단체의 의결기능과 집행기능이 단일 기관에 집중되어 있는 유형으로 위원회형, 의회-관리자형, 의회-민선행정관형으로 세분화된다.

기관대립형의 제도적 효과는 집행기관과 의결기관이 분리됨으로써 상호 견제와 균형을 유지할 수 있고, 집행기관에 대한 의회의 비판과 감시기능이 충실히 실행될 수 있다는 데 있다. 그럼에도 불구하고 현재 우리의 지방자치단체에서 지방의회는 제 역할을 담당하지 못하고 있다. 이는 기관대립형의 틀 속에서 집행기관 우위의 강시장-약의회의 권력구조를 형성하고 있기 때문이다. 구체적으로 집행기관인 지방자치단체장은 자치단체를 대표함과 동시에 국가 하부행정기관으로서의 지위도 취하면서 기관위임사무를 직접 처리할 수 있는 권한을 부여받는다(행정자치부 2014, 68). 지방의회를 견제할 수 있는 다양한 제도적 장치 또한 부여된다. 반면 현실적으로 지방의회는 집행기관의 인사 및 조직에 관한 통제권이 약하다(행정자치부 2014, 68). 이상과 같은 집행기관과 지방의회의 불균형한 관계의 지속은 지방의회의 위상 제고뿐 아니라 지방자치의 실질적 구현을 더욱 어렵게 한다. 결과적으로 지방의회는 지역주민의 대표기관이자 입법기관으로 기능하기보다 집행기관의 들러리를 서는 모양새를 취하게 된다(문상덕 2012; 김순은 외 2014).

지방의회의 위상은 법적 요인에 의해서도 좌우된다. 2011년 7월 개정된 지방자치법은 지방의회의 기능과 권한을 확대시켰다. 대표적으로 지방의원의 서류제출 요구 권한이 커졌고, 요구 절차 또한 간소화되었다(제40조). 이에 따라 폐회 중 지방의원으로부터 서류제출요구가 있을 경우 의장이 요구할 수 있으며, 시·도의회와 시·군·구의회의 행정사무감사 기간도 10일과 7일에서 14일과 9일로 각각 연장되었다(행정자치부 2014, 285). 그럼에도 불구하고 우리의 법체계는 지방의회의 역할을 강화하는 데 많은 한계를 노출하고 있다(문상덕 2012). 무엇보다 지금의 헌법은 지방자치의 원칙과 내용을 상세히 규정하기보다 법률에 유보한다. 자치입법권 또한 '법령의 범

〈표 1〉 지방분권의 원칙 – 헌법 제8장 제117조, 제118조

> 제117조 지방자치단체는 주민의 복리에 관한 사무를 처리하고 재산을 관리하며, 법령의 범위 안에서 자치에 관한 규정을 제정할 수 있고(제1항), 지방자치단체의 종류는 법률로 정할 것(제2항)
>
> 제118조 지방자치단체에 의회를 둘 것(제1항)과 지방의회의 조직, 권한, 의원선거와 지방자치단체의 장의 선임방법 기타 지방자치단체의 조직과 운영에 관한 사항은 법률로 정할 것(제2항)

위'로 한정함으로써 자치에 관한 규정을 제정하는 데 여러 가지 제약이 뒤따르고 있는 현실이다.

이러한 이유로 인해 많은 학자들은 현행 지방의회 관련 법률의 전반적인 보완이 필요하다는 것을 강조한다(정창화·한부영 2005; 김병기 2007; 이기우 2008; 최봉석 2009; 문상덕 2012). 정창화·한부영(2005)은 현행 헌법이 지방분권화의 의지를 제대로 선언하고 있지 못하다고 비판한다. 지방자치단체의 종류, 조직, 사무 수행, 운영 등에 관한 내용들이 헌법에 명시적으로 규정되어 있지 않다는 것이다. 허진성(2015)은 지방자치법에 관한 대법원 판결을 제시하며, 지방자치법 개정의 필요성을 강조한다. 대법원은 "지방자치단체는 법령에 위반되지 아니하는 범위 내에서 그 사무에 관하여 조례를 제정할 수 있는 것"이라고 판시하고 있는데(대법원 1997. 4. 25. 선고 96추244 판결), 이를 '법률의 범위 안에서' 또는 '법률에 위반되지 아니하는 범위 안에서'로 개정하는 것이 바람직하다는 것이다(허진성 2015, 20).

이와 같은 인식을 시작으로 최근에는 지방분권에 관한 개헌 논의가 매우 활발하다. 지방분권의 실현을 위한 헌법개정안 논의로는 크게 세 가지 방안이 제시되고 있다. 지방자치강화형, 광역지방정부형, 연방정부형이 바로 그것이다(전용주 2010, 117). 먼저 지방자치강화형은 현재의 헌법을 유지하는 선에서 지방자치단체의 권한을 어느 정도 강화시키자는 방안이다. 다음으로 광역지방정부형은 지방자치단체의 권한 강화뿐만 아니라 입법부를 현재의

단원제에서 양원제로 변경하자는 방안이다. 그리고 이를 통해 입법과정에서의 지역 대표성을 확대시키자는 것이다. 마지막으로 연방정부형은 현재의 단방제적 국가 형태를 지역 중심의 연방제적 형태로 변경하자는 것이다(김선혁·김병국 2007; 전용주 2010, 117 재인용).

위의 유형 중 연방정부형은 지방정부의 권한을 가장 강력하게 보장하는 시각으로 중앙정부와 지방정부 간의 권력 배분이 매우 명확하다. 대부분의 연방제 국가들이 이 유형을 따르고 있다. 그렇기 때문에 단방제적 성격을 띠고 있는 우리의 권력구조상 연방정부형은 지방분권화의 방안으로 가장 추진하기 어려운 유형이라고 할 수 있다. 우리의 경우 오히려 지방분권화를 주장하고 있는 대다수가 지방자치강화형과 광역지방정부형, 혹은 이 두 유

〈표 2〉 지방분권 강화에 관한 헌법개정안 유형

모델	특징
연방정부 모델	- 가장 강력하게 지방정부의 권한을 보장, 중앙정부와 지방정부가 권력을 나누어 가지는 방식으로 국가형태가 구성
광역지방정부 모델	- 연방정부안보다는 완화된 형태, 광역지방정부에게 최대한의 자율성을 부여하는 방안 - 지역대표형 상원을 통해 각 지방이 국정에 참여할 수 있는 기회를 제도적으로 보장해주는 방안 - 헌법에 일정한 범위에서 열거된 국가사무 이외에는 모든 사무를 지방의 사무로 규정하고 법률에 준하는 조례제정권과 지방자치단체의 재정고권을 보장 - 국가의 지방자치단체에 대한 재정지원 내지 재정조정 등 관련 사항에 대해 헌법에 규정하는 방안
지방자치강화 모델	- 현행 헌법의 틀을 유지하면서 지방분권을 강화하는 방안 - 지방자치단체의 자율성과 자기책임성이 강조되고 헌법전문이나 총강에서 지방분권 원칙을 규정하는 방안 - 자치입법권과 관련해서 일정한 경우 조례를 우선시하거나 법률과 동등한 효력을 갖도록 하는 방안 - 지방자치단체의 재정고권에 대한 헌법적 보장 문제

출처: 허진성(2015), pp.15-16

형의 혼합형을 제시하고 있다(전용주 2010).

그렇다면, 우선 지방자치강화형을 보다 자세히 살펴보기로 한다. 위에서 언급한 바와 같이 지방자치강화형은 현행 헌법의 틀을 크게 변경하지 않으면서 지방분권을 강화하는 방안이다. 구체적으로 헌법전문에 지방분권 원칙을 명문화하거나, 자치입법권과 관련해서 일정한 경우 조례를 우선시하거나 법률과 동등한 효력을 갖도록 하는 것이 이 유형에 해당한다고 볼 수 있다. 이와 관련하여 이기우(2010)는 시·도의 입법권의 범위를 헌법에 규정할 것을 제안한다. 구체적으로 헌법에 국가와 시·도의 배타적인 입법권을 규정하여 국가입법권과 지방입법권의 관계를 명확히 할 필요가 있다는 것이다 (이기우 2010, 314). 이와 유사한 견해로 김병기(2007) 역시 헌법 제117조 제1항에 "모든 지방자치단체의 권력은 주민의 의사에 기초하여야 한다"는 조항을 추가할 것을 제안한다.

다음으로 광역지방형의 가장 큰 특징은 광역정부에게 최대한의 자율성을 부여한다는 것이다. 대표적으로 지방자치단체 협의체에 법률안 제출권을 부여한다거나 지역대표 상원제를 구성하는 방안이 제시되고 있다(전용주 2010). 김성호(2007)는 헌법 제117조에 "지방자치단체 협의체는 지방자치와 관련된 법률안을 국회에 제출할 수 있다"는 조항을 추가할 것을 제안한다. 이기우(2010)는 지방 대표성을 보장하는 시·도 단위의 선거구를 갖는 제2원의 설치를 주장한다. 안성호(2007) 또한 국회에 지역을 대표하는 상원의 설치를 제안한다. 그의 견해에 따르면 광역단위 지역대표로서 상원은 현행의 국회가 제안하는 지방자치 관련 법률안에 대한 거부권과 재의요구권을 갖는다.

상원제도를 도입하자는 주장은 지속적으로 제기되어온 것이다. 과거 상원제도를 마련하고자 하는 정부의 움직임 역시 있었다. 노무현 정부 시절 정부혁신지방분권위원회의 '지방의 국정참여 활성화' T/F가 '지방원' 설립을 제안하기도 했다. 지방원은 지역대표 상원제와 동일한 기능의 제도로서 행정부에 시도별로 4명씩의 위원들을 선임하고, 이들에게 법안제출권을 부여하는 것이다(정부혁신지방분권위원회 2004, 12; 안성호 2007, 119). 구체적으로 시도별로 지방원의 위원으로 선임되는 4명 중 2명은 시도지사에 의해 추천되고 해당 시도의회에서 동의를 받은 2명으로, 나머지 2명은 해당 시도에 소속된 시군구청장협의회에 의해 추천되고 해당 시도에 소속된 시군구의장협의회의 동의를 얻은 2명으로 할 것을 제안했다. 그러나 이러한 시도는 끝내 결실을 보지 못했다. 법안제출권의 부여가 위헌적 요소로 작용한다는 이유 때문이다.

이상을 통해 살펴보았을 때, 지방분권화를 향한 지방의회의 역할에는 법적·제도적 차원에서의 제약 요인이 작용하고 있음을 알 수 있다. 물론 우리의 중앙집권적인 단일국가적 구조를 고려할 때, 지방자치에 대한 현행 헌법의 특성이 당연할 수 있다. 그럼에도 불구하고 이러한 규정의 수정·보완 없이 지방의회의 위상 강화 및 지방분권화를 추진하는 것은 허울뿐인 제도를 만드는 데 기여할 뿐이다. 2003년 지방분권형 개헌[1]을 통해 국가와 지방 간의 권한배분을 명확히 한 프랑스 사례와 같이 우리 역시 보다 근본적이고 실질적인 제도 개혁을 모색해야 할 때이다.

III. 광역의회 간 네트워크: 정치적·행정적 차원

그렇다면, 우리의 광역의회들의 네트워크는 어떠한 특성을 띠고 있는가? 이미 언급한 바 있는 제도적·법적 한계 속에서 지방분권의 촉진을 위해 실천하고 있는 노력들은 어떤 것들이 있는가? 이러한 인식을 바탕으로 이 장에서는 광역의회 간 네트워크의 현주소를 정치적·행정적 차원에서 보다 자세히 살펴보고, 선진국의 다양한 지방정부 간 소통제도들을 소개하고자 한다.

---

1) 프랑스는 2003년 3월 28일 지방분권을 위한 헌법 개정을 단행하였는데, 주요 내용은 다음과 같다.: 지방민주주의의 발전, 지방자치단체의 자치행정과 자치재정 강화, 구 식민지였던 해외지방자치단체의 다양성 인정(전훈 2006, 56).

1. 정치적 차원

우리의 경우 대표적인 광역의회 네트워크로 전국시·도의회의장협의회를 꼽을 수 있다. 그리고 그 외 전국균형발전지방의회협의회,2) 권역별 광역의회의장단협의회3) 등이 현재 활동 중이다. 전국시·도의회의장협의회는 전국의 시·도의회 의장으로 구성된 협의체이다. 협의체는 시·도지사, 시·도의회 의장, 시장·군수·구청장, 시·군·구의회 의장 등 지방자치단체의 장이나 지방의회 의장 상호 간의 교류와 협력을 증진하고 공동의 문제를 협력하기 위해 구성된 지방자치단체 간 협력제도 중 하나이다(안전행정부 2013, 66). 전국시·도의회의장협의회의 협의체적 지위의 획득은 1999년 지방자치법이 개정되면서 비로소 가능했다.4) 1999년 8월 31일 지방자치단체장 등의 협의체 신설을 내용으로 하는 지방자치법이 개정되었고(지방자치법 제165조), 이는 전국시·도의회의장협의회가 법적 기구로서 기능하는 근거가 되었다.

이미 앞에서 언급하였듯이, 우리는 지방의회 수준에서 지방자치에 관한 법률안을 제출할 수 있는 권한을 가지고 있지 않다. 다만 현재 협의체적 지위에서 광역의회 상호 간 취할 수 있는 가장 적극적인 활동은 크게 두

---

2) 전국균형발전지방의회협의회는 2007년 정부의 수도권 규제완화 정책에 대응하기 위해 비수도권 14개 시도의회 및 12개 시군구의회 의장협의회장 등 26명으로 창립된 지방의회협의체이다(『충남넷 의정뉴스』, 2014년 11월 19일).

3) 권역별 광역의회 의장단 협의회 중 하나로 '호남권광역의회의장단'을 꼽을 수 있다. 이는 2010년 11월 발족된 것으로 광주시의회, 전남도의회, 전북도의회 의장·부의장단으로 구성되어 있다. 주로 3개 시·도의 지역현안이나 호남권 공동협력 사항들을 논의한다.

4) 원래 전국 시도의회의장협의회는 1991년 8월 15일 임의단체로 출발하였다. 협의회가 처음 출범했을 당시 목적은 시도의회 간의 공통의 이해관계와 의정활동에 필요한 정보교환 및 친목도모였다. 당시 의장협의회에 제출되는 안건은 시도의회별로 1인씩 추천하여 구성한 실무협의회에서 예비심사를 거치도록 했으며, 실무협의회는 서울특별시의회 내무위원장을 비롯한 각 시도의회 내무위원회 위원들로 구성되었다. 추후 실무협의회의 기능은 1999년부터 각 시도의회 운영위원회 위원장으로 구성된 운영위원장협의회가 대신하고 있다(전국시도의회의장협의회 2011, 35-36).

가지이다. 첫째, 지방자치에 직접적인 영향을 미치는 법령 등에 관한 의견을 안전행정부장관5)에게 제출할 수 있다(2008년 2월 29일 개정). 둘째, 지방 자치와 관련된 법률의 제정·개정 또는 폐지가 필요하다고 인정하는 경우

〈표 3〉 협의체 설립 근거 — 지방자치법 제165조

① 지방자치단체의 장이나 지방의회의 의장은 상호 간의 교류와 협력을 증진하고, 공동의 문제를 협의하기 위하여 다음 각호의 구성분에 따라 각각 전국적 협의체를 설립할 수 있다.
  1. 시·도지사   2. 시·도의회의 의장
  3. 시장·군수·자치구의 구청장   4. 시·군·자치구의회의 의장
② 제1항 각호의 전국적 협의체가 모두 참가하는 지방자치단체 연합체를 설립할 수 있다.
③ 제1항에 따른 협의체나 제2항에 따른 연합체를 설립한 때에는 그 협의체의 대표자는 지체 없이 안전행정부장관에게 신고하여야 한다.
④ 제1항에 따른 협의체나 제2항에 따른 연합체는 <u>지방자치에 직접적인 영향을 미치는 법령 등에 관한 의견을 안전행정부장관에게 제출할 수 있으며</u>, 안전행정부장관은 제출된 의견을 관계 중앙행정기관의 장에게 통보하여야 한다.
⑤ 관계 중앙행정기관의 장은 제4항에 따라 통보된 내용에 대하여 통보를 받은 날부터 2개월 이내에 타당성을 검토하여 안전행정부장관에게 그 결과를 통보하여야 하고, 안전행정부장관은 통보받은 검토 결과를 해당 협의체나 연합체에 지체 없이 통보하여야 한다. 이 경우 관계 중앙행정기관의 장은 검토 결과 타당성이 없다고 인정하면 구체적인 사유 및 내용을 명시하여 통보하여야 하며, 타당하다고 인정하면 관계 법령에 그 내용이 반영될 수 있도록 적극 협력하여야한다.
⑥ 제1항에 따른 협의체나 제2항에 따른 연합체는 <u>지방자치와 관련된 법률의 제정, 개정 또는 폐지가 필요하다고 인정하는 경우에는 국회에 서면으로 의견을 제출할 수 있다.</u>
⑦ 제1항에 따른 협의체나 제2항에 따른 연합체의 설립신고와 운영, 그 밖에 필요한 사항은 대통령령으로 정한다.

출처: 국가법령정보센터(http://www.law.go.kr/)

---

5) 안전행정부의 명칭은 2014년 11월 19일 행정자치부로 변경되었다.

국회에 서면으로 의견을 제출할 수 있다(2011년 7월 14일 신설).

이러한 법률에 근거하여 그동안 전국시·도의회의장협의회는 지방자치와 관련한 법률 개정안 등 다양한 의견들을 개진해 왔다(전국시·도의회의장협의회 2011, 289-297). 예컨대, 「지방자치법」 일부개정법률안에 대한 의견, 「지방의원 행동강령」 표준안에 대한 의견, 국회의원 발의(예정) 「지방자치법」 개정법률안에 대한 의견, 지방의회 행정사무감사의 실효성 강화방안에 대한 의견 등을 꼽을 수 있다. 특히 이들은 지방분권과 관련한 법률에 지속적인 관심을 기울이면서 지방의회 발전에 직접적인 영향을 미칠 수 있는 법률이 제정 및 개정될 수 있도록 힘쓴다. 이를 위해 국가와 지방 간 사무처리 방식 개선, 지방의회 의원 겸직금지 규정의 실효성 확보, 주민감사 청구제도 개선 등에 대한 협의회 자체 및 개별 지방의회의 검토의견을 관계 정

〈그림 1〉 전국 시·도의회의장협의회의 의견 제시: 법률안 개정안

□ 시·도의회 의장협의회 의견

현 행	박원우 의원 개정안	협의회 수정의견
제59조(전문위원) ①·② (생략) ③ 위원회에 두는 전문위원의 직급과 정수 등에 관하여 필요한 사항은 대통령령으로 정한다.	제59조(전문위원) ①·② (현행과 같음) ③ 위원회에 두는 전문위원은 지방의회의 의장이 지방의회의 동의를 받아 임용하고 업무수행상 필요한 경우에는 소속 위원장의 지휘를 받는다. (단서 신설)	제59조(전문위원) ①·② (개정안과 같음) ③ ---------------- ---------------- ---------------- ---------------- ---------------- ---------------- ---------------- -. 다만, 상임위원회 또는 특별위원회가 설치되지 아니한 시·군·자치구의회에서는 의장의 지휘를 받는다.
(신 설)	④ 전문위원의 직급과 정수, 업무분장은 지방의회의 조례로 정한다.	④ ------------ ------지방자치단체의 ---------.
제91조(사무직원의 정원과 임명) ① (생략) ② 사무직원은 지방의회의 의장의 추천에 따라 그 지방자치단체의 장이 임명한다. 다만, 지방자치단체의 장은 사무직원 중	제91조(사무직원의 정원과 임용) ① (현행과 같음) ② 사무직원은 지방의회의 의장이 임용한다. 다만, 사무처장·사무국장 또는 사무과장은 지방의회의 동의를 받아야 한다.	제91조(사무직원의 정원과 임용) ① (개정안과 같음) ② (개정안과 같음)

[개별 시·도의회 검토의견]

□ 서울특별시의회 의견

현 행 안	개 정 안(행정안전부)	수 정 안	사 유
지방자치법 제35조 (겸직 등 금지) ① ~ ③ (생 략) ④지방의회 의장은 지방의회의원이 다른 직을 겸하는 것이 제36조 제2항에 위반된다고 인정될 때에는 그 겸한 직을 사임할 것을 권고할 수 있다.	① ~ ③ 현행과 같음 ④지방의회의장은 제3항에 따른 지방의회의원의 겸직신고 내역을 연 1회 이상 인터넷 홈페이지 등 조례가 정하는 방법에 따라 공개하여야 하며, --------제35조제6항 및 제36조제2항 ---- ---------------- 권고하여야 한다.	현행 지방자치법 제35조제4항 원안유지	• 국회의원은 국회법 제29조(겸직) 제5항에 의거, 겸직이 품위유지의무(국회법제25조)를 위반한 경우에 한하여 사임을 권고할 수 있도록 임의규정하고 있을 뿐임. • 국회의원과 비교하여 지방의원에게만 과도하게 의무를 부과하는 것, 즉 사임권고의 강제규정은 지방의회의 자율성 침해하는 것이며, 국회와 같이 의원은 의장과 수직적 관계가 아니기 때문에 강제규정의 실효성에 의문 • 국회의원 대비 차별적 대우로 형평성 문제와 지방의원을 무시한 처사이고 의원 개인의 직업선택의 자유 침해 소지가 있음. 현행 법률 규정 유지가 바람직함.

출처: 전국시·도의회의장협의회(2011), p.201, 309

부부처에 제출한다. 또한 국회의원 발의(예정) 지방자치법 개정법률안에 대한 의견도 발의 국회의원에게 직접 검토의견을 요청하기도 한다.

　이상의 활동성과는 전국시·도의회의장협의회 내부 기구들의 역할이 뒷받침되기에 가능하다. 내부 기구들에는 정책위원회, 실무협의회, 정책자문위원회 등이 있는데, 이 세 기구는 의회의장협의회와의 업무협조체계 확립을 목적으로 한다(전국시·도의회의장협의회 2011, 42-45). i) 정책위원회는 지방의회 현안 문제에 대한 정책개발, 지방의원의 유급제·보좌관제·후원회제도, 지방의회 인사권독립 등 지방의회제도 개선을 위한 정책 및 전략의 개발, 집행기관에서 시행하는 지방자치 관련시책 등에 대한 분석 및 평가연구, 기타 협의회에서 위임하는 사항을 심의하여 그 결과를 협의회에 보고한다.[6] ii) 실무협의회는 전국시·도의회운영위원장협의회가 그 기능을 담당한다. 협의회 정관 제4장 제15조의 규정에 따라 시·도의회의 공동이해 관련 사항을 사전 협의하고 의견을 수렴하여 채택된 안건을 의장협의회에 상정한다. 또한 시·도의회 상호 간의 정보교환 및 주요 현안 협의, 협의회에서 채택된 결의 및 협의 사항을 이행하기 위한 조치 단행, 시·도의회 발전을 위한 관련 자료 등 정보 지원, 기타 의장협의회의 목적 수행에 필요한 사항을 사전에 협의하는 등의 활동이 주요 임무이다. iii) 정책자문위원회는 협의회 내에 정책자문 기능을 수행한다. 지방자치 및 지방의회 운영과 관련한 현안사항에 대한 대책 등의 연구가 주목적이다. 덧붙여, 지방자치 및 지방의회 발전 저해요소의 발굴과 그 대책 수립, 지방자치 및 지방의회 발전방안의 연구, 협의회 정책 자문기능 등을 수행한다.

　이러한 주요 기구들의 활동을 뒷받침으로 전국시·도의회의원협의회는 그동안 정기회 및 임시회 활동, 정책토론회 및 세미나 개최, 대정부 건의 활동 등을 지속적으로 추진해 왔다. 특히 대정부 건의 활동은 시·도의회의

---

6) 협의회 정관 제19조는 협의회에 지방자치제도의 개선과 협의회의 효율적인 운영, 협의회가 회부하는 안건을 심사하기 위해 정책위원회를 둘 수 있도록 규정하고 있다. 위원회의 위원장은 협의회에서 선출하고, 위원은 위원장이 협의회 회원 중에서 추천한 6인 이내의 회원을 회장이 위촉한다(전국시·도의회의장협의회 2011, 42).

〈표 4〉 협의회의 대정부 건의 활동(2006.7~2010.6)

연도	각종 건의 및 제시 의견
2006 (총 27건)	- 인사권 독립과 관련 호소문 전달 - 지방의회의원 유급제 폐지 입법추진에 따른 해명 및 철회 촉구 - 시·도 교육청 기획관리실장 신설 건의 - 지방의회 의정운영 공통 업무 추진비 현실화 건의 - 지방의회 보좌관제 도입 건의 - 지방의회 사무처 직원 인사권 독립 건의 - 집행부에 대한 안건 심사 서류제출 요구 절차 개선 건의 - 지방의회 사무처에 인사위원회 설치를 위한 지방공무원법 개정 건의 - 서류제출 요구 법규개정 건의 등
2007 (총 16건)	- 시·도의회의장 표창시행 효력구비를 위한 지방자치법 제43조 개정 건의 - 학교용·지부담금환급특별법제정 및 환급금 국비지원 건의 - 울산자유무역지역 지정 공동 선언 - 결산검사위원 중 지방의회의원 일비 지급 건의 - 특별위원회 활동결과보고서 제출기한 개정 건의 - 기금운영계획 변경에 따른 '지방자치단체 기금관리기본법' 개정 건의 - 지방의회 관련 사항의 조례입법 확대 건의 - 2018년 동계올림픽 유치 재도전 결의 - 재의요구 처리절차 개선 건의 - 서류제출요구 방법 개선 건의 등
2008 (총 12건)	- 지방의정 성과공표제 도입 반대 결의 - 지방의회의원 의정비 관련 법규 등에 관한 개정 건의 - 교육비특별회계 간주처리 예산편성제도 개선 건의 - 2008 람사르 총회의 성공개최를 위한 결의 - 인사권 자율화를 위한 지방공무원법 개정 건의 - 지방소득세, 지방소비세 도입 촉구 건의 - 청년실업 해소를 위한 지방인턴제도 도입 건의 등
2009 (총 23건)	- 지방의회 의정운영경비의 현실화 건의 - 행정사무감사 실시 관련법령 개정 건의 - 5대강 정비사업을 통한 균형발전 촉구 건의 - 정부의 4대강 살리기 사업계획 발표와 관련한 성명서 채택 - 광역시의회 지역구의원 하한정수 조정 건의 - 지방교육자치에관한법률 개정 건의 등 - 지방의회의원 겸직금지 강화관련 지방자치법시행방안 개선 건의 - 새만금~포항 간 고속도로 조기건설 촉구 결의

	- SSM 입점 규제를 위한 유통산업발전법 개정 건의 - 동해안권 경제자유구역 지정 촉구 결의 등
2010 (총 3건)	- 지방의회 인사권독립 관련 개정법률안 심사촉구 결의 - 동해남부선(부산~울산) 복선전철 일반철도 전환을 위한 결의 - 군용비행장 소음피해방지 및 보상에 관한 법률 제정 촉구 건의 등

출처: 행정안전부백서(2011)를 바탕으로 재구성

장협의회가 중앙정부를 대상으로 취할 수 있는 가장 적극적인 행동이다. 그렇기 때문에 지방의회의 위상 제고나 지역발전과 관련된 내용이 대정부 건의 활동의 대부분을 차지한다. 지방의회가 정부에 꾸준히 문제를 제기하고 있는 인사권 독립 이슈에서부터 보좌관제 도입, 지방세 도입, 행정사무감사 법령 개정, 고속도로 건설, 경제자유구역 지정 촉구 이슈까지 그 범위가 실로 다양하다.

그런데 앞에서 제시된 광역의회 간 다양한 목소리의 대부분은 의견을 제출하는 수준에서 종결되는 경우가 허다하다. 광역의회들의 견해가 관련 정부부처의 정책으로 반영되는 비율은 높지 않다. 그동안 제출된 건의사항 및 의견에 대한 미회신 비율은 그 어떤 처리결과보다 높았다. 그렇지만 이러한 상황이 보다 개선될 가능성 또한 없지 않다. 〈표 5〉가 이를 증명해주는데, 2008년 7월부터 2013년 12월까지 전국시·도의회의장협의회가 제출한 대정부 건의사항 및 의견 건수는 2013년에 급증한 것을 알 수 있다. 구체적으로 2008~2010년 43건, 2010~2012년 41건, 2013년 59건을 기록했다. 그 가운데 2010~2012년과 2013년을 비교하였을 때 '반영(일부포함)' 비율은 2%에서 20%로 상승, '미반영(수용불가)'은 22%에서 8%로 하락했음을 알 수 있다. '미회신' 역시 59%에서 47%로 그 비율이 낮아졌다.

한편, 법인격을 부여하는 광역의회 간 네트워크로 지방자치단체조합이 있다. 이는 2개 이상의 지방자치단체가 구성원이 되어 하나 또는 둘 이상의 사무를 공동으로 처리할 목적으로(지방자치법 제159조) 1989년 12월 30일 지방자치법이 개정되면서 설립된 법인체이다.

〈표 5〉 대정부 건의사항 및 의견제출

N(%)

	처리결과					선언문 등	총계
	반영 (일부 포함)	추진 중	검토 중	미반영 (수용불가)	미회신		
11대 (2008.7~ 2010.6)	5 (11.6)	2 (4.7)	3 (7.0)	11 (25.6)	15 (34.9)	7 (16.2)	43 (100)
12대 (2010.7~ 2012.6)	1 (2)	0	7 (17)	9 (22)	24 (59)	0	41 (100)
2013년 (2013.1~ 2013.12)	12 (20)	0	15 (25)	5 (8)	27 (47)	0	59 (100)

출처: 지방의회활동백서(제11대·제12대), 전국 시·도의회의장협의회(2013년 자료)를 바탕으로 연구자가 재구성

〈표 6〉 지방자치단체조합 설립 근거 — 지방자치법 제159조

① 2개 이상의 지방자치단체가 하나 또는 둘 이상의 사무를 공동으로 처리할 필요가 있을 때에는 규약을 정하여 그 지방의회의 의결을 거쳐 시·도는 안전행정부장관의, 시·군 및 자치구는 시·도지사의 승인을 받아 지방자치단체조합을 설립할 수 있다. 다만, 지방자치단체조합의 구성원인 시·군 및 자치구가 2개 이상의 시·도에 걸치는 지방자치단체조합은 안전행정부장관의 승인을 받아야 한다.
② 지방자치단체조합은 법인으로 한다.

출처: 국가법령정보센터(http://www.law.go.kr/)

지방자치단체조합에는 의결기관으로서 조합회의가 있다(안전행정부 2013, 44-45). 조합회의는 조합의 규약에 따라 조합의 중요사무를 심의·의결하고, 조합이 제공하는 역무 등에 대한 사용료·수수료 또는 분담금을 징수한다.

〈표 7〉 지방자치단체조합 설립현황(2012.12.31 기준)

명칭	구성원	목적	승인일자
부산·진해 경제자유구역청	부산광역시·경남도	부산·진해 경제자유구역 내 각종 인·허가사무 및 외자유치 등	2004.1.20
광양만권 경제자유구역청	전남도·경남도	광양만권 경제자유구역 내 각종 인·허가사무 및 외자유치 등	2004.1.20
수도권 교통본부	서울특별시· 인천광역시·경기도	수도권 교통 광역교통 추진 운영	2005.2.4
황해 경제자유구역청	경기도·충남도	황해 경제자유구역 내 각종 인·허가사무 및 외자유치 등	2008.6.10
대구·경북 경제자유구역청	대구광역시·경북도	대구·경북 경제자유구역 내 각종 인·허가사무 및 외자유치 등	2008.6.10
지리산권 관광개발조합	남원·장수·구례· 곡성·함양· 산청·하동	지리산 인근 7개 시군 관광개발사업 공동 추진	2008.9.5
지역상생 발전기금조합	16개 시·도	수도권 규제 합리화 이익을 지방상생발전 재원으로 활용	2010.5.3

출처: 안전행정부(2013), p.51

다만 조례 제정권은 인정되지 않는다. 조합회의는 관계 지방자치단체소속의 공무원과 지방의회의원으로 구성된다. 지방자치단체조합 중 하나인 수도권 교통본부의 경우 서울특별시, 경기도, 인천광역시 의회의 교통관련 상임위 소속 의원들이 위원으로 참여하고 있다. 그런데 현재 운영 중인 지방자치단체조합을 살펴볼 때 실질적으로 지방의원들의 활동은 매우 소극적이다. 대부분의 지방자치단체조합이 집행기관을 중심으로 운영되기 때문이다. 더욱이 조합회의의 경우 이것이 단순히 지방자치단체 간 협의회의 지위를 부여받는지 혹은 특별지방자치단체로서 조합회의의 법적 성격을 부여받는지의 여부가 매우 불분명하다(김춘환 2003, 420).

2. 행정적 차원

광역의회 간 네트워크 형성에 있어서 정치적 차원 못지않게 관심을 기울여야 할 부분이 또 하나 있다. 바로 행정적 차원인데, 이는 광역의회 간 공통의 지역현안이나 지방분권을 추진하는 데 있어서 관련 입법 및 의정자료를 공유하고자 하는 목적의 네트워크이다. 이렇게 볼 때 행정적 차원은 정치적 차원의 네트워크가 보다 내실 있게 작동할 수 있도록 돕는 역할을 한다. 더욱이 정보통신기술 발전으로 인한 정보화의 급진전은 국가적 차원에서의 정보공유 확대 및 운영의 내실화 추진을 앞당겼다.

이렇게 볼 때 지방분권 과정으로서 지방의회 간 입법 및 의정자료 공유 네트워크의 형성은 그 어느 때보다 시급하다고 볼 수 있다. 이를 위해서는

〈그림 2〉 국회·지방의회 의정자료 공유시스템

출처: http://clik.nanet.go.kr/index.do

무엇보다 지방의회가 생산하는 자료와 구축DB를 수집 관리하는 국가수준의 협력시스템이 필요하다(곽동철·정현태 2013, 130). 이러한 측면에서 2013년 6월 25일 전국 시·도의회의장협의회와 국회도서관이 체결한 업무협약(MOU)은 눈여겨볼 만하다. 국회도서관은 '지방의회 지식정보 공유시스템'을 구축하였는데, 이는 국회도서관의 지식정보자원을 지방의회에 제공함과 동시에 국가 차원에서 지방자치 관련 조례 및 정책 자료 등을 수집하고 보존하고자 하는 목적이다(류춘호 2014). '지방의회 지식정보 공유시스템'은 지방의회의 회의록, 의정활동자료와 국회의 입법지식서비스, 국회법률도서관, 지방조례 등을 통합적으로 검색하여 의정활동에 활용할 수 있는 시스템으로 지방의회 의원 및 보좌 직원을 대상으로 한다(국회도서관 2014). 덧붙여 이는 개별 지방의회와 국회도서관 간 협약 체결의 기폭제가 되었다. 2013년에는 전국시·도의회 최초로 서울특별시의회와 국회도서관이, 2014년에는 부산광역시의회와 국회도서관 간 협약이 체결되었다.

한편 광역의회 간 원활한 네트워크를 위해서는 지방-중앙 차원 못지않게 지방의회 간 의정자료 공유시스템 마련에도 힘써야 한다. 지방의회 간 의정정보 교류 및 공유의 활성화를 위해서 무엇보다 개별 지방의회의 정보를 축적하고 디지털화하는 작업이 선행되어야 한다. 이는 광역의회 홈페이지를 통해 지방의회도서관 혹은 전자도서관 메뉴를 마련함으로써 실현가능하다.

예컨대, 경기도의회는 경기도의회도서관 홈페이지를 활발히 운영하고 있다. 이를 통해 지역주민이 경기도정 및 의정과 관련된 자료는 물론 행정, 재정, 문화, 도시, 환경, 건설, 경제, 교육, 여성가족, 보건, 복지, 농림수산 등 다양한 분야의 자료에 접근할 수 있도록 하고 있다(경기도의회도서관 홈페이지 참조). 특히, 누구나 경기도의회 의안정보시스템을 통해 관심 있는 의안 검색을 쉽게 할 수 있으며, 현재 의회에 접수된 의안, 처리의안, 계류의안, 의안통계 등의 정보도 함께 얻을 수 있다. 또한 상임위별 위원회 페이지 및 의원 개인별 블로그가 별도로 마련되어 있어 경기도의회의 전반적인 의정활동 및 의정정보의 공유 및 확산이 가능하다. 결국 이러한 시스템은 광역의회 간 정보 교류 활성화의 교두보로 작용하게 된다.

<그림 3> 경기도의회 의안정보시스템

대수	의안번호	의안명	제안자	소관위원회	제안일자
9	583	경기도의회 청년일자리 창출 특별위원회 선임안	의장	본회의	2015-09-23
9	582	경기도의회 의회기 및 의원배치에 관한 규칙 일부개정규칙안	위원장	본회의	2015-09-18
9	581	2015년도 행정사무감사 시기 및 기간 결정의 건	위원장	본회의	2015-09-18
9	580	경기도 교통약자의 이동편의증진에 관한 조례 일부개정조례안	위원장	본회의	2015-09-18
9	579	경기도 택시산업 발전 지원조례 일부개정조례안(대안)	위원장	본회의	2015-09-13
9	578	경기도 여객자동차 운수사업 관리 조례 일부개정조례안(대안)	위원장	본회의	2015-09-13
9	577	휴회 결의의 건(9.16 ~ 9.22)	의장	본회의	2015-09-15
9	576	경기도와 아주대학교 의료원의 경기도 권역외센터 건립운영 실행협약 체결을 위한 동의안	도지사	보건복지위원회	2015-09-11

출처: http://www.ggc.go.kr/app/bill/receipt/LIST?menu=4/9/2

3. 선진국의 지방정부 간 소통제도

한편 선진국들은 광역적 문제해결에 있어서 지방정부 간 공동의 해결을 목적으로 다양한 제도들을 마련하고 있다. 미국의 경우 정부간연합의회(COGs: Council of Governments)와 광역협의회(Metropolitan Council)를 꼽을 수 있다. 이는 각각의 성격은 다르지만 모두 지방분권주의적 방식을 기반으로 운영되기 때문에 그 효과 또한 긍정적이다. 정부간연합의회는 주로 해당 지역의 카운티(county)와 시 등이 자발적인 합의를 통해 구성된 협의회이다. 연합의회는 자치단체의 자발적인 의사로 참여와 탈퇴가 가능하고, 집행기능 없이 조사, 계획, 충고, 자문, 조정 기능 등만을 수행한다(한표환 외 2002,

115). 이처럼 정부간연합의회는 임의기구의 특성을 띠고 있다. 그럼에도 불구하고 이 제도를 통해 지방분권주의가 실현되고 있는 이유는 지방정부의 연방정부 보조금 신청 요건에 있다. 즉 연방정부는 지방정부가 사업수행을 위한 보조금을 연방정부에 신청할 때, 해당 지역의 연합의회로부터 평가를 받도록 한다(한표환 외 2002, 115).

대표적으로 노스캐롤라이나주는 트라이앵글정부간연합의회(TJCOG)[7]에서 보조금신청사전심사제도를 채택하고 있다. 광역협의회(Metropolitan Council) 또한 관련 자치단체의 장 또는 지방의회의 대표로 구성된 자치단체 간 협의기구이다. 이 역시 집행기능이 없지만 광역협의회에 의해 수립된 계획은 관련 자치단체에 대해 법적 구속력을 갖는다는 점에서 차별성이 있다(한표환 외 2002). 예컨대, 광역개발계획인 대도시개발지침을 작성하여 권역 내의 토지개발 및 이용을 통제하는 한편, 이 지침을 위반하는 지방정부의 개발사업에 대해 거부권을 행사할 수 있다(한표환 외 2002, 117).

영국의 경우 지방정부의 의견을 대변하는 제도로 지방정부협회(LGA: Local Government Association), 전국지방의회협의회(NALC: National Association of Local Councils), 원 보이스 웨일즈(One Voice Wales), 스코틀랜드 지방자치협의회(COSLA: Convention of Scottish Local Authorities), 북아일랜드 지방정부협의회(NILGA: Northern Ireland Local Government Association) 등이 있다(전국시·도의회의장협의회 2014). 지방정부협의회는 잉글랜드와 웨일즈 지역의 지방정부들의 이익을 대변한다. 한편 전국지방의회협의회와 원보이스 웨일즈는 패리쉬(parish), 타운(town), 커뮤니티(community)의 지방의회들을 대표한다. 양자 모두 지방의회의 이익과 관련된 매니페스토를 기반으로 활동을 하며 중앙정부 대상의 로비활동이 핵심이다(전국시·도의회의장협의회 2014).

---

7) 노스캐롤라이나주의 트라이앵글정부간연합의회는 더햄(Durham) 카운티의 더햄시, 웨이크(Wake) 카운티의 롤리, 오렌지(Orange) 카운티의 차펠 힐(Chapel hill)을 가리킨다. 이를 트라이앵글정부간연합의회라고 부르는 이유는 이러한 3개 카운티를 직선으로 연결하면 삼각형 모양이 되기 때문이다(한표환 외(2002), p.122).

<표 8> 독일의 자치단체 간 협력제도

제도 유형	차이점	공통점
행정협의회	- 법률에 의하여 설립이 강제 - 법률에 의하여 위임된 모든 사무에 대한 권한을 가짐	개별 지방자치단체의 존속에 영향을 미치지 않고 기능
사무협의회/ 목적합의체/ 목적조합	- 원칙적으로 자유로운 의사에 의해 설립 - 공법적인 계약에 의해 합의된 특정된 사무에 대해서만 수행권한을 가짐	

출처: 전국시·도의회의장협의회(2014, 131) 자료를 바탕으로 연구자가 재구성

독일의 제도로는 대표적으로 사무협의회, 목적합의체, 목적조합, 행정협의회를 꼽을 수 있다. 사무협의회는 위 유형들 중 가장 느슨한 형태의 제도이다. 이는 사무 수행과 권한 행사에 있어서 권한의 이전이 전혀 나타나지 않는다(전국시·도의회의장협의회 2014). 목적합의체 역시 사무협의회와 동일하게 법인격을 갖지 않는다. 이에 반해 목적조합은 강한 법적 구속력을 갖는다. 독자적인 고권을 행사할 수 있고 조례와 규칙 등을 제정할 수 있다. 즉 목적조합은 원칙적으로 개별 지방자치단체가 된다(전국시·도의회의장협의회 2014, 157). 마지막으로 행정협의회는 그 설립이 법률에 의하여 강제되며, 법률에 의해 위임된 모든 사무에 대한 권한을 갖는다. 이 경우 사무의 수행권이 행정협의회 권한으로 주어지기 때문에 시장의 권한이 축소되기 마련이다(전국시·도의회의장협의회 2014, 153).

IV. 결론

지금까지 이 글은 한국의 광역의회 간 소통의 현주소를 논의하였다. 이를 위해 제도적·법적 차원에서의 지방의회의 특징을 살펴보고, 광역의회들이 정치적 그리고 행정적으로 어떻게 상호 교류하고 있는가의 문제를 중점적으로 다루었다. 요컨대 크게 두 가지 측면에서 그 결과를 정리해볼 수 있다.

첫째, 정치적 차원이다. 현재 지방자치단체는 각 단체별로 서울에 대표부 사무실을 두고 있으나 이 대표부는 실제 정치적·정책적 효용성이 크지 않다. 지방자치단체장이나 집행부의 파견 사무소에 불과할 뿐이다. 현재 기능하고 있는 협의회는 법인격을 가지고 있지 않기 때문에 관계 지방자치단체장의 명으로 활동한다(안전행정부 2013, 29). 협의회와 관계 지방자치단체(장)와의 관계는 대리관계하에서 사무를 처리하는 것이고, 그러한 사무의 처리는 관계 지방자치단체(장)가 이행한 것으로 본다(안전행정부 2013, 29). 따라서 법인격을 가진 광역의회대표부를 설치해볼 수도 있다. 미국의 경우 각 주들은 연방 수도인 워싱턴 D.C.에 대표부를 갖고 있으며 이들은 주 정부를 위한 로비스트의 역할을 하고 있다. 각 주의 연방하원, 상원의원이 있기 때문에 이 대표부의 역할이 두드러지지는 않지만 연방정부와 주지사를 연결해주는 직접적인 장치가 없기 때문에 이 대표부는 나름의 효용가치가 크다.

광역의회 간 특별교차위원회를 설치해볼 수도 있다. 현재 지방의회의 협의체로서 시·도의회의장단협의회와 권역별 광역의회의장단협의회가 기능하고 있다. 그렇지만 아직까지 정책생산에는 큰 영향력을 행사하지 못하고 있는 실정이다. 단지 법률안 개정안 등에 대한 의견을 국회에 서면으로 제출할 수 있을 뿐이다. 이에 따라 보다 구체적인 협력 방안과 조직들이 필요한데 그중 하나로 제시할 수 있는 것이 광역의회 간 특별교차위원회이다. 이는 복수의 광역 시·도의회가 특정한 사안에 대해서 논의할 공동의 특별위원회의 성격을 띤다. 물론 이와 유사한 제도로 지방자치단체조합이 있다.

그런데 앞에서 이미 언급한 바와 같이 지방자치단체조합의 조합회의의 법적 성격이 매우 불분명하다는 비판의 목소리가 크다. 더욱이 조합회의의 구성원이 지방의회 의원뿐만 아니라 지방자치단체소속 공무원도 포함되어 있어 양자 간의 이익이 충돌할 경우 실질적으로 법적 구속력이 있는 조치를 내리기 어렵다(김춘환 2003, 420). 따라서 지방의회 의원들 간의 보다 전문적이고 특화된 위원회 기구가 필요하다.

또한 현존하는 전국시·도의회의장협의회 내부 의사결정시스템의 보완이 필요하다. 당장의 제도 개선이 어렵다면, 현존하는 제도의 의사결정시스템을 재정비할 필요가 있다. 여러 제도들 중 전국시·도의회의장협의회는 지방의 목소리를 중앙에 전달하는 가장 강력한 기구로 손꼽힌다. 그럼에도 불구하고 내부의 의사결정시스템이 효과적으로 작동하고 있지 못하다는 비판 또한 존재한다. 무엇보다 전국시·도의회운영위원장협의회와의 원활한 의사소통이 부재한 실정이다. 이러한 측면에서 영국의 지방정부협의회의 의사결정시스템을 참고할 필요가 있다. 지방정부협의회의 경우 내부 조직이 분권화되어 있지만 그 운영은 일원화되어 있다. 구체적으로 지방정부협의회는 집행부(executive), 지방의원의 포럼(coucillors' forum), 위원회(board), 리더십위원회(leadership board), 의회(general assembly), 패널(panel), 커미션(commissions), 특별 이익단체들(special interest groups)로 구성되어 있다. 이러한 주요 내부 조직을 바탕으로 지방정부협의회의 의견은 다음 과정을 통해 수렴된다(전국시·도의회의장협의회 2014). 개별 안건이 위원회(board)에서 논의되고 집약된다. 그 다음 집행부(executive) 논의를 통해 공식 견해가 합의된다.

둘째, 행정적 차원이다. 광역의회 간 입법자료 및 의정활동 자료 공유 시스템을 마련하기 위해서는 무엇보다 개별 지방의회의 의회자료실 서비스 기능을 보다 강화해야 한다. 그런데 입법 활동 참고자료나 의정자료 등을 보관 및 관리하고 있는 의회자료실이나 전자도서관의 경우 개별 지방의회마다 그 기능과 역할에 있어서 편차가 매우 크다는 견해 또한 존재한다(곽동철·정현태 2013). 더욱이 입법 관련 자료를 공유하기 위해서는 디지털 콘텐츠의 확대가 필수적인데, 2013년 조사에 따르면 12개 지방의회 중 디지털 콘텐츠 자료의 소장건수는 6개 기관에 불과했다(곽동철·정현태 2013). 따라서 개별 지방의회는 지방의회 회의록과 의안자료 등의 메타DB 구축, 디지털 문헌자료의 수집 서비스에 대한 노력에 더욱 힘써야 한다. 또한 의회자료실 서비스 질을 향상시키기 위해 담당자를 대상으로 한 교육프로그램도 마련되어야 한다. 이는 장기적인 측면에서 지방의회 입법 자료의 질적 수준을 향상시키는 데 기여할 것으로 보인다.

【참고문헌】

곽동철·정현태. 2013. "지방의회 자료수집 및 협력체계의 활성화 방안 연구."『한국
　　비블리아학회지』제24권 2호.

국회도서관. 2014. 2014년 국회도서관 지방의회 지식정보 공유시스템 설명회 자료.

김병기. 2007. "미래를 위해 먼저 쓴 대한민국 헌법 개정안." 최병선·김선혁 공편.
　　『분권 헌법: 선진화로 가는길』. 서울: EAI.

김선혁·김병국. 2007. "분권 헌법을 제안한다." 최병선·김선혁 공편.『분권 헌법:
　　선진화로 가는길』. 서울: EAI.

김성호. 2007. "국가권력의 수직적 분권을 위한 헌법개정안 연구."『한국지방자치학
　　회보』제19권 4호.

김순은. 2013. "지방의회의 역량 증대."『자치행정연구』제5권 2호.

김순은·최진혁·박영강·최지민. 2014. "대·내외제도 재구조화를 통한 지방의회의
　　위상제고 방안 연구용역." 전국시·도의회의장협의회.

김춘환. 2003. "한일 지방자치단체조합의 비교 고찰."『헌법한연구』제8권 4호.

류춘호. 2014. "지방의회의 자치입법 역량강화와 입법정책 착안기법에 관한 연구."
　　한국지방정부학회『춘계학술대회 자료집』.

마뉴엘 카스텔 저. 정병순 역. 2008.『정체성 권력』서울: 한울 아카데미.

문상덕. 2012. "지방의회제도의 문제점과 발전방안."『행정법연구』제34호.

부광진. 2007. "선진외국의 지방의회사무기구 및 인사운용 사례." 지방행정 2007년
　　7월호.

성태규. 2006. "광역지방의회의 활동실태 및 발전방안: 충청남도 광역의회를 중심으
　　로."『한국정당학회보』제5권 제1호.

안성호. 2002. "상생정치의 제도적 조건: 스위스 협의민주주의의 교훈."『한국사회와
　　행정 연구』제13권 제3호.

_____. 2007. "지역대표형 상원의 논거와 특징 및 설계구상."『한국행정학보』제41
　　권 3호.

안전행정부. 2013.『2013년도 지방자치단체 광역행정 업무편람』.

유광호·박기관. 2005. "지방의회 의정활동의 성과평가에 관한 연구."『한국지방자치학회보』제17권 제2호.

이기우. 2008. "분권적 국가권력구조의 개편을 위한 헌법개정의 과제."『미래한국헌법연구회 제7차 개헌세미나 자료집』.

_____. 2010. "헌법상의 중앙집권과 지방분권, 그 현황과 과제."『한국정책학회 추계 학술 발표논문집』한국정책학회.

전국시군자치구의회의장협의회. 2006. 지방의회 역할 강화를 위한 정책 토론회 발표 논문. 2006년 4월.

전국시도의회의장협의회. 2011.『제11대협의회 활동백서』(2008.7-2010.6).

_____. 2012.『제12대협의회 활동백서』(2010.7-2012.6).

_____. 2014.『주요 선진국 지방자치제도 및 지방의회 운영 제도 사례 수집: 영국』. 2014년도 전국시·도의회의장협의회 연구용역 최종보고서.

전용주. 2010. "지방분권과 개헌: 지방분권 개헌론의 내용과 쟁점, 그리고 그에 관한 정치학적 논의."『의정논총』제5권 제1호.

전 훈. 2006. "프랑스 헌법상 지방분권제도."『세계헌법연구』제12권 제1호.

정창화·한부영. 2005. "지방분권화의 이론과 원칙 탐색: 독일과 한국의 지방자치단체의 사무배분을 중심으로."『지방행정연구』제19권 2호.

최봉석. 2009. "실질적 자치권 보장을 위한 헌법 개정의 방향."『지방자치법연구』제9권 4호.

한표환·김선기·김필두. 2002. "자치단체간 협력사업 활성화 방안."『한국지방행정연구원 연구보고서』350(단일호).

행정안전부. 2011.『지방의회백서』(2006.7~2010.6).

_____. 2014.『행정자치백서 2014』.

허진성. 2015. "지방분권 관련 헌법개정 논의에 대한 연구."『공법학연구』제16권 2호.

『경북일보』, 2011년 10월 3일 자 기사.
『머니투데이』, 2015년 3월 20일 자 기사.

경기도의회(http://www.ggc.go.kr).
국가법령정보센터(http://www.law.go.kr).
국회 의안정보시스템(http://likms.assembly.go.kr).
국회·지방의회 의정자료 공유시스템(http://clik.nanet.go.kr/index.do).

법제처 홈페이지(http://www.moleg.go.kr/main/main.do).
전국시·도의회의장협의회 홈페이지(http://www.ampcc.go.kr).
충남넷(http://www.chungnam.net/main.do).

한국의 사회적 대화 거버넌스:
제도적 실험과 소통의 한계

장선화 | 연세대학교

I. 시작하는 글

이 글은 1990년대 이후 한국에서 사회적 대화가 제도적으로 도입·실행되었음에도 불구하고 실질적 성과를 거두지 못한 현실에 주목하고 한국의 사회적 대화 거버넌스의 현실과 한계를 논한다. 산업화와 대중민주주의의 확산 과정에서 정치적으로 성장한 노동자계급의 경제적·정치적 대표 조직을 중심으로 사회적 대화가 점진적으로 확립되어온 유럽의 선진민주주의 국가와 비교했을 때, 한국과 같이 노동운동의 외연이 협소하고 노동자의 정치적 대표가 배제된 국가에서 힘의 균형을 갖춘 사회적 대화 관행이 수립되고 지속되기는 어려운 것으로 평가되어왔다. 한국은 후후발 산업국가로서 국가주도적 경제성장의 과정에서 대거 양산된 노동자들이 '분단' 상황 속에서 계급으로서의 정체성을 수립하고 계급의식을 정치적으로 발현하는 데 제한받으면서 사회균열로서 계급균열이 발달하지 못했다. 민주화 과정에서는 국가의 노동 통제와 이에 대한 노동의 저항이 민주주의적 원칙을 둘러싸고 첨예하게 갈등했다. 따라서 한국의 노동자계급 형성과 정치적 동원은 주로 국가와의 관계 속에서 설명되어왔다.

인간은 생존과 번영을 위해 사회를 구성하고 타자와의 관계를 통해 자기 정체성을 확인한다. 자본주의 산업사회는 시장에서 자신의 노동을 팔아 생계를 유지하는 노동자계급과 생산수단을 보유하고 노동자를 고용하여 이윤을 창출하는 자본가계급으로 구성된다. 이윤을 극대화하고자 하는 자본가와 노동으로 창출된 이윤의 정당한 몫을 주장하는 노동자 간의 갈등은 산업사회의 핵심 갈등인 계급갈등으로 표출된다. 계급갈등의 본질적 해소는 자본주의 사회 내에서는 불가능하다. 세계 경제위기를 겪으면서 생존과 체제유지를 위해 노동과 자본은 계급타협의 정치경제를 경험했다. 그리고 계급해방과 평등사회를 내걸었던 소비에트 공산주의의 실험이 실패로 종결된 이후 우리는 이데올로기가 지배하던 "극단의 시대"를 넘어 불확실성의 시대를 살고 있다. 계급 갈등은 민주주의의 확산과 체제유지를 위한 타협의 기술 증가로 완화되고 계급분화로 다원화되었다.

결과적으로 산업사회에서는 화해 불가능한 것으로 여겨지던 정치적 대립축들이 사라지거나 모호해졌고, 다양성만이 남았다. 극히 소수의 복지국가를 제외한 다수의 국가들에서 후기산업사회의 아이러니는 노동이 상품일 수 있는지를 철학적으로 질문하기보다는 노동을 경쟁력을 갖춘 상품으로 만들기 위한 노력을 경주하는 현실에 있다. 노동계급의 조직적 성장이 두드러졌던 산업사회에 비해 자기 정체성을 계급에 두지 않는 현재의 노동자들은 더욱 원자화되어간다. 한국의 노동자들은 산업화와 민주화 과정에서 계급으로서의 정체성에 기반한 정치적 대표에 의한 체제 형성을 경험하지 못했다. 이에 따라 서구 노동자들에 비해 여타의 사회, 정치적 균열에 기초한 정치적 결정을 해왔고 노동이 갖는 사회적 의미와 역할보다는 노동시장에서의 생존에 민감하게 반응했다. 자기 생존을 위한 무한경쟁주의가 만연한 가운데 남는 것은 전통적인 가족 중심주의로의 회귀를 통한 위안뿐이다.

이 글은 자본주의 사회의 핵심 문제인 노동소외나 계급갈등의 본질에 접근하기 위한 글이 아니다. 계급 모순의 극복이 불가능한 자본주의 체제적 한계에도 불구하고 그간의 역사적 경험을 통해 체제 보완과 수정 가능성을 인정한다면 우리가 할 수 있는 것은 어떻게 하면 노동시장에서 발생하는 문제와 갈등이 극대화되지 않도록 완화하고 해결할 수 있을까를 고민하는 것이다. 자본주의 사회에서 노동이 상품이라는 사실을 전제한다면 노동시장 역시 하나의 상품시장이므로 완전경쟁을 통해 자기 조절되도록 방임하는 것이 아니라 수요와 공급을 조절할 필요성이 있다는 점을 인정하는 동시에 노동자와 사용자가 사회 유지와 번영을 위해 협력을 필요로 하는 동반자라는 관점에서 사회적 대화(social dialogue)의 아이디어는 시작된다.

   대화는 마주하는 상대를 전제로 한다. 하지만 사회적 대화(social dia- logue)는 양자가 아닌 정부와 사회동반자들(social partners)[1] 간의 상호이 해 협의 및 조정과정, 합의를 의미하는 개념으로 흔히 삼자 협력(tripartite cooperation)과 짝지어 언급된다. 사회적 대화 개념에는 노동시장 주체 간의 갈등에 대한 협의와 협력, 그리고 합의가 내포된다. 최근에 사회적 대화는 산업관계의 핵심주체인 노사뿐 아니라 사회 내 다양한 이해당사자들의 참여로까지 확장하여 사용된다. 산업구조 변화와 글로벌 시장경제의 불안정성으로 실업이 국제적 사회 문제로 부상한 가운데 각국에서 사회적 대화가 경제·사회 위원회, 노동자문위원회, 혹은 그와 유사한 정책 차원에서의 협력 제도 등 다양한 유형으로 시도되었다. 국제적 차원에서는 2000년대 걸쳐 지속적으로 국제노동기구(ILO)가 사회적 대화와 삼자협력을 강화시킬 것을 회원국들에게 권고해온 것 또한 세계적으로 사회적 대화 사례가 증가하는 유인이 되었다. 한국의 사회적 대화 역시 이러한 흐름을 타고 노사 간 자발적 협력이 형성되기에 어려운 구조적 조건 ─ 낮은 노동시장 조직률과 노사 대표조직의 포괄성, 노동정치의 비활성화 ─ 에도 불구하고 1990년대 초부

---

1) 사회적 동반자(social partners)는 프랑스어 표현 "partenaires sociaux"에서 유래한 용어로 전통적으로 산업 생산의 핵심 양 주체인 노동과 경영 ─ 노동자와 사용자, 줄여서 노사(필자 주) ─ 을 의미한다(Teasdale and Bainbridge 2012).

터 지속적으로 추진되어 왔다. 이처럼 1990년대 이후 전 세계적으로 사회적 대화는 양적으로는 급격히 늘어났지만 그 가운데 다수가 제도적으로 취약하고 정책 형성의 측면에서 그 역할이 제한적인 것으로 나타나고 있다(ILO 2013, xii). 특히 노동시장에서 노사 협의의 자율적 관행이 성립되지 않았던 후발 민주주의 국가들에서 제도적 취약성이 두드러지는데 한국 역시 예외가 아니다.

이 글은 한국의 사회적 대화 거버넌스의 제도적 특징을 비교적 차원에서 살펴보고 핵심 행위자 간 소통의 문제를 중심으로 논의하고자 한다. ILO는 노동조합을 민주주의 국가 시민사회의 핵심 주체이자 변화하는 글로벌 시장경제하에서 보호되어야 할 대상으로 인정하고 글로벌 차원에서 사회적 대화와 표준을 확립함으로써 노동자의 권익을 보장하기 위한 다양한 프로젝트를 운영하고 있다. 하지만 한국의 경우 노동조합에 대한 일반적 인식에 있어 서구와 큰 차이를 보인다. 무엇보다 노동조합 가입 노동자와 일반 노동자들의 간극이 크다. 일반 국민들은 한국의 노동조합들이 전개하는 활동이 자신의 삶과 직접적으로 연관되지 않는다고 생각하며 소수 조합원들의 이해에 충실한 이익집단으로 인식하고 있는 경향이 강한 편이다. 노동조합을 시민사회 내의 핵심 주체인 노동자 대표 집단 혹은 더 나아가 공공 이익을 고려하는 책임있는 사회단체로 바라보지 않는 것이다.

노동자와 함께 노동시장의 핵심 주체는 사용자이다. 한국의 사용자단체는 민주화 이전에는 정부의 노동통제와 경제성장 전략의 파트너로서 노동과의 사회적 대화 필요성을 느끼지 못했다. 외자 유치와 수출중심 경제구조에서 저임금의 낮은 노동비용이 급속한 성장에 전제되었으므로 기업은 노동의 단체행동과 정치활동에 대한 규제에 동의했고 법적·정치적 통제가 유지되는 한 노동과 집단적인 협상을 할 필요가 없었다. 민주화 이후 잠재해 있던 노동운동의 분출과 함께 노사관계 전략의 변화가 필요하게 된 이후에야 사용자단체는 단체교섭 등을 통한 양자적 대화와 함께 노사정위 등을 통한 삼자 사회적 대화에 참여하였다. 하지만 산별, 전국적 사용자단체의 역할과 기능은 제한적이며 사용자단체의 낮은 포괄성 및 대표성 또한 한국에서 사회적 대화 거버넌스가 실효성을 거두지 못하는 중요한 요인 중 하나이다.

구조적 조건이 취약한 한국과 같은 국가에서 왜 사회적 대화를 시도하는 가(은수미 2006), 사회적 대화의 결과인 사회 협약의 성공 조건은 무엇인가(Cameron 1984; Calmfors and Driffill 1988; Baccaro and Im 2011; 장선화 2015)를 주제로 한 연구들이 그간 진행되어 왔다. 분석의 초점은 다양하지만 사회적 대화가 갈등 조정과 사회통합을 위한 제도로 기능하고 안정적으로 작동하기 위해서는 핵심 행위자 간의 소통과 상호 신뢰가 가장 중요하다는 결론에는 이견이 크지 않다. 특히 한국과 같이 아래로부터의 사회 대표 조직 간 갈등 조정 기제가 제대로 작동하지 않으며, 정치의 영향력이 강한 국가에서 사회적 대화는 정부가 사회 개혁 입법—특히 복지 및 고용 관련—에 앞서 형식적 자문을 구하거나 정당성을 획득하기 위한 수단으로 추진하는 경향이 다분했기 때문에, 사회적 대화의 유용성에 대한 의심마저 제기되는 형편이다(장선화 2014).

민주화 이후 한국의 국가와 노동운동, 노동체제의 성격과 변화에 대한 연구는 사회학계에서 활발히 진행되어왔다. 국가의 노동에 대한 통제와 노동운동의 대응, 자본의 이윤추구 전략, 노동운동의 위기 등을 중심으로 '한국 노동체제' 연구가 진행되어 왔다(임영일 2003; 노중기 2007; 정이환 1995). 정치학에서는 1987년 민주주의 이행기에 노동운동의 폭발 이후 90년대 과도기를 거쳐 노동운동의 침체로 이어지는 과정에서 나타나는 한국적 특수성에 주목해왔다(최장집 1992; 임혁백 1992). 실제로 '국가'의 막대한 영향력이 지속되는 가운데 제도적으로 1997년 노동법 개정 이후 현재까지 한국의 노동체제는 큰 변화가 없었다. 한국의 노동시장, 노동통제, 노동운동의 양상 또한 크게 달라지지 않았다(장홍근 1999; 2015). 주요 원인에 대한 진단은 상이하지만 2000년대에 이르러서는 '노동운동의 위기'가 거론되기에 이르렀다(이호근 2010, 13). 노동체제의 가장 능동적인 주체인 노동운동이 예외적인 압축적 성장과 빠른 침체를 보인 것이다.

필자는 한국의 노동체제 형성과 변화, 지속에 영향을 미친 가장 큰 요인이자 강력한 행위자가 국가라는 데에 동의한다. 하지만 노동체제적 관점이 국내적 차원에서 국가, 노동, 자본 간의 힘의 역관계에 초점을 두는 것과는 달리 1990년대 이후 사회적 대화 제도의 외연적 확장에도 불구하고 노동정책 아젠다를 형성하고 정책을 수립·집행하는 '정치'과정에서 지속적으로 반복되는 노동 배제적 경향과 소통의 부재에 주목한다. 또한 한국의 사회적 대화가 노동체제뿐 아니라 국제적 차원의 거버넌스 영향하에 있으며 사회적 대화에서도 전통적인 중앙 조직 간의 노사정 대화 구조가 아닌 다차원적 제도가 증가하고 있다고 본다.

이 글에서는 이러한 사회적 대화의 다차원적 구성을 사회적 대화 거버넌스 개념을 통해 제시한다. 본문에서는 한국의 사회적 대화 거버넌스 제도를 비교적 관점에서 유형화하고 역사적 제도화 경로, 산업사회에서 후기산업사회로의 전환기적 압력, 사회적 대화 주체의 구성과 관계 및 국제적 차원, 한국의 사회적 대화 거버넌스의 특징과 한계를 중심으로 살펴볼 것이다.

II. 노동시장 갈등과 사회적 대화 거버넌스:
협력과 합의의 제도화

서두에서 언급한 바와 같이 사회적 대화(social dialogue) 개념은 국제 사회에서 통용되는 보편적 정의에 따라 노사정 삼자 대화, 혹은 보다 넓은 의미에서 노사정뿐 아니라 여타의 사회 이익 대표 조직의 참여를 포괄한다. 즉, 사회적 대화(social dialogue)는 노사정 간 협의 절차 및 합의양식인 네오코포라티즘(neo-corporatism)뿐 아니라 노동시장 주요 의제에 대한 노사 대표조직의 사회적 자문(social consultation), 생산 분야에서의 노사 협력을 의미하는 조정(coordination), 정책 차원의 사회적 협의(social concertation) 등을 포괄하는 용어이다. 이 글에서 사회적 대화 거버넌스는 사회적 대화의 주체와 그들 간의 상호작용, 관계 및 반복적으로 실행되는 협의 양식

이 내포된 개념으로 국내외적 차원과 중앙과 지방차원의 협의를 포함하는
것으로 정의한다.

사회적 대화와 거버넌스를 연결하는 개념 정의에 대해 이견이 존재할 수
있다. 거버넌스에 대한 엄밀한 개념 정의가 확립되어 있지 않으며 거버넌스
개념의 활용과 논의의 확산을 무비판적으로 수용해서는 안 된다는 입장이
나타나고 있기 때문이다. 자유주의적 맥락에서 이해관계자들의 참여를 활성
화한 협치(governance)를 통해 신공공관리를 제기한 정치적 진영은 정통
우파이며 거버넌스 이론으로 이익집단과 같은 사회 행위자들의 참여를 주장
하지만, 결과적으로 효율성과 시장의 논리를 공공부문에 도입하는 한편 정
치적 참여는 네오포퓰리즘적 방식으로 대치한다는 비판이다(정병기 2015,
18-20).

하지만 이 글에서 제시하는 사회적 대화 거버넌스는 이해관계자들의 정
책참여와 생산부문에서의 협력을 동시에 포괄하되 일국적 차원에서 중앙정
부를 중심으로 한 조정과 협의양식이 아니라 보다 다차원적이고 중층적인
네오코포라티즘적 협치에 가깝다. 1970~80년대를 경유하면서 네오코포라

〈그림 1〉 사회적 대화 거버넌스

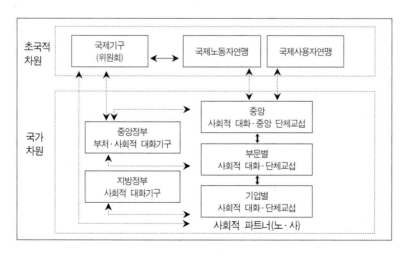

티즘적 합의민주주의(consensus democracy)를 특징으로 했던 유럽 일부 국가들의 협의 양식 역시 다원화되고 경쟁적인 행위자들에 의해 점차로 탈집중적이고 네트워크화된 협력체제로 변화해왔다. 특히 EU 차원의 초국적 이해관계자 집단 및 사회단체와 로비조직, 지방정부, 지방 차원의 다양한 이해관계자 집단 등이 증가했다.

이 글은 중앙 차원의 협의 제도와 사회적 주체를 대상으로 하고 있지만 실제로 지방 차원의 협의가 지역 공동체적 네트워크를 통해 보다 실질적이고 지속가능한 노사협력을 가능하게 하고 있으며 사회적 대화 거버넌스의 틀에서는 중요한 차원이므로 거버넌스 틀에 포함시켰다.

글로벌 경제의 확산과 포드주의적 생산양식의 쇠퇴, 제조업이 약화되고 서비스산업 비중이 늘어나는 산업구조의 전환은 선진산업민주주의국가의 노동조합과 사용자단체 양자 모두에게 위협이자 기회가 되었다. 사회적 대화는 일반적으로 산업화 이후 노동계급의 폭발적 성장으로 형성된 국가적 차원의 제도 양식이기 때문에 글로벌 경제하에서 진행된 기업에 대한 규제완화로 생산기지 이전이 용이해지고 산업구조 전환으로 노동계급의 이익 분화가 심화되는 상황 속에서 중앙 조직의 영향력은 약화될 수밖에 없는 것으로 예측되어왔다. 하지만 OECD 20개국 사용자단체 조직 규모의 변화에 대한 연구에서 트랙슬러(Traxler 2003)는 글로벌 경제로의 전환에도 불구하고 대다수의 사용자단체들이 조직 규모를 유지하고 있음을 입증한 바 있다. 뿐만 아니라 2010년 이후에도 노사 중앙 대표 조직 간 단체협상이 지속되거나 오히려 증가하는 경향이 나타나 사회적 대화 관행이 사회적 파트너의 전략과 정부 정책에 크게 영향받는 현실이 드러났다(ILO 2015).

이처럼 사회·경제적 변화가 각국의 노동시장 대표 조직들에 동일한 영향력을 미치고 있지 않으며 사회적 대화의 지속 여부에는 실질적으로 경제적 요인보다는 제도적 요인의 영향력이 여전히 크다는 점을 확인할 수 있다. 즉, 산업구조의 변화와 사회적 변화는 노동시장 주요 행위자의 전통적 조직과 집단행동 양식에 변화의 압력을 가하지만 실질적으로는 국내적 차원에서 형성된 제도적 틀이 전면적으로 전환되는 큰 변화를 보이지는 않고 있다고 하겠다. 그럼에도 불구하고 다수의 산업 민주주의 국가에서 글로벌화의 영향력은 노동시장 조직들에 원심력으로 작용하고 있다. 노동조합 연맹의 역할 축소, 노동조합 가입률의 경향적 저하와 더불어 전통적으로 중앙 차원의 노사 협상을 주요 임무로 했던 사용자단체 역시 최근에는 상품시장 이익을 대표하고 정치적 로비를 하는 쪽으로 활동의 중심을 전환하는 등 내용적 변화가 나타나고 있는 것이다.

한편으로 국제노동기구(ILO)와 같은 초국적 기구나 유럽연합(EU)과 같은 초국적 거버넌스 제도는 사회적 대화 제도가 국내적으로 형성되기 어려운 조건의 국가들이 제도를 만드는 데 영향을 미쳤다. 따라서 경제적 힘으로서의 세계화는 사회적 대화기구들을 약화시키는 외적 압력으로 작용하지만 다차원적 거버넌스는 사회적 대화를 촉진하는 유인을 제공하는 이중적 상황이 전개되고 있다. ILO는 오래전부터 노사 협의 체제를 갖추지 못한 회원국 정부에게 사회적 대화와 노사정 삼자협력을 강화시킬 것을 권고해왔으며 EU 역시 1986년 단일의정서(SEA)에서 집행위원회가 유럽 차원의 사회적 대화를 발전시키기 위해 노력할 것을 명시하고 회원국 가운데 사회적 대화가 발전된 국가의 사례를 참조하도록 독려해왔다.

글로벌 시장경제의 확산과 초국적 거버넌스의 영향력 확대와 더불어 1990년대 이후 변화한 경제사회적 환경에 적응하기 위해 다수 국가의 정부들이 개혁을 시도했다. 개혁을 앞두고 사회적 대화는 국제적으로도 권장될 뿐 아니라 상황에 따라서는 국내적으로 유용한 정치 전략이 될 수 있었다. 이전까지 사회적 대화가 형성되거나 성공적이지 못했던 국가들에서 사회적 대화기구를 통한 사회협약의 성과를 내기 시작한 것이다. 네덜란드, 아일랜드, 스페인, 포르투갈, 이탈리아 등 전통적으로 네오코포라티즘적 사회협의 체제를 구축하지 못했던 국가들이 산업구조조정과 고용시장유연화 개혁을 앞두고 사회협약을 줄줄이 체결한 것이다. 하지만 네오코포라티즘과 비교할 때 최근에 사회적 대화의 결과로 맺어진 사회협약은 주요 의제의 내용에서 차이가 나타난다.

최근의 사회협약은 노동시장 구조조정과 유연화를 통해 실업을 줄이고 경제를 활성화시키는 것을 내용으로 하는 노동정책 개혁을 앞두고 사회구성원의 합의를 이끌어내기 위해 체결되는 경향이므로 분배적이기보다는 경쟁력 연합으로서의 성격이 더욱 강화되고 있다.

글로벌 시대의 사회적 대화 거버넌스는 산업사회에서 특징적이었던 사회적 대화 양식과 다르다. 국가적 차원의 산업구조 변화와 글로벌 차원의 거버넌스의 발전은 '사회적 대화 거버넌스'라 지칭할 수 있는 새로운 단계로 나아가고 있다. 사회적 대화의 다차원적 거버넌스가 가장 발전한 EU의 경우 사회정책 개발과 적용을 위한 현지 연구조사를 비롯하여 정책 형성 및 결정 단계에서 회원국의 사용자, 노동자, 정부 부처 등이 참여하는 거버넌스의 삼자적 구조가 일반적이다.

한국의 경우, 사회적 대화 거버넌스는 주로 고용노동부 산하 위원회—최저임금위원회 등—에 노동시장 대표조직의 참여, 노사정위원회, 노사정대표자회의, 노동위원회 등 중앙 및 지방 행정·준사법 기구에 노사 대표조직들이 참여하는 형태로 협의 과정에서 참여가 지속적이지 못하고 정부에서 임명된 공익위원의 절충안이 큰 영향력을 발휘하지 못하며 충분한 협의과정이 결여됨으로써 사후 입법과정에서 갈등이 다시 증폭되는 양상이 반복되고 있다.

한편으로 한국에서도 국제적 차원의 노동기구들의 영향력이 과거보다 증가하는 경향이 나타난다. 국제기구 및 국제연맹조직과 지속적인 연계가 형성되어 있으며, 한국의 사회적 대화체제에 일정한 영향을 미치고 있다는 면에서 한국 역시 다층적 사회적 대화 거버넌스 구조에 속해 있다고 할 수 있다.

III. 한국의 사회적 대화 거버넌스:
제도화 경로와 사회적 대화 주체

1. 제도화 경로

1) 민주주의 이행기 사회적 대화 제도의 형성

민주화 이전 시기 한국의 노동정책은 성장 우선적 경제정책과 정치적 필요성에 의해 좌우되었다. 노동정책을 담당하는 노동청 — 1981년부터 노동부로 재편 — 은 대통령비서실, 중앙정보부, 경제기획원, 상공부와 같은 상위기관의 정책결정에 종속되었고 실무적 정보를 제공하는 정도의 역할만을 담당했다(최장집 1988). 1988년 출범한 13대 국회에서 기존의 보건사회위원회에 속해 있던 노동위원회가 독립·신설됨에 따라 사회적 욕구가 분출한 당시의 여소야대 국회에서 노동정책 입법과정에 정당의 역할이 중요하게 부각되었다. 하지만 정당과 국회의원들은 여전히 행정기구에 대한 통제력을 갖추지 못했으며[2] 국회의 노동위원회는 오히려 안기부의 정보수집 통로가 되었다는 평가마저 나왔다.

정부는 노동부 밖에 설치된 '노동대책회의'를 통해 노동 문제를 치안·안보차원에서 접근하여 검찰과 경찰의 협력하에 단체행동을 엄격히 통제했다.[3] 근로기준법 준수와 단체행동 보장을 요구하는 노동자의 집단행동은

---

2) 13대 국회에서 노동위원회 법안은 다른 사회정책에 비해 본회의 가결률이 높은 편이었다. 이 가운데 노동관계법 제·개정안이 차지하는 비중이 높았으며(40.7%), 이는 모두 가결되어 국회에서의 여야 합의가 활발했음을 나타낸다(송희준 1992, 355-364). 하지만 쟁점법안이었던 노동조합법과 노동쟁의조정법은 본회의 가결 후에 대통령의 재의결 요구에 의해 국회에 회송되어 본회의에 계류되는 등 이해가 첨예하게 대립되는 노동관계법 분야에서 정책결정과정에 대한 정부의 영향력이 여전히 강하게 나타났다.

3) "勞動對策會의 新設,"『경향신문』, 1981년 2월 18일; "노동통제 실상은 이렇다,"『한겨레』, 1988년 5월 15일 참조. 노동대책회의는 1981년 12월 노사분규예방 및 해결대책, 노사 문제의 오도 및 확산방지 대책, 노사 문제에 대한 제3자개입방지대책 등을 협의 처리하기 위해 설치되었다. 보건사회부 장관이 중심이 되었던 원래의 구성과는 달리

사회적 불안정을 가져와 북한의 도발을 야기한다는 반공 논리에 근거하여 엄격히 감시되었고 통제되어야 할 대상이었다. 1990년대 이후에도 노동부의 주요한 정책들은 경제부처의 정책결정에 종속되어 있었고 노동부는 단지 정책실행부서의 역할만을 담당했다(노중기 2007, 304; 최장집 1988). 한국 특수적인 분단 상황과 반공이데올로기의 영향력은 민주화 과정에서 특징적이었던 노학연대—노동자와 대학생—와 경제민주화를 요구하는 단체들을 체제 위협 세력으로 규정했고 국가보안법을 적용해 탄압했다.

민주화 과정에서 과거와 같은 억압적 노동통제가 더 이상 불가능해지자 국가 주도의 협의회를 통한 임금 통제가 시도되었다. 이미 1989년부터 '최저임금심의위원회'—현 최저임금위원회—에서 한국노총과 경총의 합의로 최저임금 15% 인상 중재안이 통과되는 등 정부 위원회차원의 협의절차가 없었던 것은 아니다. 하지만 노동부가 정부의 한자리수 임금인상 정책에 위배된다는 이유로 갑자기 심위위원회의 합의 결정에 무기연기를 공표하는 등4) 절차적 합리성이 갖추어져 있지 않았다.

노태우 정부는 1990년 '국민경제사회협의회'를 구성한 데 이어 1992년 노동관계법 개정을 시도하기에 앞서 '노사관계법 연구위원회'를 통해 입법개정안을 작성해 정부에 건의하게 하는 등 일종의 사회적 협의 제도를 시도하여5) 최저임금에 합의했다는 점을 내세웠다. 이에 전노협을 위시한 노동계와 자본 측이 반발하자 근로기준법을 제외한 노동조합법, 노동쟁의조정법 개정을 철회하였다. 이외에도 노태우 정부는 1991년 2월과 1992년 2월 '사회적 합의를 위한 청와대대토론회'를 개최하는 등 사회적 합의를 강조했으

80년대 말 무렵에는 국가안전기획부(안기부)가 실질적 주관기관으로 중앙부터 시·군·구 차원에서 활동했다. 중앙노동대책회의는 안기부 국장, 검찰청 공안부장, 치안본부 4부장, 보안사 국장, 노동부 국장이 주요 구성원이었으며 지역노동대책회의는 안기부 지역 분실장, 지검장, 경찰서장, 보안사 지역담당관, 노동부 지방 사무소장들로 구성되었다.

4) "최저賃金 3년만의 勞使악수," 『한국일보』, 1998년 10월 13일.

5) 노동법개정작업에 정부 민간자문기관인 '노동관계법연구위원회'에서 입법개정안을 작성, 정부에 건의하도록 했다. 위원회는 공익위원 12명(학계 8명, 법조계 언론계 각 2명), 노사대표 각 3인 등 18명으로 구성되었다.

나 제도적인 지속성을 갖춘 기구를 형성하거나 실질적 합의를 도출하여 성과를 거두지는 못했다.

김영삼 정부 역시 사회적 합의를 시도했다. 하지만 1993년과 1994년 한국노총과 경총 간의 임금합의는 정부의 임금가이드라인 설정에 대한 협조에 불과했으며 곧이어 노동의 저항에 직면해 노태우 정권 시기에 보인 바와 다르지 않았다. 정부는 1993년 여름, 임금합의에 따른 임금억제정책에 저항하는 파업 등의 노동쟁의에 강력히 대응했다. 제3자 개입금지, 긴급조정 발동 등 노동의 조직적 집단행동에 대한 정부의 통제가 유지되었다.

노태우 정부와 김영삼 정부는 의사(pseudo) 사회적 대화 도구를 제도적으로 차용했으나 노동통제와 배제정책은 유지했다. 사회적 대화라는 형식적 차원에서 노동은 사회적 파트너로서 대표성을 인정받고 정책형성과정에의 부분적 참여를 허용받는 것처럼 보였지만 노사 대표 간의 외연적 합의는 일시적이었으며 정부 정책에 대해 순응할 것을 강요받았다. 자본주의 국가의 노동통제 전략 관점에서 한국의 민주주의 이행기는 국가의 노동 통제방식이 여전히 배제 전략에 머물러 있는 가운데 억압적 통제방식에서 헤게모니적 통제방식으로 변화하는 과정이었다. 정부는 공공기관, 행정조직, 중앙 및 지역 언론, 사설교육기관 등에 이르기까지 정부의 노동정책 홍보활동을 강화하였고 노동대책회의 및 토론회 등을 개최함으로써 노동에 대한 헤게모니적 통제가 강화되었다(노중기 2007).

2) 사회적 대화기구의 발전 경로와 '갈등의 균형' 상태

(1) 노사정위원회

① 노사정위원회의 형성과 사회적 파트너 관계: 1998~2007

1996년 김영삼 정부 시기에 대통령 직속 자문기구로 노사관계개혁위원회가 설립되었다. 노사 동반관계 수립과 사회적 합의 도출을 표방한 기구였으나 국회 법안처리과정에서 당시 여당인 신한국당의 단독 노동개혁 법안 통과로 노조 총파업이 전개됨으로써 노사협의체의 한계를 나타냈다. 1997년 12월 민주노총이 외환위기 상황에서 김대중 정부 출범을 앞두고 차기 정부에 사회적 협의 기구 설립을 요청하면서 1998년 김대중 정부 수립 이후 한국노사정위원회가 정식으로 설립되었다.

민주노총은 1990년 전노협을 전신으로 한 노동조합총연맹 조직으로 1995년 11월 정식으로 출범했다. 하지만 합법화 신청이 받아들여지지 않아 사회적 대화의 제도적 틀에 참여할 수 있는 자격을 부여받지 못했으며 지속적으로 국가의 노동통제에 반발해왔다. 민주노총의 합법화를 앞두고 한국 노동조합의 양대 연맹이 사회적 대화 파트너로 정부 위원회에 참여하게 되었다. 노사정위원회는 노동자 고용안정, 근로조건 등에 관한 노동정책 및 이에 중대한 영향을 미치는 산업 경제 및 사회 정책, 공공부문 구조조정의 원칙과 방향, 노사관계 발전을 위한 제도 개선 등에 대해 협의하는 기구로 한국 최초의 본격적이고 공식적인 삼자 사회적 대화기구였다.

IMF 관리체제하에서 정부는 대폭적인 구조조정의 불가피성을 선언하고 노동계에 협조를 요청했다. 1998년 2월 노사정은 정리해고제를 1년 앞당겨 도입하고 근로자 파견법을 제정하는 등의 구조조정에 합의하는 대신 실업자의 초기업적 노조 가입을 허용하고 민주노총을 합법화하는 등의 이해 교환을 통해 "경제위기 극복을 위한 사회협약"을 체결하였다. 하지만 7월 10일 민주노총과 한국노총이 공공부문 구조조정 등에 반발하여 퇴출기업의 고용승계를 요구하면서 노사정위원회 불참을 선언하고 7월 23일에는 노사정위원회와 양대 노총 간의 합의에 반발하여 경총이 불참을 선언하는 등 갈등이 끊이지 않았다. 양대 노총은 경제위기 상황에서 장외투쟁만을 고집할 경우 여론의 지지를 받지 못할 것을 우려해 7월 27일 복귀하였고 경총도 곧이어 참여하였다. 제2기 노사정위원회는 재벌개혁과 노동시장 유연성 제고를 큰 개혁과제로 제시하였으나 근로자 추천 사회이사제, 노조전임자 임금지급 문제 등 핵심쟁점에 대한 노사갈등이 컸다.

1999년 2월 24일 민주노총은 구조조정과 정리해고 중단, 노동시간 단축, 사회안전망 구축, 산업별 교섭보장 등을 요구하며 노사정위를 탈퇴했다. 탈

〈표 1〉 한국노사정위원회* 변천과정과 중앙차원의 노동조합, 사용자단체의 참여

		제1기 ('98.1.15~2.9)	제2기 ('98.6.3~'99.8.31)	제3기 ('99.9.1~'07.4.26)	제4기 ('07.4.27~)
설치근거		없음	대통령령	특별법	특별법
성격		당선자 자문기구 정치적 합의기구	대통령 자문기구 사회적 대화기구	대통령 자문기구 사회적 대화기구	대통령 자문기구 사회적 대화기구
참여자		노·사·정·정당	노·사·정· 공익·정당	노·사·정·공익	노·사·정·공익
노동 조합	민주 노총	참여	조건부참여/탈퇴 '98.6.3 불참~ 6.5 참여 7.10 불참~ 7.27 복귀 '99.2.24 탈퇴	불참	불참
	한국 노총	참여	참여/조건부참여 '98.7.10 불참~ 7.27 복귀 '99.4.9 시한부탈퇴 ~8.30 복귀 '99.11.15 활동 중단 선언	참여/조건부참여 2000.3.24 복귀 2000.7.6. 활동중단~ 12.12 복귀 2005.7.7 탈퇴~ 11.15 부분 복귀 2006.2.2 복귀	참여/불참 2009.10.7 불참~ 12.4 복귀 2013.12.23 불참~ 2014.8.13 복귀 2014.9.19 불참~ 9.23 복귀 2015.4.3 불참~ 8.26 복귀 2016.1.19 불참 및 합의파기~
사용자 단체	경총	참여	참여 '98.7.23 불참~ 7.29 복귀 '99.4.16 탈퇴~ 7.27 복귀	참여	참여
	전경련	참여	참여	참여	대한상공회의소 회장 참석
성과 (합의/건의/ 권고 등)		합의 1건 (90개 항목)	합의 10건 건의, 권고 등 14건	합의 47건 건의, 권고 등 16건	합의 12건 건의, 권고 등 5건

* 현 '경제사회발전노사정위원회'
출처: 장선화(2015, 61) 〈표 2〉 참조, 일부 내용 수정

퇴를 미루고 있던 한국노총도 4월 9일 노사정위원회법이 제정될 때까지 시한부 탈퇴를 선언했으며 4월 16일에는 경총이 정부가 노조전임자 임금지급 관련법을 연말까지 개정하기로 했다는 소식에 탈퇴를 선언했다. 정부와 여당(국민회의)의 회유 끝에 경총은 7월 27일 노사정위 복귀를 결정했다. 노총의 불참으로 노사정위는 재개되지 못했으나 정부와 한국노총, 경총은 '노사관계제도개선위원회'를 발족해 당시 현안인 노조전임자 임금지급과 법정 근무시간 단축 등을 논의하기로 했다. 한국노총은 8월 30일 노사정위 복귀를 결의해 노사정위가 다시 가동되었으나 민주노총은 복귀하지 않았다. 11월 15일 한국노총은 다시 노조전임자 문제를 이유로 활동중단을 선언했다가 2000년 3월 24일 현안 해결을 위한 비판적 참여 필요성을 이유로 복귀했다. 같은 해 7월 6일 한국노총은 금융 관련 문제로 다시 노사정위 활동을 거부했다가 민노총의 반대에도 불구하고 12월 복귀해 공공부문특위에서 철도 구조조정계획에 합의했다. 민주노총의 불참에도 불구하고 김대중 정부는 한국노총에 노동조합 대표 자격을 실질적으로 부여함으로써 노사정위 협의를 지속했다.

노무현 정부 역시 사회적 대화기구인 노사정위원회의 중요성을 부각하고 협의를 이어갔다. 2003년 초 노사정위에 민주노총의 복귀 논의가 재개된 것은 새로운 협의 제도 구성 필요성에 대한 요구 때문이었다. 하지만 민주노총의 단병호 위원장은 정부의 성장 위주 정책적 전환에 우려를 표명하며 네덜란드식 노사정 협의체는 한국사정에 맞지 않다고 지적하고 적절한 교섭구조 ―산별교섭, 노·정직접교섭―가 보장되어야 노사정위원회 복귀를 고려할 것이라는 태도를 유지했다. 당해 12월에는 노사 양측이 정부의 노사로드맵에 반대를 표명하고 나섰다. 노동자는 노동유연화에 대한 우려와 공무원노동기본권 보장을 주장하며, 사용자는 통상임금에 수당과 상여금이 포함될 경우 인건비 상승과 실업자노조가입 불허, 파업 증가 우려를 들어 반대했다.

2004년 민주노총의 위원장 교체와 민주노동당(약칭 민노당)의 원내 진출로 민주노총의 사회적 대화 복귀가 기대되었다. 민주노총이 노사정위 독립이 보장되면 복귀하겠다고 역설하는 가운데 노사정위는 일자리만들기 사회

협약 기초안을 발표하였다. 5월 31일 민주노총, 경총, 대한상공회의소, 한국
노총, 노동부장관, 노사정 위원 등 6명으로 구성된 '노사정 지도자 회의'에서
노사정 대표들은 6월부터 3개월간 노사정위원회 정상화를 위한 과도 기구
를 운영하기로 하여 노사정 지도자회의 6인과 중소기업·비정규직 대표 2인
으로 구성된 '노사정 5자 대화' 채널로서 '노사정대표자회의'가 이어졌다. 대
통령 주재 청와대 노사정 대토론위원회, 1·2차 노사정대표자회의를 통해
노사관계 선진화, 비정규직 문제 해결 등이 논의되었으나 8월 민주노총이
"보여주기 위한 이벤트에 불과"하다는 이유로 노사정대표자회의 참여를 무
기한 연기하고 2004년으로 예정했던 노사정위 복귀결정을 1년 미루었다.
민주노총 지도부의 노사정 대화 복귀 고려는 정기 대위원회에서 나타난 내
부 갈등 끝에 노총 내 반대세력의 저지로 무산되었다.

　민주노총은 대위원 대회를 개최하지 못할 정도로 노사정위 복귀와 강경투
쟁을 둘러싼 내부갈등이 더욱 심화되었다. 금속노조와 공공연맹을 중심으로
한 블루칼라 노조 강경파는 화이트칼라 노조 온건파에 강력히 반발했다. 결
국 정부는 2005년 2월 민노총 복귀와 무관하게 정부의 노사로드맵을 연내
입법화할 것을 선언했고 노사정위는 민주노총을 배제한 채 협의에 나섰지만
비정규직 법안을 둘러싼 갈등이 심화되었다. 3월 민주노총 지도부가 대위원
동의를 얻지 못한 채 사회적 대화에 복귀할 뜻을 밝힘에 따라 4월 5일 노사
정 대표자회의가 재개되어 비정규직법 국회 논의에 합의하였다. 하지만 7월
7일 한국노총이 9년 만의 총파업에 돌입해 노사정위 즉각 탈퇴를 선언함으
로써 사회적 대화는 다시 중단되었다. 7월 20일 민주노총과 함께 공동 노동
자 대회를 여는 등 정부의 노동시장정책에 대한 전면 수정을 요구했다. 당시
야당인 한나라당 정두언 의원 대표발의로 '노사정위 폐지법안'까지 국회에
제출되는 등 노사정위에 대한 정치권의 회의와 압박이 계속되었다.

　2005년 11월 15일 한국노총이 노사정위 특별위원회에 복귀하였으나 비
정규직법 처리, 노동부장관 퇴진 등을 요구하며 본회의에는 참가를 유보했
다가 노동부 장관 교체 직후 2006년 2월 2일 완전 복귀했다. 비정규직법을
둘러싼 노사 갈등은 여전히 첨예하여 경총은 지나친 친노동 입법 시 기업도

파업을 할 수 있다는 발언을 통해 정부와 신임 이상수 노동부 장관의 친노동 행보를 경고했다. 3월 31일 노사정위 본회의가 7개월 만에 재개되었다. 하지만 노사정위를 통해 사회적 대화에 적극적으로 참여한 한국노총과 민노당과 연계를 갖는 민주노총의 대립은 해소되지 않았다. '비정규직 사용제한 조항'의 삽입여부가 문제였다. 6월 19일 민주노총이 노사정대표자회의에 복귀를 선언하고 사회적 대화의 복원 가능성이 주목되었다. 8월 30일 한국노총이 협상 탈퇴를 선언하는 등 갈등 끝에 9월 11일 노사관계 법·제도 선진화 로드맵이 확정되었다. 한국노총과 경총이 핵심 대립 쟁점이었던 노조 전임자 임금지급 금지와 복수노조 허용에 대해 5년 유예하기로 합의하였으나 노동부장관은 이에 반대했다. 한국노총이 3년 유예로 수정안을 제의하면서 정부가 이를 결국 수용하면서 타협점이 만들어졌다. 노무현 정부 출범 때부터 추진되었던 노사관계 로드맵이 통과된 것이다. 하지만 민주노총은 한국노총을 야합세력으로 규정하고 '필수공익사업장 대체근로 도입'을 반대함으로써 전면 투쟁을 선언했고 노사정합의안 철회와 한국노총 해체 요구 시위 등을 통해 장외투쟁에 나섰다.

노사정위 설립 이후 노무현 정부 시기까지 한국노총과 민주노총의 관계는 한국노총이 노사정위를 통해 사용자 및 정부와 타협에 나섰을 때 악화되고 비정규직, 노조전임자 임금지급 문제, 파견근로 등과 관련한 민감한 사안에 한국노총이 반발하고 장외투쟁에 나섰을 때 복원되는 양상이 반복되었다. 경총은 정부의 사회적 대화에 참여를 유지했으나 이 시기 동안 정부가 노동조합에 보다 우호적인 타협의 자세를 취할 때 경총은 이례적으로 사회적 대화 탈퇴 위협과 장외투쟁 가능성을 시사했다.

1999년 민주노총이 노사정위를 탈퇴한 이래 노사정위원회의 주요 과제는 위원회의 대표성 강화를 위한 민주노총의 사회적 대화 복귀였다. 민주화 이후 최초 여야 정권교체로 상대적으로 친 노동적 성격의 정부가 들어섬으로써 사회적 대화기구의 중요성이 부각된 시기였지만, 동시에 경제위기와 위기 회복 과정을 거치면서 노동시장 유연화와 구조조정이 진행되는 과정에서 노사정 갈등이 끊이지 않았던 시기였다. 정부는 양 대 노총을 사회적 대화에 참여시키려는 노력을 계속했고 노사정위 파행 시 노사정대표자위원회를 별도로 운영하여 부분적으로 민주노총의 참여를 이끌어내기도 했으나 결과적으로 사회적 대화의 대표성은 회복되지 않았다. 1997년 노사정 대타협은 예외적인 경제위기 극복을 위한 합의였을 뿐이었다. 민주화 이후 여야 정권교체에도 불구하고 노사정 대화를 통한 협의가 원활하지 않음으로써 노사 간 자율적 협력 관행도, 정부의 적극적인 갈등 조정에 대한 노동의 신뢰도 축적되지 않았다.

② 사회적 대화의 지체와 정부 개입 증가: 2008~2016

2007년 대선에서 한나라당 이명박 대통령 후보가 당선된 후 글로벌 금융위기시의 사회적 합의를 제외하고는 사회적 대화는 큰 성과 없이 지체되었고 정부의 노동쟁의에 대한 처벌이 강화되었다. 한국노총은 간부출신이 공천을 받아 국회에 진출하는 등 한나라당과의 정책연대를 통해 정부에 협조적인 자세를 취했고 민주노총은 사회적 대화에 참여하지 않을 뜻을 분명히 했다. 이명박 정부 초기 글로벌 금융위기를 맞아 2009년 2월 23일 노사정과 시민사회 대표로 구성된 노사민정 대책회의는 '경제위기 극복을 위한 노사민정 합의'를 선언했다. 하지만 노조전임자 임금지급 금지, 복수노조 허용(2002년 통과되었으나 2007년으로 유예되었다가 다시 2009년으로 유예된 상황)을 둘러싼 갈등은 2000년대 내내 노사정 간의 이해가 첨예하게 대립되었던 이슈였으며 "전임자 임금 문제는 노사 자율로 결정해야 한다"는 양 노총의 주장은 지속되었다.

결국은 2009년 10월 7일 한국노총이 노사정위 불참을 선언하는 대신 노동부, 노사정위원회, 민주노총, 경총, 대한상공회의소 대표로 구성된 노사정 6자 대표자회의를 제안해 민주노총과 노동부 동의로 10월 29일 노사정 6자 대표자회의가 열렸지만 타협안 도출에 실패했다. 단체협약에 대한 일방 철회에 반발해 11월 말부터 12월 초 벌어진 9일간의 철도노조파업을 위시하여 노사 간의 갈등이 고조된 가운데 이명박 정부 노사관계에 대한 개입, 불법파업 규정과 압수수색 등의 강경대응이 문제시되었다.

이명박 대통령은 취임 직전 민주노총 지도부와 면담 약속을 파기하고 임기 내내 노사정위를 통한 정책협의를 사실상 등한시했다. 결과적으로 노동 측의 노사 간 자율적 대화 요구와 노동쟁의에 대한 정부의 강력 대응 및 개입이 전개되었다. 한국노총은 노사정대표자회의가 결렬된 이후 민주노총과 장외투쟁에 나섰다가 12월 4일 민주노총을 배제한 채 전격적으로 한국노총·경총·노동부 3자회담을 통해 정부 정책에 합의했다. 창구단일화를 전제로 한 복수노조 2년 6개월 유예와 타임오프제 도입을 전제로 2010년 7월부터 전임자 임금지급 금지를 시행하기로 하는 내용이었다. 민주노총은 합의안의 국회 통과를 막기 위해 야당 4당들과 시민단체와 연대했다. 그럼에도 불구하고 노동조합 및 노동관계조정법은 국회를 통과했다.

2010년 2월 새로운 노사정협의체로 '근로시간면제심의위원회(약칭 근면위)'가 설치되었다. 민주노총은 3월 근면위 참여를 결정했으나 곧바로 탈퇴했다. 5월 근로시간면제(타임오프) 한도를 둘러싼 갈등으로 한국노총이 협상 결렬을 선언하면서 한나라당과 한국노총의 정책연대가 일시적 위기를 겪었으나 이미 정책 협력을 통한 정치적 이해가 맞물려 있던 한국노총 지도부가 산하연맹 및 사업장 노조의 반발에도 불구하고 타임오프 한도를 수용하면서 유지되었다. 대신 상급단체 파견자 임금지급 문제는 향후 노사정위(경제사회발전노사정위원회로 명칭 변경)에서 협의하기로 했다. 10월 12일 고용노동부가 발표한 '국가고용전략 2020'은 파견업종과 비정규직 사용을 늘려 일자리를 창출하는 대책으로 노동은 강력히 반대했다. 이명박 정부 시기 한국노총은 친정부적 노동운동단체라는 노동계의 비판을 받았고 노동조합 운동 내의 분열은 더욱 심화되었다.

2013년 출범한 박근혜 정부의 노동정책은 일자리 창출에 맞추어져 있다. 박근혜 대통령은 취임 전부터 노사정위원회를 통한 사회적 대화와 노사정 대타협의 중요성을 강조함으로써 이명박 정부 시기에 비해 보다 적극적인 정부 주도적 사회적대화의 복원가능성이 제기되었다. 하지만 사회적 대화의 목적은 일자리 창출 개혁을 위한 동의와 정당성을 확보하기 위한 수단으로 평가되었으며 오히려 노동조합의 단체행동에 대한 유례없는 강경 탄압

으로 노정 간의 갈등이 증폭되었다. 고용이슈─2017년까지 고용률 70% 달
성 등의 목표제시─에 양질의 일자리 창출과 관련된 방안이 포함되지 않았
고 여타의 노동이슈─비정규직과 부당노동행위, 타임오프제 개선 등─는
배제되어 있어 노사갈등 조정과 노사관계 개선은 주요 의제가 아니었다.

2013년 5월 30일 한국노총, 경총, 고용노동부 장관으로 구성된 '노사정대
표자회의'는 "고용률 70% 달성을 위한 노사정 일자리협약"을 체결했다. 기
업규제 합리화, 세제지원, 중소기업 인력난과 청년 취업난 해소 등이 합의에
포함되어 있었으며 양질의 시간제 일자리와 사회서비스 일자리를 대폭 창출
하기로 합의했다. 공공기관은 향후 3년간 정원의 3% 이상을 청년 신규채용
하고 대기업은 기업여건에 따라 청년 신규채용을 전년 대비 늘리도록 노력
하는 한편 노사는 임금안정을 통해 이를 뒷받침하기로 했다. 60세 정년제
연착륙을 위한 방안으로 근로시간 단축과 임금체계 단순화 등의 방안도 포
함되어 있었다. 향후 세부과제에 대한 사회적 대화는 지속 추진하기로 약속
했다. 당해 9월에는 박근혜 대통령 취임 후 처음으로 노사정위원회와 회동
이 있었다.

하지만 대타협은 오래 지속되지 않았다. 2013년 10월 전국교직원노동조
합(전교조) 합법적 노조 지위가 박탈되고 노정 갈등이 고조되는 가운데 12
월 9일 시작된 철도노조 총파업에 대응해 정부가 지도부 검거를 위해 사상
최초로 공권력을 투입, 민주노총 본부에 진입한 것을 계기로 12월 23일 한
국노총은 노사정위 불참을 결정하였다. 양 노총 간의 총파업 연대는 없었으
나 한국노총은 민주노총과 연대해 대정부 투쟁을 선언했다. 역대 최장기간
의 파업을 기록한 철도노조 파업은 12월 30일 철회되었다. 하지만 민주화이
후 유례없었던 정부의 노동에 대한 강한 대응과 김대환 노사정위원장의 민
주노총 경찰 진입 정당성 발언 등으로 정부와의 협력관계를 유지하던 한국
노총마저 참여를 거부함으로써 이명박 정부에 이어 박근혜 정부 시기에도
노사정위원회 정상화가 어려울 것이라는 우려가 커졌다.

2014년 한국노총 지도부 교체로 김동만(현 한국노총 위원장) 체제가 들
어서면서 사회적 대화 회복이 예상되기도 하였으나 한국노총은 민주노총 공

권력 투입에 대한 정부의 사과 없이는 복귀하지 않겠다는 방침을 유지했다. 2월 16일 국회 환경노동위원회가 '노사정 사회적 논의 촉진을 위한 소위원회(약칭 노사정소위)'를 구성하기로 하고 한국노총이 참여함으로써 노사정위를 대신한 대화 채널이 열리게 되었다. 고용노동부장관도 한국노총과 민주노총과 대화 의사를 표명했다. 하지만 민주노총은 노사정소위에 조건부 불참을 선언하면서 노사정소위 명칭 변경과 미합의 쟁점을 노사정위로 이관한다는 방침을 철회할 것을 조건으로 내걸었다. 5월 양대 노총은 '공공기관 정상화 관련 노사정대표자회의'를 구성할 것을 촉구했으나 기획재정부의 거부로 무산되었다. 교체된 이기권 노동부 장관은 취임 직후 한국노총을 수차례 방문하고 민주노총과도 비공개 회동을 하는 등 노사정위 복귀를 적극적으로 독려했다. 7월 29일 한국노총이 참여한 노사정 간담회가 개최되어 조속한 사회적 대화 정상화에 합의하고 기획재정부가 노사정위원회 내 공공부문 회의체 설치를 검토하는 것으로 입장을 선회해 노사정위 정상화 가능성이 높아졌다. 노동부장관은 노총뿐 아니라 대한상공회의소, 중소기업중앙회 등을 방문하는 등 적극적인 사회적 대화 복원 노력을 기울였다. 사회적 대화가 지체된 가운데 8월에는 현대자동차 등 대기업에 통상임금을 둘러싼 노사 간의 갈등이 높아져갔다.

2014년 8월 13일 한국노총 중앙집행위원회가 노사정위 복귀를 의결함으로써 19일부터 여전히 민주노총이 불참한 형태의 노사정위원회가 재가동되었다. 박근혜 정부 출범 이후 두 번째로 9월 1일 한국노총, 산별연맹 대표자 등과 경총 등이 참여한 가운데 노사단체 대표 초청 간담회가 열렸다. 한국노총은 곧이어 여당과의 정책협의도 재개했다. 하지만 노사정위에 공공부문 발전위원회가 설치되었으나 공공부문 정상화 대책을 협의하지 않겠다는 정부 방침에 반발, 19일 노사정위 산하 회의체 불참을 선언했다가 여당의 설득으로 23일 다시 복귀했다. 9월 노사단체 부대표 및 정부 차관급으로 구성된 '노동시장구조개선특별위원회'를 구성해 노사정이 비정규직 대책에 대해 논의했다. 하지만 다음 달 정부가 노동시장 유연화를 내용으로 하는 구조개혁을 추진하기로 함으로써 결국 정규직의 고용안정을 훼손하는 결정을 하는 것으로 받아들여짐에 따라 노정 갈등이 고조되었다.

비정규직 대책에 노사정 합의의 필요성을 인식한 정부는 노동 측의 노동 시장 제도 개편에 따른 사회적 책무를 받아들여 12월 23일 노사정위가 '노동시장 구조개선의 원칙과 방향' 기본 합의안을 만장일치로 의결함에 따라 대타협이 성사되었다. 하지만 정부의 노동유연화 대책은 비정규직과 정규직 양자의 고용안정성을 훼손한다는 비판이 제기되었다. 2015년 3월 최경환 경제부총리의 임금인상을 통한 경기 활성화 발언 역시 비정규직 활성화와 임금인상을 동시에 달성하기는 어렵다는 측면에서 정부 정책의 현실 적용 문제점이 나타났다.

2015년 4월 3일 한국노총이 노동시장 구조개편안에 대한 전환을 요구하며 노사정위 대타협회의 불참을 선언했다가 7일 노사정대표자회의에 참여해 5대 수용불가사항을 받아들이는 조건부 복귀 입장을 밝혔지만 8일 협상 결렬을 선언했다. 이후 여당과 정부는 한국노총의 노사정위 복귀를 다양한 방면에서 독려했다. 여당 대표의 한국노총 방문, 당정청회의, 새누리당 노동시장선진화 특별위원회 위원장의 독려 등이 이루어졌다. 노동시장 구조개편 입법─기간제 사용 기간연장, 파견허용 업종 확대, 해고 요건 완화, 임금 피크제 의무화 등─을 앞두고 노사정위원회를 통한 합의를 필요로 한 것이다. 야당과 양대 노총은 총선을 앞둔 여당의 노동 회유적 자세와 노사정위 재개에 부정적 의견을 밝히면서 국회차원의 대타협기구 설치를 요구하였다. 사회적 대화기구로서 노사정위의 위상과 역할이 이미 현저히 약화된 것이다.

7월 30일 한국노총이 일반 해고요건과 취업규칙 불이익 변경요건 관련 의제 제외, 임금피크제 노사자율 결정 등을 조건부로 노사정위 협상 재개 의사를 표명한 후 노동부의 일반해고요건 완화─저성과자 해고 절차 간소화─가이드라인이 노출되어 노정 갈등이 고조되었다. 대기업의 청년 채용 확대와 실업급여 확대 등 다양한 정부의 회유적 성격의 노동정책이 발표되었고 대기업 정규직의 사회적 책임을 강조하는 등 여당과 정부의 노동개혁 관련 발언이 지속되는 가운데 8월 18일 한국노총은 노사정위 복귀를 논의하기 위한 중앙집행위원회를 개최하였으나 금속, 화학, 공공노련 등 강경파가 회의를 저지함으로써 복귀여부 안건은 제외되었고 또다시 노총 내부 갈등이 표면화되었다.

여당과 정부뿐 아니라 경영계까지 한국노총의 노사정위 복귀를 촉구하는 가운데 결국 고용노동부 장관이 노동이 26일까지 복귀하지 않으면 노동개혁을 강행하겠다고 발언하는 등 사회적 대화에 노동을 배제하겠다는 압박이 가해졌다. 결국 한국노총은 강경파의 반대에도 불구하고 노사정위 복귀를 결정했다. 한국노총만이 복귀한 노사정위가 재개된 결과 노사정위원회는 9월 15일 소위 '9·15 노사정 대타협'을 발표했다. 노사 간의 민감한 쟁점인 일반해고와 취업규칙 변경에 대해서는 추후 논의하겠다는 약속에 한국노총이 합의한 것이다. 결과적으로 대타협은 성과를 거두지 못했다. 정부가 기업에 유리한 일반해고와 취업규칙 변경 등 2대 행정지침을 발표한 데 대해 2016년 2월 19일 한국노총은 대타협 파기를 주장하고 총선을 앞두고 여당에 대한 심판 투쟁을 선언했다. 정부가 청년실업 문제, 비정규직 감축, 경제민주화 실현 등의 약속을 이행하지 않고 금융, 공공부문 제조업을 중심으로 성과연봉제 도입을 강행하는 등 일방적인 구조조정을 시행했다는 것이 이유였다. 민주노총 역시 이를 환영하며 대타협의 본질에 대한 의문을 다시 제기하고 쉬운 해고와 비정규직 양산 정책을 중단할 것과 노사정위 해체를 촉구했다.

이명박 정부와 박근혜 정부 시기에 사회적 대화는 더 이상의 발전을 보이지 않았다. 청년실업의 증가와 성장 동력 약화, 고령화 사회의 진입 등 구조적 변화를 내세워 정부는 일자리 창출과 고용유연화 정책을 최우선 과제로 설정했고 노동에게 협력을 압박했다. 전통적으로 정부 협력적인 실용주의 노선을 유지한 한국노총은 양 정부 시기에 사회적 대화기구의 참여와 탈퇴를 번복하면서 정부와 거리를 두었고 민주노총은 여전히 장외투쟁 노선을 유지했다. 김대중 정부와 노무현 정부 시기와 달리 경총은 정부 정책에 더욱 협력적이었다. 노사정 위원회는 적극적인 사회적 갈등 조정의 역할도 협의의 보증자 역할도 하지 못하고 노정 간의 갈등이 더욱 증폭되었다. 박근혜 정부는 일자리 창출을 위한 노사관계 선진화 방안이 비정규직의 양산과 기업의 쉬운 해고를 방치하고 노사관계의 불균형을 더욱 증폭시킨다는 노동계의 비판에 직면해 노사정위원회를 공익위원 중심으로 운영하겠다는 방침을 통해 노동을 배제함으로써 노사정위의 사회적 대화기구로서의 성격은 무의미해졌다.

(2) 노동위원회

노동위원회는 노동쟁의 발생 시 이를 조정·판정하기 위해 고용노동부 산하에 설치된 준사법적 노사정 합의제 행정기관이다. 법적으로 노동쟁의는 관계당사자가 행정관청과 노동위원회에 신고한 때에 발생한 것으로 정의된다. 주로 부당해고·부당노동행위에 대한 구제신청, 공정대표의무 위반 시정 및 단체교섭 관련 분쟁을 담당하며 구제명령 이행 기한을 넘길 경우 사용자에게 이행강제금을 부과한다(최고 2,000만 원). 기본적으로 지방노동위원회가 초심을, 중앙노동위원회가 재심을 담당하는 2심체제이다.[6] 노동위원회는 1953년 3월 8일 노동위원회법으로 설치되었다. 당시 중앙노동위원회는 사회부 산하 기관이었으나 1963년 고용청 설치 이후 관리관청이 이전되고 1981년부터 노동부 산하 기관이 되었다. 원래 노사분쟁에 대한 조정만을 담당하였으나 1997년 새 노동위원회법 제정으로 중앙노동위원회원장 직급이 장관급으로 격상되고 위원정원이 늘어났으며(노·사·공익 각 10인→7~20인) 공익위원의 조정·심판 업무를 분리함으로써 전문성을 제고했다. 노동조합 설립 허용범위의 확대는 노동위원회 구성에도 변화를 가져왔다. 1999년 4월에는 교원노조 합법화에 따라 위원이 보다 증원되었고(7~20인

---

6) 노동위원회는 노동관계에서 발생하는 노사 간 이익 및 권리분쟁을 조정·판정하는 역할을 담당한다. 중앙노동위원회, 지방노동위원회, 특별노동위원회로 구성되며 중앙노동위원회는 고용노동부, 지방노동위원회는 서울특별시, 직할시, 도에 각자 설치되어 있고 관리는 고용노동부장관이 한다. 부산광역시와 울산광역시를 제외한 광역시의 경우 인접도의 지방노동위원회가 사건을 통합 관장하며 특별노동위원회는 필요한 경우 특정한 사항을 관장하게 하기 위해 당해 특정사항을 관장하는 중앙행정기관 또는 그 소속기관에 설치된다.

→ 10~30인), 2005년 1월 공무원 노조 합법화로 공무원 노동관계 조정위원회가 설치되었다(공익위원 7인).

노동위원회는 삼자적 협의체 틀을 갖추고 있다. 2007년부터 근로자위원, 사용자위원, 공익위원 각 10~50인 이내, 공익위원 10~70인 이내로 구성된다. 근로자위원은 노동조합에서, 사용자위원은 사용자단체에서 추천한 자 중에서 위촉하되, 공익위원은 당해 노동위원회위원장과 노동조합, 사용자단체가 각각 추천한 자 중 노동조합과 사용자단체가 순차적으로 배제하고 남은 자를 위촉대상 공익위원으로 한다. 이들 가운데 중앙노동위원회의 경우 고용노동부장관의 제청으로 대통령이 임명하며 특별위원회의 경우 중앙행정기관의 장, 지방노동위원회의 경우 지방노동위원회 위원장의 제청으로 중앙노동위원회위원장이 각각 위촉한다. 임기는 3년이며 연임 가능하다.

하지만 조정 및 심판의 결과적 구속력 면에서―특히 부당해고, 부당노동행위 구제신청―문제가 적지 않다. 소규모 자영업자의 경우 최저임금 미지급이나 초과근로, 부당해고 등과 관련해 이행 강제금을 부담하는 것을 오히려 선호하는 사례가 빈번하며 근본적인 근로조건의 개선은 취하지 않는 경우가 많다. 또한 노동위원을 위촉하는 과정에서 중노위의 독립성과 관련하여 특히 노동조합에 대한 다양한 법적 제한으로 인해 문제가 최근 발생한 바 있다. 2015년 9월 중노위가 법외노조원이라는 이유로 민주노총이 추천한 후보명단의 전교조와 공무원노조 조합원을 배제하고 원래 민노총 참가 인원인 23명이 아닌 22명만을 위촉함으로써 문제가 되었다. 노동자위원 요건에 추천단체 추천과 국가공무원법 33조 결격사유가 없는 한 자격을 문제삼을 수 없음에도 불구하고 참가 위원 수를 축소한 데 대해 민주노총이 반발한 것이다.[7]

1970년대에 이르기까지 맡겨진 역할에 비해 위원의 전문성과 지속성이 현저히 떨어지는 문제점과 판결의 공신력 문제가 제기되었으나 제도 개선을

---

7) 민주노총 성명 2015, "중앙노동위원회 노동자위원 위촉 결과에 관한 민주노총의 입장," http://nodong.org/statement/7040644(검색일: 2016.4.29).

통해 보완되었다. 그럼에도 한국의 노동쟁의 판결 체계는 그 복잡성과 비효율성 면에서 비판을 받아왔다. 스웨덴 등 삼자협의체적 구성을 가진 판결기관으로서 노동법원을 따로 두고 있는 국가들과는 달리 일본과 한국은 노동위원회에서 판결이 종결되지 않는다.

한국의 경우 상급법원을 거쳐 대법원까지 행정소송이 이어짐으로써 노동분쟁이 장기화되고 사법기관의 판결에 의해 중앙위원회의 심판 결과가 번복되는 문제점이 제기되어왔다. 하지만 중앙노동위원회는 최근 한국 노동쟁의 판결 제도의 절차적 복잡성에 대한 언론 보도에 대한 해명자료를 통해 2015년 기준 최근 3년간 전체 노동쟁의의 97% 내외가 노동위원회 단계에서 종료되며 88%는 지방노동위원회 초심 단계에서 종결되고 있다고 발표하는(중앙노동위 보도자료 2015/8/28)[8] 등 이에 대한 입장 차이가 존재한다. 위원 임기가 3년, 연임 가능으로 제한되어 있어 준사법기관임에도 불구하고 전문성과 지속성 측면에 제한적이라는 비판도 한편에서 제기되고 있다.

2. 사회적 대화 파트너: 노동조합과 사용자단체

사회적 대화기구의 제도적 형성과 역사적인 발전 경로를 통해 정부와 사회적 파트너 간의 관계적 특징을 살펴보았다. 삼자 사회적 대화 파트너로는 사용자단체, 노동조합, 정부 세 주체를 설정할 수 있다. 앞서 제도 형성과정에서 정부의 역할과 사회적 파트너와의 관계가 설명되었으므로 여기서는 한국의 노동조합과 사용자단체의 구성과 특징을 살펴보고 현재적 변화 및 사회적 대화 거버넌스에 미치는 영향에 대해 논할 것이다.

---

8) 당시 언론 보도는 근로자들이 해고나 감봉 등을 당했을 때, 차별대우를 받았을 때, 임금 문제로 갈등을 빚을 때, 우선 당사자가 속한 지방의 노동위원회와 중앙노동위원회를 거쳐 지방법원과 고등법원, 대법원까지 가는 사실상 '5심'을 거치는 일이 많다는 비판적 내용이었다.

〈표 2〉 사회적 대화 파트너의 이해, 자원, 동원

	이해	(주요) 자원	(주요) 동원	이익표출양식
사용자단체 (기업)	이윤 생산 유지 및 확대	물질적 자원	개인적 네트워크	로비, 사회적 대화, 집단행동, 여론형성
노동조합	임금 안정적 직장	조직적 자원	조직적 네트워크	사회적 대화, 집단행동, 여론형성
정부/공공부문 사용자	경제 성장/안정 사회 유지 정권 재창출	물질적 자원 정치권력 자원	개인적/조직적 네트워크	사회적 대화, 물리적 통제, 여론형성

1) 노동조합

노동조합의 권력자원은 노동조합의 조직적 자원과 노동자 정당의 정치적·이데올로기적 자원으로 크게 나누어진다(노중기 2007, 47). 노동조합의 조직적 자원은 양적으로 노동조합원 수, 조직형태, 포괄성 등으로 나타낼 수 있고 정치적·이데올로기적 자원은 노동자 정당의 존재 여부, 정당과 노동조합의 관계, 정당체제 내 연합 가능성 등으로 가늠할 수 있다. 한국의 노동조합은 조직률이 낮고 조직형태 면에서 탈집중적이며, 포괄성이 낮다. 1986년 16.8%였던 노동조합 조직률은 민주화 이후 급증해 1989년 19.8%에 이르렀으나 이후 점차로 감소해 현재는 10%대에 머무르고 있다. 또한 노동자계급정당의 미성숙, 정당과 노동조합 간의 약한 연계 등으로 인해 정치적·이데올로기적 자원 또한 현저히 낮다.

민주화 이행기의 진보정당운동, 1인2표제 실시 이후 민주노동당의 원내진입 등 독자적 노동자계급정당의 성장 가능성이 없었던 것은 아니지만 분단 상황으로 인한 이데올로기적 제한, 정당 제도화의 실패, 노선 분열 등으로 인해 현재의 한국 정당정치에 노동계급정당을 표방하는 영향력 있는 정당은 부재하다고 할 수 있다. 한국노총은 2011년 민주통합당 창당에 참여하면서 2012년 민주통합당과 총선노동공약을 공동으로 발표하고 노동조합 간

부 출신의 국회의원이 당선되는 등 야당과의 연계를 유지해왔으나 정당의
정책형성 및 결정과정에 강한 영향력을 미치고 조직적 연계를 갖는 관계는
아니었다.

1987년 민주화 이후 노동운동이 활성화되면서 노동조합의 조직적 성장이
가능하게 되었다. 1987년~1989년을 거치면서 한국의 노동운동은 급격히 성
장하였다. 1987년 한 해 동안만 노동조합이 2,675개에서 4,103개로 증가했
다. 1989년에는 노동조합 수가 7,883개로 늘어나 조직률이 18.7%[9])에 이르
는 등 노동조합 조직화가 활발하게 전개되었다.[10] 그뿐 아니라 1980년대
말은 이른바 '노동자대투쟁'을 거치면서 노동운동이 대규모의 노동자 동원을
통해 사회운동적 성격을 강하게 나타낸 시기였다. 한국 노동운동은 여타의

〈그림 2〉 한국 노동조합 조직률: 1999~2013

* 조직률 산정방식: 조합원 수/조직대상근로자*100(매년 12월 31일 기준)
** 조직대상근로자 수=임금노동자 수-노조가입이 금지되는 공무원(고용노동부 산출방식)
출처: 고용노동부, 「전국노동조합 조직현황」(2016)

---

9) 민주노총 발표 수치, 노동부의 『노동조합 조직현황』(2009)에서는 19.8%.
10) 민주노총(정식 명칭: 전국민주노동조합총연맹) 홈페이지 참조, http://www.nodong.
    org/history(검색일: 2016.3.24).

〈표 3〉 한국 노동조합 전국 단위 대표조직 구성, 조직률, 지향: 민주노총, 한국노총

(2016년 기준)

	전국민주노동조합총연맹	한국노동조합총연맹
설립연월	1995년 11월	1946년 3월
총 노조 수 (지부, 지회 포함)	2,032개	2,278개 (2014년 기준)
총 조합원 수	691,136명	약 840,000명
총 가맹조직	16개 전국건설산업노동조합연맹 전국공공운수노동조합 전국공무원노동조합 전국교수노동조합 전국교직원노동조합 전국금속노동조합 전국대학노동조합 전국민간서비스노동조합연맹 전국보건의료산업노동조합 전국사무금융노동조합연맹 전국민주환경시설일반노동조합연맹 전국정보경제서비스노동조합연맹 전국언론노동조합연맹 전국여성노동조합연맹 전국화학섬유노동조합연맹 한국비정규직교수노동조합	25개 전국섬유유통노동조합연맹 전국IT사무서비스노동조합연맹 전국공공산업노동조합연맹 전국해상산업노동조합연맹 전국금융산업노동조합 전국담배인삼노동조합 전국화학노동조합연맹 전국금속노동조합연맹 전국자동차노동조합연맹 전국연합노동조합연맹 전국관광서비스노련 전국우정노동조합 전국택시노동조합연맹 한국철도산업노동조합 전국공공노동조합연맹 전국건설산업노동조합 전국의료산업노동조합연맹 전국식품산업노동조합연맹 전국사립대학교노동조합연맹 한국공무원노동조합연맹 전국항운노동조합연맹 전국광산노동조합연맹 전국외국기관노동조합연맹 전국출판노동조합연맹 전국아파트노동조합연맹
조합원 대비 산별전환율	80%(2016년) (산별노조 수: 23개, 산별조합원 수: 54,981명)	-

지역본부(시도차원) /지역차원	16개/44개(지구협의회)	16개/53개(지역지부)

출처: 양 대 노총 설립연도, 가맹 조직 등은 한국노총홈페이지, 민주노총홈페이지 참조, 한국노총 가맹 조합 수(2014)는 KU 노사관계 통계 참조하여 필자 작성

동아시아 공업국가와는 달리 예외적으로 사회운동 노조주의(social move-ment unionism)라는 새로운 흐름을 주도하는 것으로 평가될 정도였다(임영일 2003, 22). 일방적이고 순응적인 관계였던 노사관계 또한 변화하였다. 임금 및 근로조건에 관한 단체교섭이 확대되면서 노동자들이 경영 참가 요구를 시작하였는데 '인사위원회 및 징계위원회 노사동수 참가'(노중기 2007, 77)를 요구한 것이 대표적이다.

　1990년대부터 2000년대 초에 이르러 한국 노동조합은 수적인 증가를 보였으나 그 규모와 영향력은 오히려 축소되는 경향을 보인다. 1992년부터 2006년 사이 노동조합 조직률은 지속적으로 하락하였다(1992년 16.4%, 2006년 10.3%). 50인 미만 노동조합은 소폭 늘어났으나 조합원 수는 오히려 감소했다. 또한 50~99인 규모 사업체 노조는 약 700개가 줄어들고 조합원 수도 5만 명 줄어들었다. 100인 이상 규모의 사업체 노동조합들에서도 규모에 따른 차이가 있으나 노동조합 수의 대폭 감소와 조합원 수 감소가 두드러졌다. 다만 5,000명 이상 사업체의 노동조합 수는 3개가 줄었으나 조합원 수는 18만 명 증가했다. 대규모 사업체의 지속적인 구조조정으로 인한 전체 고용량의 감소가 노조 조직률을 떨어뜨리는 중요한 요인이 되었던 것이다(이호근 2010, 28-29). 민간 부문에서 중견기업과 대기업들의 지속적인 구조조정 과정에서 조합원 수가 줄어든 반면 공공부문―전교조, 공무원 노조―에서 조직률이 증가하여 어느 정도 상쇄효과는 있었으나 전체적 조직률은 대폭 하락하였다. 화이트칼라 노조와 금속, 화학, 공공부문 등 블루칼라 노조 간의 갈등도 증폭되었다. 결과적으로 2000년대 한국 노동조합의 조직률은 10% 대에 머물러 있는 상황이다.

　1990년대 이후 한국의 노동조합총연맹은 직능별, 산별 노조를 아우르는

전국 연맹 차원에서 한국노총과 민주노총 양대 노동조합총연맹으로 구성된
이원적 특징을 보여왔다.[11] 하지만 노동조합의 조직률 저하와 더불어 기존
의 노동조합 양 대 연맹에서 탈퇴하거나 제3의 노조를 건설하는 노동조합들
이 늘어나면서 노동조합의 대표성은 더욱 약화되고 있다. 2014년 국민노총
가맹 노동조합 일부를 흡수한 한국노총의 조합원 수가 2만 명가량 증가하고
2010년 이후 민주노총의 조합원 수도 소폭 증가하고 있으나 양대 노총에
가입하지 않은 노동조합원의 수는 2005년 93,000명에 불과하던 수가 2010
년 334,000명, 2014년에는 431,000명에 달해[12] 노동조합총연맹은 노동조
합 미가입 노동자뿐 아니라 연맹 미가입 노동조합조직을 포괄하지 못하는
위기 상황에 있다.

한국 노동조합운동의 쇠퇴와 취약성의 원인을 구조적·행위자적·제도적
차원에서 살펴볼 수 있다. 첫째, 산업 구조적으로 1990년대부터 제조업에서
서비스업으로의 전환이 두드러졌다. 한국의 서비스업 비중이 여타의 선진
산업민주주의 국가들과 비교해 높은 수준은 아니다 한국경제에서 서비스업
이 차지하는 비중은 2010년 기준 40.3%로 OECD 평균 59.4%보다 낮으며
제조업 비중은 49.0%로 OECD 상위 21개국 중 1위로 독일에 앞서 있다.
하지만 한국의 전체 취업자 가운데 제조업 취업자가 차지하는 비중은 1991

---

11) 한국노총의 연원은 1946년 출범한 대한독립촉성노동총연맹으로 거슬러 올라간다.
1948년 대한노동조합총연합회로 개편되어 이승만 정부의 지원하에 성장했다. 1994
년 한국노총 혁신 보고서는 이후 한국노총이 "집권여당과의 유착으로 집행부가 여당
국회의원으로 진출하고 4·13 호헌을 지지하는 등 정부 정책에 일방적으로 협조하는
편향적 자세를 취했다"고 언급한 바 있다. 1995년 설립된 민주노총이 한국노총을 정
부의 들러리라고 비판한 이유는 과거 한국노총의 전력 때문이었다("한국노총 '오락가
락'하는 이유는 뭘까요?"『한겨레』, 2015.8.21. http://www.hani.co.kr/arti/society/
labor/705478.html, 검색일: 2016.4.30). 한국노총은 민주노총의 등장 이후 자기 혁
신의 노력을 해온 것으로 평가되지만 전통적으로 한국노총은 정부와 대화와 타협을
통한 실용주의, 민주노총은 장외 투쟁을 통한 강경노선을 주요 노선으로 선택해왔다.
한국노총이 노사정위 참여를 통해 정부로부터 예산 지원을 받는 반면, 민주노총은
이를 거부해왔다.
12) "제3지대 노조 10년새 5배로 … 무르익는 제3노총 꿈,"『동아일보』, http://news.don
ga.com/3/all/20160222/76590993/1(검색일: 2016.4.29).

년 27.6%를 정점으로 점차 줄어들기 시작하여 2001년 19.8%, 2012년 17%로 지속적으로 줄고 있다. 반면 서비스업 취업자 수는 2012년 67%로 높은 비중을 차지했다. 하지만 제조업 취업자 가운데 정규직 비율은 2013년 3월 85.6%인 반면 서비스업은 64.7%로 일자리 안정성 면에서는 큰 차이가 나타난다.

둘째, 정규직과 비정규직의 격차이다. 산업구조의 변화와 더불어 1997년 외환위기 이후 실시된 고용 유연화 정책(정리해고제, 근로자파견제 합법화)으로 비정규직 문제가 심화되었다. 비정규직 노동자 수는 2002년 8월 27.4%에서 2005년 36.6%까지 늘어났다가 다소 낮아져 최근 3년간 평균 32.5%를 나타내고 있다. 그럼에도 불구하고 통계청 공식 통계에 따르면 2015년 8월 비정규직 비중이 전체 임금 근로자 가운데 32.5%이며 정규직 대비 임금비율은 점점 떨어져 54.4%(2002년 8월 67.1%)에 불과한 것으로 나타나 임금격차는 더욱 커지고 있는 추세이다(〈그림 3〉 참조). 비정규직의 경우 파편화된 이해와 불안정한 고용조건으로 인해 노조 가입과 전국적 노동조합 결성이 어렵다. 정규직을 중심으로 성장한 양대 노총 내에서 비정규

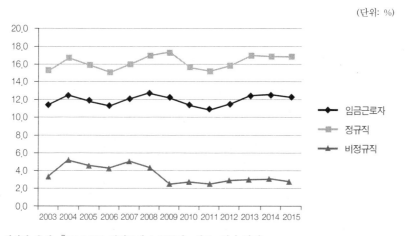

〈그림 3〉 근로형태별 노동조합 조직률 추이: 임금근로자/정규직/비정규직

(단위: %)

데이터 출처: 『2015 KLI 비정규직 노동통계』 참조, 필자 작성

직의 대표성은 약할 수밖에 없다. 복수노조가 인정되었지만 교섭창구는 단일화해야 하는 현재의 구조에서 노동조합의 외연 확대는 쉽지 않다.

셋째, 제도적 원인이다. 한국의 노동조합 조직률이 서구 민주주의 국가에 비해 현저히 낮은 수준에 있는 것은 사실이다. 노동조합의 조직적 취약성이 한국 노동운동의 위기의 주요 원인으로 지목되는 이유이다. 하지만 통계청이 발표한 『2015년 경제활동인구 조사 통계』를 상세히 살펴보면 원인을 노동자들의 노동조합에 대한 무관심과 반감으로 돌릴 수 없다. 우선 임금근로자 가운데 노동조합이 있는 사업장에 근무하는 근로자가 25.4%에 불과하다 정규직과 비정규직 차이는 더욱 크다. 정규직은 30.6%, 비정규직은 17.6%만이 자신이 일하는 직장에 노조가 설립되어 있다. 더욱이 유노조사업체 근로자 중 노조 가입자격이 있는 비중은 임금근로자 69.9%으로, 정규직은 81.1%가 노조 가입자격이 있는 반면, 비정규직은 29.0%에 불과하다. 그런데 노조 가입자격이 있는 근로자 중 조합원 비중은 임금근로자 67.6%, 정규직 68.2%, 비정규직 61.4%이다. 결국 노동조합이 설립되어 있는지의 여부, 노조 가입자격이 주어지는지 여부가 근로자의 노조가입에 큰 영향을 미친다는 점을 확인할 수 있다. 또한 노동조합 구성원 대부분이 제조업, 대기업 정규직 근로자들이라는 점을 감안할 때 노동조합이 설립되지 않은 중소기업 이하의 비정규직 근로자가 조직적 취약성을 보이고 있다는 점 또한 감안해야 한다.

2) 사용자단체

한국의 주요 사용자단체 전국 조직에는 한국경영자총협회(약칭 경총), 전국경제인연합회(약칭 전경련), 대한상공회의소, 한국무역협회, 중소기업협동조합중앙회 등이 있다. 이 가운데 노사정위원회의 사회적 대화 파트너로서 핵심적 역할을 담당하는 경총의 조직적 구성과 역할 및 특징을 살펴본다.

경총은 1970년 한국 경영자협의회 ― 이후 한국경영자총협회로 개칭 ― 로 출발했다. 경총의 창립에는 강제적 산별체제를 통한 관료적 노동통제의 한계로 당시 군사정부가 사용자에게 압력을 넣어 각 수준의 노사 간 대화를 장려한 점이 영향을 주었다(김동원 등 2007, 15)는 해석과 재벌 대기업 총수들에 자발적으로 조직되었다는 주장이 엇갈리고 있다(전인 2007).

1987년 민주화 이후 정부와 기업 간의 후원관계가 약화되면서 기업들은 경총 등 사용자단체를 통해 노동입법의 제·개정 과정에 자신의 입장을 적극적으로 피력하고 사회적 대화기구에 참여함으로써 정부정책에 협력해왔다. 민주노조 운동의 등장과 노동조합의 조직적 성장은 사용자단체 역할의 중요성을 제고했으며 경총은 1990년 경제단체협의회를 결성해 입지를 더욱 강화했다. 경총은 주로 정부의 경제 및 노동정책에 협력적이었으나 정부의 노사관계 정책이 기업에 불리할 경우 드물게 사회적 대화 불참 행동이나 파업의 가능성을 시사하는 등 협상을 통해 노정에 압력을 가했다. 1996년 노사관계개혁위원회부터 노사정위 출범 이후로 경총은 경영계를 대표하는 사회적 파트너로서 재벌 기업들의 인사·노무담당 임원회의를 통해 회원 기업들의 이해를 수렴하고 조정하여 사회적 대화에 나섬으로써 대표성을 강화해나갔다.

경총은 약 4,000여 개 회원 기업들의 회비로 운영되며 조직은 크게 총회, 이사회, 사무국으로 구성된다. 2016년 현재 사무국 산하에 15개 광역시도별 경영자총협회가 있다. 한국의 주요 민간 대기업 및 공기업 대다수가 회원으로 가입되어 있으며 한국노총과 민주노총에 대응하는 실질적인 사용자 대표 연합체이다(경총 홈페이지 참조). 주요 사업으로는 노사정위원회 등 정부 협의체에 경영계 대표로 참여하고 회원 기업에게 자문 서비스를 제공하는 노동법 제·개정대책 사업, 로비와 정책대안 제시를 주로 하는 국회 및 정당 입법대책 사업, 기업에 불리한 규제 도입에 대한 대책을 중심으로 하는 고용정책 사업, 경영자 교육·연수 프로그램 사업, 임금대책 사업 및 홍보 사업 등이 있다. 사용자단체는 노동조합에 비해 풍부한 물적 자원과 개인적 네트워크에 기반한 로비활동 및 대 언론 홍보활동에 유리한 특징을 갖는다. 경총 역시 2000년대 이후 정부 정책에 대한 지침이나 의견, 경영계의 입장을 더욱 적극적으로 전개해왔다. 2016년 총선 직후 민주당 공약인 경제민주화에는 재검토 필요성을 역설하는 대신 고용부의 양대 지침에 대해서는 주요

내용을 담은 가이드북을 배포하는 등 언론 홍보와 선전에 보다 적극적으로
나서고 있다.

3. 사회적 대화 거버넌스: 국제적 차원

사회적 대화 거버넌스의 국제적 차원은 크게 정부, 노동조합, 사용자연합
에 대한 초국적 행위자의 영향력과 상호관계로 구축된다. 1996년 OECD 가
입을 앞두고 OECD가 한국 정부에 노동자결사권과 관련한 노동권에 대한
협의를 촉구하는 등 민주화 이후 한국 정부의 노동관계 개선과 사회적 대화
기구 수립 노력에는 국제적 기준을 충족하도록 권고하는 국제적 차원의 영향
력이 작용했다. 민주화 과정을 통해 사회적 대화의 주요 주체인 노동조합의
결사권과 정치적 권리 등과 관련하여 한국의 노동조합 전국 조직과 국제기구
노동위원회, 노동조합 국제 연맹, 국제노동기구 등의 관계가 긴밀하게 구축
되었다. 국제노동기구(ILO), 국제노총(ITCU), 국제사용자기구(IOE), OECD
노동조합자문위원회(TUAC) 등이 국제적 차원의 주요 행위 주체이다.

국제적 차원에서 한국노동조직과 국제기구와의 연관은 대한민국 정부 수
립 직후로 거슬러 올라간다. 1947년 한국노총이 국제자유노련(ICFTU) 창립회
원으로 런던회의에 참가한 것이 시작이었다. 이후 한국노총은 1991년 12월
국제노동기구(ILO), 2006년 국제노동조합연맹(ITUC)에 가입하고 연계를
유지해왔다. 민주노총은 1995년 출범 이후 법외노조 시기부터 다수의 국제
노동기구 및 노동조합연맹들과 관계를 유지해왔다. 민주노총 합법화(1999년
11월) 직후 이들이 보낸 서한의 내용은 국제적 차원의 노동조직들의 한국
노동통제 상황에 대한 이해를 나타낸다. "국제자유노련은 한국의 노동법과
노동 행정 관행을 빠른 시일 내 완전히 ILO 규범을 준수하는 수준으로 개혁
하기 위한 노력을 계속해서 지원할 것이다(국제자유노련(ICFTU))", "한국
정부는 민주노총이 1995년 창립 후 제출한 네 차례의 설립 신고를 거부해
오다 5번 만에 민주노총을 인정하였다 … 이번 민주노총에 대한 법적 인정

은 OECD 회원국 내 정상적인 민주적 노동권을 실현하는 영구적인 제도적 장치를 실현하는 데 중요한 계기가 될 것이다(OECD 노동조합자문위원회(TUAC))", "한국 정부가 민주노총을 차별하고 무시하는 정책을 마침내 포기하고 인정하기로 한 것을 환영한다(세계노련(WFTU))", "법과 관행을 ILO 규범에 준하도록 바꾸어 나가는 데 중요한 계기가 될 것을 믿는다(폴란드연대노조)."[13]

최근 들어 한국의 노사관계와 정부 정책에 대한 국제기구의 개입은 더욱 적극적이다. 점차 한국의 노동조합 조직들은 국제기준에 위배되는 정부 결정에 대해 노동 관련 국제기구에 직접 접촉하고 문제해결을 요청한다. ILO 결사의 자유위원회(Committee on Freedom of Association)가 2006년 3월 29일 한국 정부 부처인 행정자치부가 공무원노조에 내린 '자진탈퇴지침'에 대해 헌법에 보장된 "결사의 자유"를 침해한다는 이유로 한국 정부에 강력한 '권고'를 내린 데 이어 민주노총의 요구에 따라 정부의 노동기본권 탄압 상황에 대한 '직접 개입'을 결정한 바 있으며 권고에 대한 한국 정부의 이행사항 실태조사를 위해 공동조사단―국제자유노련(ICFTU), OECD 노동조합자문위원회(OECD-TUAC), 국제산별연맹(GUFs) 등 국제노동단체 관계자 19명으로 구성―을 파견하는 등 한국 정부는 지속적으로 노동법과 노동관계를 국제노동기준에 맞출 것을 요구받고 있다.

경총도 창립 후 얼마 되지 않아 국제사용자기구(IOE) 회원으로 가입하고 1991년 ILO 회원으로 정식 가입하여 국제적 차원의 협력 관계를 구축하고 국제적 노동 현안에 대해 한국 경영계의 입장을 반영하기 위한 노력을 지속하고 있다. 1995년 IOE로부터 국제노동기구(ILO)에서 검토되고 있던 무역과 노동기준 연계―소위 블루라운드(Blue Round)―에 대해 반대 입장을 지지하기 위한 연대를 요청받는 등 국제적 연계를 강화하고 있다.

---

13) 민주노총 홈페이지, http://nodong.org/index.php?mid=statement&search_target=title&search_keyword=%EB%AF%BC%EC%A3%BC%EB%85%B8%EC%B4%9D+%ED%95%A9%EB%B2%95%ED%99%94&page=1&division=-100730&document_srl=95771(검색일: 2016.4.27).

Ⅳ. 한국의 사회적 대화 거버넌스의 특징과 한계

한국의 사회적 대화의 특징과 한계는 다음과 같이 정리할 수 있다. 1990년대 네오코포라티즘이 실현되기 위한 사회적 토양이 약하다고 평가받았던 국가들에서 사회적 대화가 실현되고 한국의 노동운동이 활성화되면서 한국에서도 사회적 대화기구가 설치되고 합의 도출이 현실화되면서 이와 같은 기대가 상승한 것 또한 사실이었다. 하지만 지난 20여 년간 한국에서의 사회적 대화 경험에서 나타난 문제는 적지 않다.

1. 대표성의 한계

첫째, 대표성의 한계이다. 통계적으로 쉽게 파악할 수 있는 노동조합 조직률이나 단체교섭 포괄률과 같은 수치뿐 아니라 노동조합 자체에 대한 국민의 인식을 통해 살펴볼 때 한국 노동조합의 대표성의 한계는 명확하다. 네오코포라티즘적 노사정 협의체제의 전제조건인 노동시장의 위계적이고 중앙집중적 조직화, 노동조합과 긴밀한 연계를 갖는 정당의 존재, 노동친화적인 정부 등으로 보았을 때 한국의 노사정 협력체제는 성립부터가 어려울 수밖에 없다. 하지만 사회적 대화 제도의 도입과 그로 인한 협상은 일종의 학습효과를 낳을 것으로 기대할 수 있다. 문제는 한국 노동조합의 조직적 대표성의 정량적 수치뿐 아니라 내용적 측면이다. 과연 앞으로도 양대 노동조합총연맹이 시민사회의 핵심주체이자 글로벌 경제의 위험 속에서 보호받을 대상인 노동자—한국에서 혼용되는 표현으로 '일반 근로자'—를 대표하는 사회적 대화 파트너로서 정당성을 획득할 수 있을지 여부가 중요하다.

선행 조사 자료와 연구 결과들을 통해 살펴보면 한국 노동조합에 대한 일반 국민의 인식은 이중적이다. 다수의 국민들이 근로조건과 근로자에 대한 대우의 향상을 위해 노동조합이 필요하다고 인식하고 있지만 기존 노동조합 조직에 대한 인지와 신뢰도는 상당히 낮다. 2007년 한국노총의 노동운동에 대한 국민의식조사[14])에 따르면 한국의 경우 다수의 시민이 "노동조합의 필요성은 인정"(68.3%)하지만, 자국 노동조합 활동에 대한 인지도는 낮으며(27.7%), "일반 국민에게 피해를 주는"(37.2%) 집단으로 인식하고 있었다. "집단 이기주의적 행동이 심하다"(71.8점)고 평가하는 국민들 또한 상당수였다(한국노총 2008, 269-273).[15]) 이보다 조금 앞선 2005년 국제사회조사프로그램(ISSP) 조사 자료에 기초한 실증분석에 따르면 한국 노동자들 가운데 노동조합 역할에 대한 긍정적 평가와 노동조합 가입 노동자들 간의 상관만이 유의미하게 나타났다(김상돈 외 2011, 47-72).

눈여겨볼 지점은 노동조합 가입 노동자들과 일반 노동자의 간극이 크다는 점이다. 일반 국민들은 한국의 노동조합들이 전개하는 활동이 자신의 삶과 직접적으로 연관되지 않는다고 생각하며 소수 조합원들의 이해에 충실한 조직적 운동단체로 인식하고 있는 경향이 강했다. 노동조합을 시민사회 내의 핵심 주체인 노동자 대표 집단 혹은 더 나아가 공공 이익을 고려하는 책임성있는 사회단체로 바라보지 않는 것이다.

이와 같은 현상을 한국 노동운동의 위기라고 진단하고 그 원인을 노동운동의 이념과 조합원 간의 소통의 빈곤이라고 보기도 한다(유범상 2005, 512). 유범상(2005)은 한국노총을 위시한 노동운동은 사회민주주의에 입각한 사회적 조합주의 전략에서 실패했으며 그 대표적 사례가 노사정위의 경험이라고 지적한다. 노사정위는 '저신뢰의 제도화'를 생산했다. 노동운동 좌파의 투쟁주의는 조합원의 이탈을 촉진했다. 특히 노동자 대중과 노동운동 이념 집단 간의 괴리가 더욱 커지고 있으며 노동운동의 딜레마가 더욱 복합

---

14) 조사는 비례할당 추출법에 의한 총 800명의 응답자를 대상으로 2007년 5월 11일~16까지 6일간에 걸쳐 진행되었다. 한국노총에 대한 이미지 및 인식, 사업에 대한 평가 등의 조사는 온라인 조사를 통해 시행되었다.

15) 한국노총에 대한 이미지는 긍정적(44.3%)이기보다는 부정적(78.0%)이었으며 민주노총에 대한 이미지는 더욱 부정적(89.1%)인 면이 훨씬 높았다(한국노총 2008, 277). 한국노총은 정부의 노동정책 결정과정에서 경제사회발전 노사정위원회 등을 통해 협력을 유지해 왔음에도 불구하고 인지도가 민주노총보다 낮았다.

적이 되어 간다고 주장한다. 한편으로 1997년 이후 한국 '노동운동의 위기'
가 대기업-정규직중심 노동운동, 경제적 실리주의 중심의 모습으로 고착화
된 주체적 요인 때문이라고 파악해서는 안 되며 오히려 경제 구조적 요인이
지배적으로 영향력을 미친 결과(이호근 2010)라는 평가 또한 존재한다.

  하지만 한국노총과 민주노총의 여러 활동에 대한 지지도 가운데 "기업과
협력"(69.1%)이 가장 높았다는 점과 노동조합에 가장 적합한 슬로건으로
"참여와 협력의 노동운동"(36.0%)이라고 응답한 점 등으로 볼 때 사회적 대
화에 대한 바람이 적지 않다는 점 또한 확인할 수 있다. 또한 노동조합에
가입하지 않는 이유에 대해 "회사에 노동조합이 없어서/가입자격이 안 돼
서"(27.0%)라는 응답이 가장 높았고 노동조합 가입의사를 표명한 응답자
비율(45.8%)이 가입하지 않겠다는 비율(32.8%)보다 높았던 것으로 나타났
다(한국노총 2008, 278-9). 앞서 언급한 바와 같이 노동조합이 존재하는 사
업체가 많지 않고, 노동조합 가입요건을 충족하지 못하는 노동자들이 다수
임을 감안할 때, 노동조합의 대표성은 여타의 제도적 노력, 즉, 노동조합에
대한 인식의 정상화, 노동조합의 정치적 활동 허용, 공무원 노조 허용 범위
확대 등을 통해 제고될 수 있을 것이다.

2. 정치적 요인의 영향

  두 번째는 정치적 요인의 영향이다. 노사정위원회 조직 위상과 사회적
대화가 정치적 상황에 의해 좌우된다는 점이다. 1990년대 이후 유럽에서
부상한 사회협약의 체결 여부는 정부의 성격과 큰 상관이 없었다(장선화
2014, 67). 하지만 한국에서 사회적 대화기구의 설치와 대표성 확대의 노력
이 최초의 정권교체 이후 시작되었다는 점과, 이후 사회적 협약의 수립과
합의 번복 등 노동정책 개혁 과정에서 빚어진 갈등의 정도와 정부 성격─
친노동적 혹은 노동조합과의 연계 가능성 정도가 높은지 낮은지─의 상관
에 대해서는 좀 더 살펴봐야 할 것이다.

조절주의 국가론적 접근의 하나인 '생산의 정치(Buraway 1989)' 관점에서는 자본주의 사회에서 국가의 노동통제 전략을 포섭, 배제, 방임 전략으로 유형화하는데 노중기(2007)는 한국에서 민주주의 이행기 국가의 노동통제 전략이 억압적 배제에서 헤게모니적 배제로 전환했다고 진단한 바 있다. 자본주의 국가의 '헤게모니적 배제'라는 큰 틀에서 봤을 때 자본의 이익에 종속적인 '국가'의 협의적 표현인 정부의 이념적 성향과 정책적 지향은 큰 차이가 없다. 하지만 서두에서 언급한 바와 같이 자본주의 국가 내에서 노동의 이익이 정책형성과정에의 참여를 통해 증진될 수 있다고 보는 코포라티스트적인 입장에서 바라봤을 때 정부의 성격은 중요한 요인이 될 수 있다.

따라서 한국의 경우, 민주주의적 제도 구성의 한계가 사회적 대화의 한계를 규정한다고 볼 수 있다. 스웨덴과 노르웨이의 비교를 통해 의회에 법안을 통과시키기 어려운 소수정부의 경우 사회협약을 통해 정책 개혁을 시도한다는 연구결과(Hamann and Kelly 2011)는 인상적이다. 하지만 한국의 경우 의회중심제와 비례대표 선거제도를 채택하고 있지 않으므로 사회 협약이 시도되고 합의에 성공적이었던 시점이 정부여당이 대선 혹은 총선에서 근소한 차로 승리하거나 의회 다수 확보에 실패한 시점이 아니었다. 단순다수 1위 대표제적 성격이 강한 혼합형 다수제로 인한 양당경쟁체제, 노동조합의 정치참여에 대한 제한, 노동조합 성립 제한 요건 등은 여전히 한국에서 노동의 이익을 대표하는 조직으로서의 노동조합의 위상을 정립하지 못하는 한계 요인으로 작용하고 있다.

3. 소통의 한계

소통의 한계는 크게 정부의 헤게모니적 노동통제 전략으로 인한 미디어 노출의 제한과 노동조합 활동과 일반 노동자 간의 소통 부재가 중첩되어 나타난다. 미디어에서 노동의 집합적 동원 행위와 이익표출에 대한 부정적 표현이 지배적이며 정부가 추진하는 노동정책으로 인한 갈등, 즉 노동개혁

이슈가 부각되지 않을 경우 노출 빈도가 극히 낮다는 점이다. 일반 대중들이 노동조합 활동을 인지하고 평가하기 위해서는 노동조합에 대한 정보가 필요하다. 노동조합인식 조사에서 응답자들이 노동조합의 노동운동이념과 향후 사업을 알리기 위한 가장 효율적인 매체로 'TV/신문/라디오 등 대중매체'(57.8%)가 가장 적합하다고 응답(한국노총 2008)했다는 점은 유의해볼 만하다.

한국 대표 언론의 노동조합의 집단행동(파업, 시위 등)에 대한 보도는 극히 부정적이며 후속 기사 역시 극히 한정적이다. 일부 진보 언론의 구독률이 현저히 낮다는 점을 감안하면 노동조합에 대한 구체적 정보를 접할 수 있는 기회는 더욱 적다. 자기 이익 실현에 적극적이고 정보 수집이 활발한 일부 독자층을 제외하고는 노동조합의 집단행동에 대한 미디어 노출은 노동조합에 대한 부정적 견해를 더욱 강화시키는 효과를 낳을 수밖에 없다. ILO 결사의 자유위원회의 한국 정부에 대한 '권고'는 지난 2007년을 기준으로 총 12번에 달하며 2015년에도 한국 정부는 단체협상에 대한 정부 개입 문제로 ILO로부터 한 차례 '권고'를 받은 바 있다. 경제적 성취에 비해 노동기본권 보장 면에 있어서 후진적 지위는 그럼에도 불구하고 거의 정치적 이슈가 되지 못했으며 특히 국제적 기준에 미치지 못하는 노사관계의 후진성과 결사권의 제한은 경제 관련 저널 일부에서 보도되었을 뿐이다.

V. 맺는 글: 여전히 문제는 '정치'이다

1990년대 이후 한국의 사회적 대화 제도는 노동의 요구와 정부의 노동전략 변화에 의해 형성되고 지속되어 왔다. 그럼에도 불구하고 여전히 한국의 노동시장 갈등은 '갈등의 균형'상태에 있다.[16] 이 글에서는 한국의 사회적 대화 거버넌스가 외형적으로는 성장했으나 실질적으로 발전하지 못하는 주요 요인으로 대표성의 한계, 정치적 요인의 영향, 소통의 한계를 제시했다.

이 가운데 사회적 대화가 실질적인 협의 제도로서 제 기능을 하고 사회적 파트너들의 사회적 책임성을 증진시키고 합의를 보증하기 위해 현실적으로 변화 가능한 요인은 '정치'이다. 결국 제도의 변화는 정치적 동학에 의해 영향 받고 결정되기 때문이다. 1990년대 이후 노동시장 갈등을 조정하기 위한 사회적 대화기구가 설치되고 외연적으로는 사회협약을 체결하는 성과가 나타나기도 했으나 사회적 파트너간의 신뢰구축은 되지 않았다. 한국의 노동은 주체로 등장하지 않는다. 노동은 대상으로 호명될 뿐 순응을 요구받고 주체로 나서는 순간 억압되거나 배제되었다. 수차례의 사회협약이 노동 대표의 협상 무효 선언으로 인해 무산되었다. 2015년 말 체결된 노동시장 구조개혁을 위한 합의가 전형적 예이다. 노사정위원회는 노동조합에 민감한 사항 — 임금피크제와 일반해고요건 완화 — 은 추후에 논의하도록 연기하기로 약속했으나 2015년 정부와 집권여당은 입법을 강행하였다. 노사정위원장은 이 과정에서 조정의 역할을 하지 못했고 야당과 한국노총의 반발로 합의는 파기되었다.

이러한 갈등 상황이 왜 발생하는가? 킬만(Kilmann 2011)은 개인 간에 갈등이 발생할 때 최선의 갈등관리 방식은 사실 존재하지 않으며 양자 간 협력의 정도 — 관계의 중요성 — 와 주장의 정도 — 이슈의 중요성 — 에 따라 갈등 관리 유형이 다르게 나타난다는 점에 주목했다. 킬만은 갈등 관리 유형을 경쟁(competition), 회피(avoidance), 협력(collaboration), 순응(accommodation), 합의(compromise)로 개념화하여 제시했다. 양자 간 관계 면에서 협력의 정도가 낮고 이슈의 중요성이 높을 경우 '경쟁' 상황이 나타난다. 민주노총과 한국노총 관계가 이에 해당한다. 하지만 우리가 주목하는 노동

---

16) '갈등의 균형'은 갈브레이스의 '빈곤의 균형'(Galbraith 1979) 개념을 차용한 것이다. 일찍이 갈브레이스는 선진국의 원조로 소득증대에도 불구하고 반작용에 의해 전체적인 빈곤이 유지되는 농업 중심 저개발국의 대중적 빈곤의 본질이 견고한, 지속적 균형의 속성에 있다고 보았다. 이 글에서는 사회적 대화 제도의 도입과 간헐적 합의에도 불구하고 갈등이 지속되는 한국 노동시장의 갈등 상황을 '갈등의 균형'으로 표현했다.

시장 집단 간의 갈등의 경우 집단의 속성과 경제 상황에 따라 반응이 다르게 나타난다고 가정할 수 있다. 한국의 노동시장 갈등에 직면하여 사회적 파트너들은 경제적인 변동이 크지 않고 이슈의 중요성이 높을 때―고용 대(對)이윤, 일반해고요건 완화―경쟁하는 양상을 보이지만 경제위기 시에는 민감한 이슈―구조조정―에 합의했다.

하지만 합의를 통한 갈등관리가 가능하더라도 개인 간의 갈등과는 달리 사회적 대화는 제한된 대표들로 구성되며 이들의 대표성이 또한 문제된다. 민주노총이 불참한 가운데 전체 노동자의 10% 남짓인 조직노동자 중에서도 절반에 미치지 못하는 노동자를 대표하는 한국노총(2015년 기준, 노조가입자 가운데 한국노총 노조원 44.3%, 고용노동부 통계)이 지금까지 유일한 사회적 대화의 노동 측 파트너였으며 현재는 한국노총마저 중앙노사정위에 참여를 거부하고 있다. 사회적 대화의 절차와 결과에 조직노동의 33% 정도를 차지하는 민주노총이 참여하지 않고, 한국노총 지도부의 합의 결정이 추후 노총 내에서 반발에 직면하며 이 과정에 대부분의 노동자들은 소외되어 있다는 점에서 결국 양자 간의 갈등 관리 유형으로 합의가 도출되기 어렵고 합의가 가능하더라도 다시 경쟁적 상태로 회귀될 수 있다는 것이다.

다시 문제는 '정치'이다. 사회적 코포라티즘과 같이 이상적인 협의 제도가 작동할 수 있는 환경을 창출하기 어려운 조건 속에서 현실적인 방안은 첫째, 협의과정에 참여의 증대와 대표의 확대이다. 정부는 청년실업과 일자리창출을 최우선 과제로 제시하고 사회적 대화를 통해 문제의 해결책에 대한 합의를 성취한 내놓기에 앞서 자문과 협의 과정을 통해 이해 당사자들의 동의를 전제하지만 정작 주체인 노동자 다수는 자신의 이해를 조직적으로 결집하거나 대표받지 못한다.

노동은 사회 전체의 문제로 치환되어 이슈화될 뿐 노동하는 당사자가 스스로 정치적 해결을 모색할 방법은 극히 제한적이다. 조직노동은 산업사회의 주체였던 대기업·정규직을 대표하고 이른바 진보 정당들은 중산층 좌파와 저소득층 혹은 서민 우파 가운데서 머뭇거리는 가운데 노동은 보편이슈화되고 객체화되는 것이다. 현재 30%대에 머물러 있는 비정규직 비중은 박근혜 정부가 노사관계 선진화와 일자리창출 정책으로 추진하는 비정규직 사용 기한 연장과 일반해고 및 취업규칙 변경 등이 법제화될 경우 더욱 늘어날 가능성이 높다.

현재 노동조합 체제에 포함되어 있지 않은 비정규직의 이익을 대표할 수 있는 전국적 규모의 노동조직이 없는 상황에서 비정규직이 사회적 대화에 참여할 수 있는 방법의 모색이 필요하다. 중도로 수렴되는 양당 경쟁체제하에서 노동의 정치적 참여는 개별화되고 집단적 정체성이 형성되기 어려울 수밖에 없다. 노동의 정치적 대표성 증진이 현실적으로 어렵다고 할 때 사회적 대화기구의 적극적 활용과 대표성 증진을 위한 제도적 노력이 필요하다. 중요하게는 실질적인 협의기구의 역할을 하지 못하는 중앙노사정위원회의 구성변화가 필요하다. 무엇보다 노동의 대표성을 증진하기 위한 제도적 노력이 필요하다. 현재와 같이 대표성이 현저히 떨어지는 중앙 노사정위의 합의는 실질적 효력을 발휘하기 어렵다.

둘째, 협의 결과의 구속력을 높이는 노력이 필요하다. 중앙노사정위원회가 합의한 내용은 지나치게 추상적이거나 주요 사안을 추후 논의하도록 함으로써 노동시장 개혁을 법제화하거나 집행하는 데 있어 정치적 이해에 귀속되는 경우가 대부분이었다. 결과적으로 협의 기구에 대한 노사 대표의 불참이나 탈퇴, 합의 파기까지 이어져 협의 이전의 원래의 갈등상태로 돌아가는 경우가 비일비재했다. 노사정위에 대한 노동조합의 부정적 시각 때문에 노사정대표회의 등의 부차적인 노사정 협의기구가 운영되고 국회 내 노사정 타협기구를 별도로 구성하자는 제안이 나올 정도였다.

지역노사정위원회는 중앙보다는 활성화되고 2015년 경기도 노사정협의회에 청년유니온 대표가 참여하는 등 대표자 구성이 다원화되는 긍정적 현상이 나타난다. 합의 도출 및 이행과정에 충돌이 적었으나 지방정부 정책결정자나 의회 구성의 변화에 따라 집행에 어려움을 겪었다. 노동쟁의를 조정하는 노동위원회는 준사법적 기구로서 노사 대표의 참여를 제도화하고 있으나 공익위원의 지위보장 등의 면에서 위상 재정립이 요구된다. 노동조합의 사회적 책임을 제고하기 위해서는 노사 자율적인 협의의 활성화와 정부의

중립적인 협의 보증자로서의 역할, 사회적 대화 거버넌스에 노동의 역할을
부여하는 지속적인 노력이 필요하다.

【참고문헌】

김동원·전 인. 2007. 『한국의 사용자와 사용자단체에 관한 연구』. 한국노총 중앙연구원.

김상돈·신승배·박영규. 2011. "동아시아 임금노동자의 노동조합 가입과 역할인식에 대한 실증적 연구." 『공공사회연구』 1:1. 47-72.

노중기. 2007. 『국가의 노동통제와 민주노조운동: 1987~1992』. 한국학술정보(주).

유범상. 2005. 『한국의 노동운동이념: 이념의 과잉과 소통의 빈곤』. 한국노동운동연구원.

은수미. 2006. 『사회적 대화의 전제조건 분석: 상호관계와 사회적 의제 형성을 중심으로』. 한국노동연구원.

이호근. 2010. 『한국 노동운동 위기의 원인과 대안적 모색』. 한국노총 중앙연구원.

임영일. 2003. "신자유주의적 구조조정과 노동체제 전환." 경상대학교 사회과학연구원 엮음. 『신자유주의적 구조조정과 노동운동: 1997~2001』. 한울아카데미.

장선화. 2014. "사회협약의 정치: 세계화시대 경제위기와 집권 정당의 위기극복 전략(핀란드, 벨기에, 스페인, 아일랜드)." 『한국정당학회보』 13:2. 63-100.

_____. 2015. "후기산업사회 노동시장 갈등과 사회협약의 정치." 『후기산업사회와 한국정치』. 마인드탭.

장홍근. 2015. "사회적 대화의 이론과 발전 방안." 연세대 SSK 갈등의 역동성과 사회통합 연구단 정책간담회 참고자료.

전 인. 2007. "경영자총협회와 한국의 노사관계." 경영학 박사학위 논문. 뉴사우스웨일즈대학교.

정병기. 2015. 『코포라티즘의 정치』. 아카넷.

최장집. 1997. 『한국의 노동운동과 국가』. 나남출판.

한국노총중앙연구원. 2008. "노동운동에 대한 국민의식조사보고서." 『노동운동론』. 한국노총 중앙연구원.

Baccaro, Luccio, and Sang-Hoon Lim. 2007. "Social Pacts as Coalitions of the

Weak and Moderate: Ireland, Italy and South Korea in Comparative Perspective." *European Journal of Industrial Relations* 13(1): 27-46.

Baccaro, Lucio, and Chris Howell. 2011. "A Common Neoliberal Trajectory: The Transformation of Industrial Relations in Advanced Capitalism." *Politics & Society* 39:4, 521-563.

Galbraith, John Kenneth. 1979. *The Nature of Mass Poverty*. Cambridge, Harvard University Press.

Hamann, Kerstin, and John Kelly. 2011. *Parties, Elections, and Policy Reforms in Western Europe: Voting for social pact*. New York: Routledge.

ILO. 2013. *National Tripartite Social Dialogue: An ILO Guide for Improved Governance*. ILO.

Teasdale, Anthony, and Timothy Bainbridge. 2012. *The Penguin Companion to European Union*. London: Penguin Books.

Traxler, Franz. 2000. "Employers and employer organizations in Europe: membership strength, density and representativeness." *Industrial Relations Journal* 31:4, 308-316.

_____. 2004. "Employer Associations, Institutions and Economic Change: A Crossnational Comparison." *Industrielle Beziehungen*, 11. Heht 1+2. 42-60.

Visser, Jelle, Susan Hayter, and Rosina Gammarano. 2015. "Labour relations and collective bargaining." *Policy Brief*, No.1. ILO.

제도지체와 정치소통:
미국 대의제도를 중심으로*

서정건 | 경희대학교

I. 서론

정치제도는 제도화과정을 거치면서 속성상 지체 현상(institutional lag)을 동시에 경험한다. 의회 정치의 제도화 논의 선구자 중 하나인 폴스비(Polsby)에 따르면 제도 안과 밖의 경계가 분명해지고, 내부 조직과 운영이 복잡성을 띠며, 또한 규칙과 선례를 만들어 내고 따르는(rules and prece-dents) 과정을 거치면서 제도화가 이루어진다. 구체적으로 의회제도화란 의원직이 더 이상 봉사직이 아닌 전문직이 되어 감에 따라 초선 의원의 구성비율이 줄어들고, 의원들을 돕는 보좌진과 예산 지원이 늘어나며, 상임위원장은 다선 원칙에 따라 선출됨을 의미한다(Polsby 1986). 그런데 이러한 제도화과정을 통해 의회제도가 안정성을 높인다는 것은 결국 사회적 요구를

---

* 본 장은 2015년 국회사무처 연구프로젝트를 수정·보완한 것임을 밝혀둔다.

반영하는 의원들의 개별 정책 선호가 더 이상 본회의 다수결로만 입법화되지는 않는다는 것을 의미하기도 한다. 예를 들어, 제도적 전문성과 효율성을 확보하기 위해 만들어진 개별 상임위원회가 전체 의원들의 의사와 상관없이 특정 법안을 부결시키기도 한다. 다선(多選) 의원이 상임위원장직을 맡음으로 인해 의회제도의 지배구조 안정화를 꾀하지만, 더 이상 선거 결과에 민감하지 않은 상임위원장이 정치개혁에 둔감해지는 결과를 초래하기도 한다. 결론적으로, 정치제도의 지체(lagging) 현상은 정치제도의 제도화과정과 동전의 양면 같은 성격을 띠고 있다.

후기 산업사회 네트워크 정치 시대가 도래함에 따라 이러한 의회제도와 그 대표자들의 성격, 대의 제도의 실효성, 그리고 정치소통 현황에 대한 논쟁이 분분하다. 그런데 후기 산업사회의 새로운 사회 및 정치현상에도 불구하고 산업사회식 대의민주주의 시스템이 여전히 거버넌스의 중심축으로 작동하고 있음을 부인키 어렵다. 고전적 의미에서 대표자는 독립된 의사 결정 단위(trustee)로서 국가이익을 중심으로 대의 기능을 담당한다는 주장이 있는 반면, 지역구민들의 의사와 이익만을 위해 위임된 대리인(delegate) 역할에 충실해야 한다는 논지가 있다.

한국 대의 제도에 관한 논의는 주로 의회 독립 및 기능 회복 그리고 의원 자율성 등 민주적 공고화(democratic consolidation)에 초점이 모아지고 있다. 의회의 국민 대표자들이 유권자 및 지역주민과의 소통을 통해 그들의 이해관계를 독립적-적극적으로 대변하기보다는 여전히 행정부와 대통령을 쫓아가는 소극적 입법 활동에 치우쳐 있다는 반증이다. 인터넷과 소셜 미디어가 급격하게 발달하고 있는 환경에서 국회의원들의 의정활동에 네트워크 정치적 요소가 투입되고 있는 것은 사실이다(조희정·이원태 2010; 차재권 2013). 하지만 아직은 대표자들이 대표와 입법의 기능을 제대로 발휘하지 못하는 상황이라 커뮤니케이션 혁명이 실질적으로 대의제에 미치는 영향에 대해서는 면밀한 검토가 필요하다.

동일한 대통령제하의 대의민주주의 국가인 미국을 하나의 비교 사례로 고려해볼 때 후기 산업사회 네트워크 정치의 영향력이 대의제 시스템상에서 얼마나 실질적으로 발휘되고 있을까? 보다 활발한 대의제도에 대한 사회적 수요와 요구를 지체 현상 없이 잘 반영하는 데 있어서 네트워크 정치소통이 어떤 기능을 수행하고 있을까? 일반적으로 미국의 대의 시스템하에서 의원들의 표결에 미치는 영향력으로 지역구, 의원 개인, 정당 지도부, 그리고 대통령 등이 거론된다(Mayhew 1974). 이러한 전통적 대의제 요소들이 네트워크 정치 시대에 이전과는 다른 선거 관련 파급력을 가지는지, 혹은 의원들 중심의 의제 상정(agenda setting) 절차에는 별 변화가 없는지 분석할 필요가 있다(Papacharissi 2010; Mohr 2015). 사실 한국과 마찬가지로 미국 의회가 대의 기능 및 입법 활동에 있어서 높은 평가를 받지 못하는 것은 어제오늘의 일이 아니다. 존슨 대통령의 "위대한 사회" 프로그램 관련 법안들을 대거 통과시킨 89대 의회(1965~1966) 정도가 예외적으로 생산적인 의회로 기억될 정도다. 정치제도가 사회 수요를 효율적으로 반영 및 관리하지 못하고 오히려 개혁을 가로막는 시스템으로 군림하는 현상을 제도지체(institutional lag)라고 한다면 현재의 미국 의회 모습이 이와 유사하다고 볼 수 있다.

그럼에도 불구하고 미국의 대의제는 또 다른 소통의 출구를 찾아 21세기형 대의와 입법 기능을 수행하고 있다. 본 장에서는 미국의 의회와 구성원들이 네트워크 정치 시대 어떠한 정책 수용성을 보이는지 초점을 두고 살펴보기로 한다. 후기 산업사회 미국의 대의제도 지체 현상이 어떻게 극복되고 있으며 새로운 정치소통방식은 무엇인가? 실제로 수직적 동화 모형에 따르면 기존 대의제도와 새롭게 부상하는 네트워크 정치가 정면충돌한다기보다는 대의제가 네트워크 참여 방식을 수용하는 양상이다(김상배 2014). 다시 말해 정치 엘리트 중심의 대의제도가 네트워크 정치를 적극 반영하면서 오히려 대의제도는 더욱 안정적이 된다. 이러한 수직적 동화 모형은 미국의 경우처럼 의회 중심의 대의제가 견고하게 작동하고 한편 네트워크 참여 정치가 활발한 상황에서 나타난다고 볼 수 있다(장원석 2001; Druckman et al. 2014; Gibson 2015). 미국의 경우 대의제도가 주도적으로 네트워크 정치참여를 수용하면서 의회의 제도적 입법과정과 의원들의 개인적 의정활동이 새로운 양상을 보이고 있다. 이처럼 대의제도에 의한 수직적 동화양상이 지속되면 대표자의 책임성과 반응성이 강화되는 효과가 나타나고 정치 엘리트 위주의 대의민주주의 기조는 유지될 것이다.

우선 이론적 틀로서의 "수직적 동화" 모델에 대해 간략히 알아본다. 그리고 미국의 의회정치와 네트워크 정치 간의 동화 현상에 대해 하나의 비교사례로 탐색하고자 한다. 우선 역사적 진행 과정의 개요를 살피고 미국의 의원들 개인의 네트워크 정치 활용, 정당 간 네트워크 정치 차이, 그리고 선거국면 및 거버넌스 국면에 있어서 네트워크 정치 수용의 다양한 양상을 살펴보고자 한다. 미국 의회를 구성하는 435명 하원의원들과 100명의 상원의원들 중에서 누가 더 적극적으로 네트워크 참여정치를 수용하며 그 이유는 무엇인가? 전통적인 양당 시스템하에서 공화당과 민주당은 네트워크를 어떻게 활용하고 있고 누가 더 우위에 있다고 볼 수 있는가? 그리고 선거 캠페인에 활용되는 네트워크 정치와 선거 이후 의정활동에 사용되는 네트워크 정치는 그 전개 과정과 수용 정도가 같을까 혹은 다를까? 이러한 연구 질문들에 답함으로써 보다 총체적인 미국의 대의정치와 제도지체, 그리고 정치 소통에 대해 파악해 본다. 마지막으로 본 장의 비교정치적 연구를 통해 한국의 대의민주주의가 네트워크 정치 참여를 통해 한 단계 업그레이드될 수 있는 가능성을 논의함으로써 결론을 대신하고자 한다.

II. 수직적 동화 모델: 이론적 탐색

대의제와 네트워크 정치 사이에는 어떠한 상호 작용이 가능한가? 기존 정치 질서를 근대 유럽과 미국 기원의 제도적 측면으로 국한하여 생각한다면, 산업사회 정치 시스템인 대의제의 발전을 우선 한 축으로 고려해야 한다. 물론 각 나라마다 대중 민주주의(mass democracy)의 발전 양상은 다르다. 유럽 근대 국가들의 경우 봉건 영주와 토후들로부터 군사적·경제적 특권을 빼앗아 한편으로는 절대 군주에게, 또 다른 한편으로는 상공인 및 자영농 계층에게 재분배하는 과정에서 의회가 하나의 제도적 산물로 탄생한 측면이 크다. 봉건제도에 예속되어 있던 소규모 자작농들과 신흥 자본가 그룹이 여러 차례에 걸친 정치적 저항을 통해 결국 군주에게 상비군 형성 및 세금 징수 권한을 넘겨주고, 대신 의회 시스템(parliamentary system)을 통해 과세 절차를 일반 민중을 대표하는 대표자들에게 맡기도록 하는 제도를 만든 것이다. 영국의 식민지로서 비교적 자치 시대를 순탄하게 거치던 미국의 경우도 식민 모국인 영국의 군주가 국내외적 이유로 우표세법(Stamp Act) 등을 통해 부당하고 지나친 세금을 징수하려 하자 이에 대한 반발로 독립전쟁을 벌이게 된다. 독립 후 새로운 거버넌스 시스템의 주요 행위자로 의회를 만들고 세금과 관련된 대의제도 디자인에 심혈을 기울이게 된다.

한국과 같은 경우는, 일본의 식민지배로부터 벗어나 국가 건설을 하는 과정에서 사회경제적 갈등 구조가 미처 형성되지 않았고, 의회 및 정당이 대통령 등 핵심 권력에 부차적인 기관으로 자리매김하는 순서를 맞게 된다. 이후 행정부 중심의 급속한 경제 발전 시대에도 의회가 대의제 기능을 제대로 수행하지 못하고, 대신 권력의 하수인 기능 혹은 형식적 입법자 역할을 감당하는 정도였다. 민주화 과정을 거친 이후 대의제의 성숙에 대한 기대가 높아졌지만, 여전히 시민의 다양한 이해관계를 토론 및 합의하는 장의 역할보다는 대통령 권력의 배출과 권력의 재생산을 주요 화두로 국회의 여러 기능들이 수행되는 측면이 크다.

이렇듯 다양한 대의제도의 발전 양상과 더불어 또 다른 한 축으로 고려해야 할 사안이 네트워크 시대의 도래와 그 발전 양상이다. 정보 기술(information technology)의 급속한 발달은 고전적 의미의 정치 요소 중 가장 핵심 내용인 동원(mobilization), 조직(organization) 및 연합(coalition)에 관한 비용적 측면을 크게 바꾸어 놓았다(Bennet and Segerberg 2013). 특히 동원 및 조직과 관련된 집단행동의 문제(collective action problem)와 무임승차자 문제(free-rider problem)와 관련된 비용 양상이 달라졌다(Lupia and Sin 2003). 예를 들어, 폐수를 방출하는 기업체에게 환경 보호 차원에서 그 생산양식의 시정을 요구하는 과정에서 이전 같으면 기업체 앞에 몰려가서 피켓 시위를 하거나, 혹은 기업체 생산품에 대한 불매운동을 전개하는 방식이 일반적 시민참여 방식이었다. 이때 기업체 앞에 사람들을 집결하게 만드는 동원비용(mobilization costs)과 불매운동을 효과적으로 벌이기 위한 조직비용(organization costs)이 크게 발생하고, 더구나 무임승차자들의 경우 비용 대비 혜택(benefits)이 여전히 크기 때문에 소위 무임승차라는 합리적 행위를 수정할 요인이 발생하지 않는다. 하지만 정보 기술의 발전과 소셜 미디어의 보급은 굳이 기업체 앞으로 몰려가지 않아도 인터넷상에서 시위자들을 모으는 일이 가능하도록 만들었고, 굳이 불매운동을 위해 유인물을 직접 돌리지 않아도 웹상에서 직접 구매거부를 시행하는 일이 용이하도록 만들었다. 결국 다양한 양상의 대의제 발전 정도와 네트워크 정치 시대의 새로운 비용–편익 셈법이 상호 간 작용하면서 현행 대의제의 기능 수행 및 역할에 대한 기대와 우려가 발생하게 된 것이다.

그중에 특히 "수직적 동화" 모델이 주목하는 양상은 안정적이고 발전된 대의제 정치가 급부상하는 네트워크 정치 수요를 효과적이고 체계적으로 흡수하는 모습이라 할 수 있다. 다시 말해 〈그림 1〉에서 보여주듯이, 이전의

〈그림 1〉 위계조직 VS. 네트워크

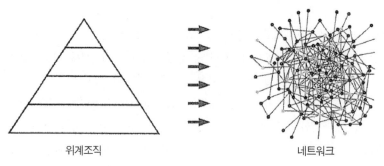

위계조직   네트워크

출처: 김상배(2014), p.65

대의제가 수직적 위계조직으로서 정부 관료 및 국회의원들 같은 소위 대리
인들(agents)이 시민들(principals)의 이해와 이익을 선별적으로 수용하였
다면, 이상적인 상황에서의 네트워크 정치는 대리인과 주인의 구별이 거의
불가능할 정도로 상호 동등한 작용이 정치로 치환되는 상태라 할 수 있다.
"수직적 동화" 모델은 이 양자의 중간 정도에 해당하는 형태로서, 기존의
안정적이고 민주적으로 운영되어 온 대의제도의 대리인들이 이전보다 훨씬
더 적극적이고 활발하게 네트워크적 시민 수요에 반응하는 양상을 그 특징
으로 한다고 볼 수 있다. 더 이상 근대적 위계질서에 집착하지 않고 보다
이상적인 대의(representation) 활동과 입법(lawmaking) 활동에 주력하지
만, 여전히 대리인 주도의 대의제가 수직적 관계로서 네트워크 정치를 수용
하는 방식이다(Anstead and Chadwick 2008; Gerbaudo 2013). 대리인과
주인 간의 구별이 무의미하고 불분명한 정도의 수평적 접합 단계까지 이르
지는 않은 상황인 것이다.

III. 미국 대의제도와 네트워크 정치: 역사적 개요

　소셜 네트워크 서비스(social network service) 혹은 소셜 미디어(social
media)로 불리는 21세기 커뮤니케이션 혁명이 불러온 새로운 정치 시스템
을 통칭하여 네트워크 정치라고 한다면, 미국 역사상 커뮤니케이션 혁명이
정치에 미친 영향은 단계적 접근을 통한 분석이 가능하다(Castells 2000;
Benkler 2006).[1] 가장 원초적인 양상은 미국 독립혁명 당시 토마스 페인
(Thomas Paine)이 쓴 47페이지 분량의 "상식(Common Sense)"이라는 소
책자인데, 발간된 1776년 당시 50만 부가 팔렸다. 여전히 식민모국 영국과

---

1) 보다 자세한 미국 정당정치 발전사는 졸고 서정건(2014)을 참조할 것.

타협할 것인지 아니면 독립을 추구할 것인지 독립혁명 추진 세력 내부에서
의견이 분분할 때 페인의 팸플릿은 강한 영향력을 발휘하며 미국민들의 마음
과 정치엘리트들의 의지를 바꾸어 놓았다. 오늘날은 거의 사용되지 않지만
16세기부터 18세기까지 팸플릿은 정치 커뮤니케이션에 있어 중요한 수단이
었다. 이후 남북전쟁이 끝나고 미국 남부를 중심으로 민주당이 다시 세력을
회복하면서 1874년 이후 급격한 정치 양극화(polarization) 현상이 벌어진
다. 북부는 공화당이, 남부는 민주당이 장악하면서 소위 무당파층 혹은 중도
층이 도저히 자리 잡을 수 없게 된 정치적 맥락에는 소위 당파지(partisan
newspapers)들이 큰 몫을 차지한다. 특정 정당을 드러내놓고 지지할 뿐만
아니라 선거 승리를 위한 전략까지도 제시하는 당파지들 덕택에 기존의 금
본위제도냐 은본위제도냐, 상업중심이냐 농업중심이냐 등을 놓고 극단적 대
결을 펼치던 미국의 정당정치는 한층 더 양극으로 치달았다. 1896년 공화당
매킨리의 승리와 1900년 재선 성공으로 양극화는 다소 완화되어 갔고, 정당
과 연계된 당파적 신문들의 숫자 또한 급속도로 감소하게 된다.

　1929년 대공황이 미국을 휩쓸고 전통적인 시장 중심 해결책을 고집하던
후버(Herbert Hoover) 대통령은 임기 첫해부터 마지막까지 경제 실정에 대
한 비난을 면치 못하게 된다. 1932년 대선에서 국민들의 두려움을 안심시키
는 공약으로 당선된 프랭클린 루스벨트 대통령이 자신의 뉴딜 정책을 집행
하면서 국민들과 직접 소통하였던 계기는 바로 라디오의 등장이었다. 소위
화롯가 정담("fire-side chat")으로 불린 이 라디오 연설은 대통령이 바로 옆
자리에서 차근차근 대공황을 이겨낼 방법을 국민들에게 설득한 것과 비슷한
효과를 거두었다. 복잡한 은행 정책을 통한 금융시장 안정과 정부의 재정정
책을 통한 공공일자리 창출 등을 대통령이 쉬운 언어로 설명하면서 국민들
의 불안 심리 또한 사라지게 되었다.

　1952년 공화당의 아이젠하워 후보가 TV 선거 광고를 방영하면서 미국의
선거와 커뮤니케이션 혁명은 급격한 변화를 겪게 된다. 미국 국민들이 라디
오 시대로부터 텔레비전 시대로 넘어오면서 TV를 통한 선거운동과 정치활동
이 크게 자리 잡게 된다. 1960년 미국 대선 후보 토론회가 처음으로 TV에

〈그림 2〉 역대 미국 대통령들의 연간 기자회견 횟수

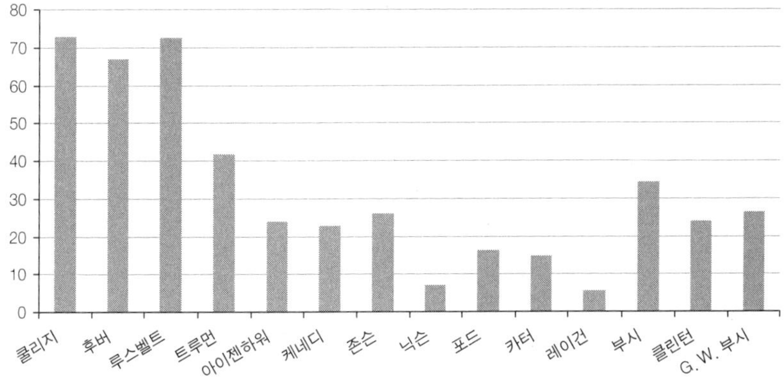

출처: http://www.presidency.ucsb.edu/data/newsconferences.php

생중계된 바 있고, 이때 이미지 정치로 크게 이득을 보았던 케네디 대통령은 취임 이후에도 대통령 기자회견을 최초로 TV 생중계하도록 하였다. 신문에서 만 보고, 라디오에서만 들었던 자신들의 대통령을 TV로 직접 만나게 되면서 국민들이 대통령 정치에 대해 느끼는 거리감은 급격히 줄어들게 된 것이다.

하지만 이처럼 신문부터 방송에 이르기까지 커뮤니케이션 혁명이 미친 정치적 파급력은, 주로 정치 엘리트들의 수용 정도에 따라 그 편차가 두드러진다. 예를 들어 〈그림 2〉는 쿨리지 대통령부터 조지 W. 부시 대통령에 이르기까지 역대 미국 대통령들의 연간 기자회견 개최 횟수를 모아 놓은 것이다. 초기 쿨리지 대통령부터 트루먼 대통령까지를 제외하면 생각보다 기자회견을 자주 개최한 대통령은 많지 않다. 위대한 소통자(Great Communicator)라는 별명을 가진 레이건 대통령의 경우 기자회견을 즐겨하지는 않았던 것으로 파악된다. 이 자료를 통해서도 TV로 중계되거나 혹은 기자들과의 간담회 여부를 떠나 통신 수단의 발달이 대의제에 미친 영향은 주로 정치인들에 의한 선택적 사안이라는 점을 알 수 있다.

〈그림 3〉은 2010년 미국 중간선거를 앞두고 공화·민주 양당이 TV 선거

〈그림 3〉 미국 2010년 중간선거, 8월~9월 사이 TV 광고 소요액

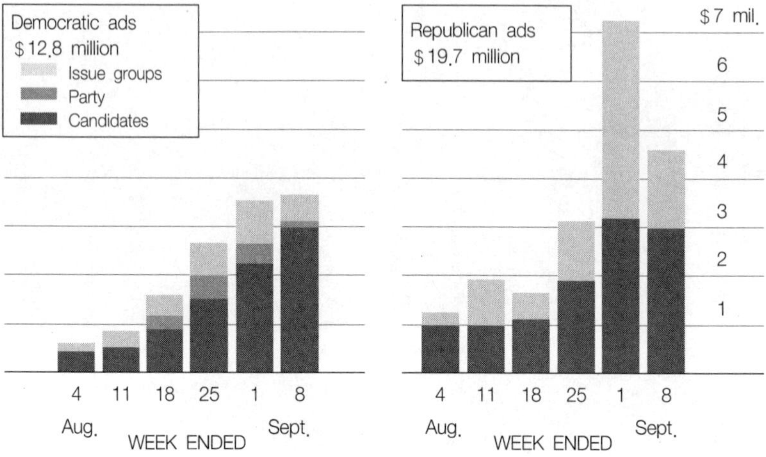

출처: 『뉴욕타임스』(2010년 9월 13일 자)

광고에 쏟아부은 액수를 비교해 놓은 것이다. 현재 미국정치에서 TV 선거 광고 비용은 천문학적 숫자에 이르며 여기에 소요되는 정치자금을 확보하는 지 못하는지가 후보로서의 경쟁력을 판가름하고 있다고 해도 과언이 아닐 정도이다. 엡스타인의 "우로부터의 전염" 주장은 바로 미국의 공화당이 자금 동원을 통해 TV 선거전을 유리하게 끌고 간다는 점을 설명한 것이다. 미국처럼 영토의 크기가 클수록 TV를 통한 이미지 정치의 영향력이 더 클 것이란 점은 쉽게 예상해볼 수 있다(Earl and Kimport 2011).

IV. 대의제와 네트워크 정치 상호 작용:
미국 의회 의원 및 정당 차원

메이휴의 고전 연구인 "Electoral Connection(선거 연계)" 주장에 의하면 미국의 의원들이 주로 관심을 가지고 관여하는 행위는 기여도 인정받기 (credit-claiming), 의정 활동 홍보(advertisement), 그리고 의회에서의 입장 정하기(position-taking)가 있다. 1974년에 쓰인 이 의회 연구 고전은 주로 정당을 배제하고 의원 개인들에게 초점을 맞추었는데, 재선이 지상 목표인 의원들에게 있어 의정활동의 대부분이 자신의 입장을 정하고 홍보하고 기여도를 알리는 일로 충당된다는 것이다. 이러한 관점에서 보면 소셜 미디어로 통칭되는 이메일(E-mail), 트위터(Twitter), 유튜브(YouTube), 블로그 (Blogs), 그리고 페이스북(Facebook)의 등장은 의원들 입장에서 볼 때 새로운 지역구민 소통의 수단인 셈이다(Johnson 2012).

예를 들어 1995년 이전에는 의원과 유권자 사이에 이메일에 의한 의사소통은 거의 없었던 반면, 2011년 현재 하원은 2억 4천3백만 건, 상원은 8천3백만 건의 이메일을 접수했다. 20여 년 전만 해도 거의 존재하지 않았던 소셜 미디어의 이용 사례가 큰 폭으로 증가한 반면, 같은 시기 우편물이 의회에 배달된 양은 50퍼센트 이상 감소했다. 사실 의원들이 예전부터 누리던 특권 중의 하나가 공짜 우편(franking privilege) 사용 권한이었는데, 이제는 거의 비용을 들이지 않고도 엄청난 양의 정보를 손쉽게 유권자에게 제공할 수 있고, 또한 지역구민도 굳이 우편물을 이용하지 않고도 의회와 의원들에게 자신들의 의견과 이익을 전달할 수 있게 된 것이다. 최근 2015년 10월에 행해진 한 서베이에서는 응답한 의원 보좌진 중 75퍼센트가 소셜 미디어를 통한 유권자들의 소통이 의미있는 기능을 수행한다고 답한 바 있다.[2]

---

2) Roll Call, "Study Finds Congress Is Paying MoreAttention to Social Media," Oct 14, 2015.

구체적으로 트위터와 페이스북을 통한 의원들의 네트워크 정치 수용 양상을 살펴보자. 잭 도시(Jack Dorsey)에 의해 개발된 트위터(Twitter)는 의원들이 자주 사용하는 소셜 미디어 중의 하나이다. 웹 기반 소셜 네트워크 서비스의 일환으로 짧은 메시지들을 주고받을 수 있도록 설계되었는데 140자 미만의 메시지를 "트윗(Tweets)" 형식으로 보낼 수 있고, 보내는 사람의 RSS(Really Simple Syndication)를 신청한 사람들은 누구나 받아볼 수 있다. 비단 의원들뿐만 아니라 의회 내외 다수 기관에서도 트위터를 이용한 정보공유를 진행 중인데, 의회도서관(Library of Congress), 정부공문서기관(Government Printing Office) 등이 대표적이다.

140자 이하여야 하는 속성 때문에 누구나 쉽게 이용할 수 있고, 효과적인 사용이 용이하며 거리에 상관없이 전 세계 누구와도 연결될 수 있는 커뮤니케이션 수단이다. 특히 특정 정치인의 트위터를 따르는 지지자들이 생겨나는데 이들 추종자들(follower)을 몇 명이나 보유하고 있느냐에 따라 정치적 영향력을 가늠해볼 수도 있게 되었다. 예를 들어 일본의 극우 정파인 일본유신회를 이끈 바 있는 하시모토 도루가 150만 명의 팔로우어를, 미국의 오바마 대통령은 거의 6천6백만에 가까운 팔로우어를 보유하고 있다.[3]

한편 페이스북(Facebook)은 2004년 저커버그(Zuckerberg)와 그의 하버드대학 동창생들이 만든 세계에서 가장 규모가 큰 소셜 네트워킹 서비스이

---

3) 2014년 10월 Adweek 기록에 따르면 팔로우어 기준 전 세계의 영향력 있는 인사들 상위 10명 순위는 다음과 같다(http://www.adweek.com/news/technology/10-world-leaders-who-rule-twitter-160818).
  1. 미국 오바마 대통령(@BarackObama), 43.7million
  2. 프란치스코 교황(@Pontifex), 14.1million
  3. 인도 모디 총리(@narendramodi), 7.1million
  4. 퇴임 인도네시아 여드호여노 대통령(@SBYudhoyono), 5.6million
  5. 전임 터키 귈 대통령(@cbabdullahgul), 5.1million
  6. 미국 백악관(@whitehouse), 4.9million
  7. 터키 에르도간 대통령(@RT_Erdogan), 4.9million
  8. 요르단 압둘라 여왕(@QueenRania), 3.3million
  9. 아랍에미리트 모하메드(@HHShkMohd), 3.2million
  10. 아르헨티나 커크너 대통령(@CFKArgentina), 3.2million

자 웹사이트이다. 프로파일(profile)과 페이지(page) 등을 제공하는 페이스
북에는 이용자가 본인 계정을 통해 사진, 비디오, 메시지 등을 올릴 수 있고,
또한 이에 대한 답글도 가능하다. "친구(friends)"를 삼으면서 그 공동 사용
폭을 넓힐 수 있고, "좋아요(like)" 버튼을 누름으로써 호응도를 표시할 수도
있게 되어 있다. 뉴스피드(newsfeed) 기능은 페이스북 친구들이 새로운 메
시지 혹은 사진들을 올리면 이를 알려 주는 역할을 한다.

〈그림 4〉는 112대 의회(2011~2012) 미국의 하원과 상원에서 의원들이
어느 정도 트위터와 페이스북을 실제 사용하고 있는지 그 수용률(adoption
rate)을 조사한 자료이다. 2011년 8월에서 10월 사이 두 달 동안을 기준으
로 한 조사에서 2년을 선거 주기로 하는 하원의원들의 수용률(74.8%)이 6
년마다 선거를 치루는 상원의원들(67.0%)보다 다소 더 높게 나온다. 마찬가
지로 트위터나 페이스북 어떤 소셜 미디어도 사용하지 않는 의원들의 비율
은 하원에서 6.6%, 상원에서 11%로 역시 하원의원의 비율이 상원에 비해
낮다. 짧은 선거 주기에 처한 의원들이 그만큼 유권자들의 즉각적 소통에
대한 필요성을 더욱 느끼고 있다는 반증으로 보인다. 물론 상원의원들의 평

〈그림 4〉 112대(2011~2012) 의회 미국 상하원의원들
트위터/페이스북 사용 현황, 8월~10월, 2011년

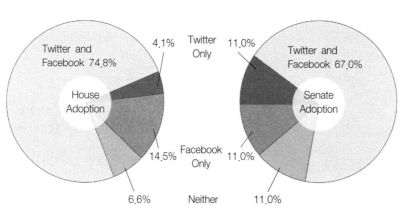

출처: CRS Report(2013)

균 연령이 하원의원들보다 높은 점도 작용한 것으로 보인다. 특이한 점은 상원의 경우 트위터만 쓰거나 페이스북만 하는 의원들의 비율이 각각 11% 로 같은 반면, 하원에서는 페이스북만 하는 의원들의 비율(14.5%)이 트위터 만 하는 의원들의 비율(4.1%)보다 높게 나온 점이다. 사진이나 동영상 등을 올리고 재생하기 수월한 페이스북의 특성상 짧은 메시지 위주의 트위터보다 는 하원의원들의 의정 홍보에 더 도움이 된다는 점을 인지한 결과로 보인다.

그렇다면 진보 성향의 민주당과 보수 성향의 공화당 양당 사이에는 소셜 미디어 사용 및 네트워크 반응 정도에 차이가 있을까? 이전 연구에 따르면 트위터 수용률에 있어 공화당 하원의원들이 가장 높은 비율을 보인 바 있다. 〈그림 5〉에서 알 수 있듯이 112대 의회를 대상으로 한 조사에서도 이러한 경향은 이어졌는데, 공화당 하원의원들이 트위터(87.3%) 및 페이스북(94.7%) 수용률에 있어 가장 선도적 역할을 하고 있음을 알 수 있다. 상원의 경우도, 공화당 의원들이 민주당 상원의원들에 비해 트위터 및 페이스북을 더 자주 사용하는 것으로 드러났다. 결국 공화당 하원의원들이 가장 높은 수용률을, 민주당 상원의원들이 가장 낮은 수용률을 보인다. 사실 진보 성향의 민주당 에 비해 보수 성향의 공화당이 더 네트워크 정치에 민감하다는 조사 결과는

〈그림 5〉 112대 의회 민주당과 공화당의 트위터/페이스북 사용 현황

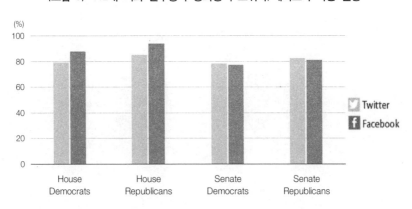

출처: CRS Report(2013)

다소 의외로 보인다. 물론 두 정당 간의 차이가 현격하게 나타나지는 않으므로, 확대 해석은 피해야 할 것이다.

하지만 보수 성향의 공화당이 민주당보다 다소 높은 비율의 소셜 미디어 수용성을 보이는 점은 우선 미국의 보수주의가 단지 세대 차이에 기인한 것만은 아니라는 점을 보여준다. 최근의 대통령선거를 기준으로 볼 때 미국의 남부, 중년, 남성, 기독교도를 주로 대변하는 정당으로 탈바꿈한 공화당이지만, 의회에서의 대의제가 네트워크 정치와 상호작용하는 측면에 있어서는 대표성의 영역이 비교적 넓은 것으로 해석될 수 있다. 실제로 2차 대전 이후 미국정치에 있어 대통령직은 주로 공화당이, 의회는 주로 민주당이 장악함으로써 분점정부(divided government)가 대세였던 시기가 있었다. 하지만 2000년대 들어서는 라티노 인구의 급증과 이로 인한 이민 정책의 차이 등에 있어 민주당이 대통령선거에서 유리해진 반면, 의회선거는 공화당이 선전하고 있는 양상을 보인다. 대의제의 장(場)인 의회의 구성원들이 점증하는 네트워크 정치에 민감하게 반응하고 수용하는 정도에 있어서 공화당이 앞서가고 있는 점은 이러한 맥락에서 이해할 수 있다고 본다.

이러한 비교적 높은 사용 비율 못지않게 중요한 점은 새로운 소셜 미디어를 통해 어떠한 네트워크 정치가 실제로 미국의 의원-유권자 사이에 벌어지고 있는가의 문제일 것이다(Shirky 2011). 〈그림 6〉은 미국의 의원들이 트위터나 페이스북 같은 소셜 미디어를 통해 어떠한 활동을 하는지 조사한 결과이다. 가장 많이 발견되는 활동은 역시 메이휴(Mayhew)의 고전적 연구처럼 입장 정하기(position taking)와 관련된 것이다. 현재 논의되고 있는 특정 법안 혹은 정책 일반에 대해 의원 자신의 입장을 표명하는 것인데, 발의 법안 중 최종 법률로까지 통과되는 비율이 대략 4~5퍼센트 밖에 되지 않는 점을 고려할 때, 네트워크상에서 입장 정하기 활동을 벌이는 일은 의원들에게 매우 중요하다고 할 수 있다. 다음으로 발견되는 빈번한 활동은 지역구 관련 사업들인데, 지역구에서 벌이는 이벤트나, 지역구 방문, 그리고 지역구에서의 유권자와의 만남을 홍보하는 일이 그것이다. 이 또한 메이휴가 지적한 의원들의 주요 활동인 홍보(advertisement) 활동과 밀접한 관계

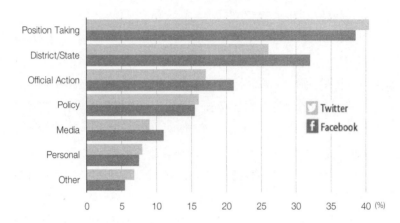

〈그림 6〉 소셜 미디어를 통한 미국 의원들의 대의 활동 양상

출처: CRS Report(2013)

가 있다. 소셜 미디어 사용과 관련된 여타 사안들은 주로 표결 등의 공적
활동을 알리거나, 입장 정하기와는 크게 상관없는 정책 알리기, 그리고 신문
인터뷰 혹은 방송 출연 등 의원들의 미디어 활동을 홍보하는 일 등이다.
　　결론적으로 의원들 관점에서 볼 때 기존 대의제와 현재의 네트워크 정치
간의 상호 작용은 주로 점증하는 새로운 커뮤니케이션을 통해 이전의 의정
활동과 대의역할을 보다 더 신속하고 광범위하게 알리는 일과 큰 연관이
있다는 점을 알 수 있다. 다시 말해 네트워크 정치가 대의제의 기본 틀을
전면 수정한다기보다는 소통 기술의 보다 발전적 양상이 기존의 대의제를
더욱 강화하는 양상이다. 이는 윤성이(2008)가 온라인 정치의 효과에 대해
정리한 동원가설(mobilization hypothesis)과 강화가설(reinforcement hy-
pothesis) 중 강화가설을 보다 뒷받침하는 사례로 파악될 수 있다.

V. 대의제와 네트워크 정치 상호 작용:
미국 선거 및 입법 차원

미국 내 소셜 미디어가 선거와 직접 연결된 시점은 분명치 않지만, 상대적으로 최근 경향으로 보는 것이 적절하다. 우선 2004년 민주당 후보 경선 시 하워드 딘(Howard Dean) 버몬트 주지사가 진보적 아젠다를 통해 젊은 이들에게 지지를 받으면서 자신의 선거 자금 모금에 온라인을 활용한 전례가 있다. 또한 2012년 대선 당시 공화당 경선에 뛰어든 텍사스 주 연방 하원 의원인 론 폴(Ron Paul) 의원이 웹과 소셜 미디어 등을 통해 소액기부금을 성공적으로 모금한 사례가 있다. 그런데 실제로 소셜 미디어를 통한 선거 운동과 정책 메시지 전달 활동은 2008년과 2012년 두 번의 선거를 성공적으

〈그림 7〉 페이스북상 트럼프(Donald Trump) 관련 언급 추세, 6/26~7/26, 2015

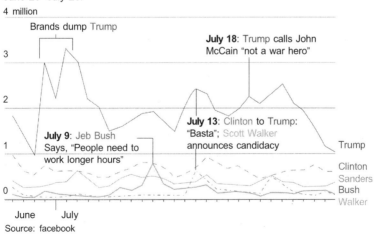

출처: The Wall Street Journal

〈그림 8〉 버니 샌더스 민주당 대통령 후보 웹 선거모금 사이트

This is your Movement.

Your contribution goes directly toward paying for the campaign staff who can train volunteers to knock on doors, make phone calls and spread the word about Bernie's message. The average contribution from a supporter like you affords the campaign nearly two extra hours of work from a field organizer who can mobilize about ten volunteers at a single canvass or phone bank.

If we all chip in, there's no limit to what we can accomplish together.

| 1 Amount | 2 Name | 3 Payment | 4 Tip |

Your Contribution

| $ 10 | $ 35 | $ 50 | $ 100 |
| $ 250 | $ 500 | $ 1,000 | $ ▢ |

Your contribution will benefit Bernie Sanders.

Make it monthly

⊙ No   ○ Yes, each month for 12 months

Continue

출처: https://berniesanders.com

로 이끈 오바마 캠페인과 큰 관련이 있다(Aaker and Chang 2010; Bimber 2014). 이후 소셜 미디어와 인터넷을 이용한 선거 운동은 보편화되고 있는 추세인데, 예를 들어 〈그림 7〉은 공화당 후보 경선에서 정치경험이 없는 아웃사이더로서 도널드 트럼프(Donald Trump)에 대한 관심이 실제로 페이스북상에서 어떻게 나타나고 있는지를 전통적 보수신문인 월스트리트 저널에서 다룬 내용이다. 트럼프의 일거수일투족이 페이스북상에서 언급되면서 트럼프 지지세에 미치는 영향을 연관지어 생각해볼 수 있을 것이다. 더불어 〈그림 8〉은 민주당의 버니 샌더스(Bernie Sanders) 후보가 소액 기부 모금을 위해 웹을 활용하는 예시이다.

사실 〈표 1〉에서 보이듯이, 소셜 미디어를 통한 공화당과 민주당 대선 후보들에 대한 지지 요청 사례는 비율상 크게 차이가 없다. 앞서 조사한 대로 보수 정당인 공화당도 선거 캠페인 기법에 있어서 민주당에 전혀 뒤지지 않고 있음을 알 수 있다. 한편, PEW Research Center(2012)의 연구에

〈표 1〉 유권자들 중 가족이나 친구들로부터 후보 지지를 요청받은 비율(2012)

	오바마 지지 요청(%)	롬니 지지 요청(%)
대면 대화를 통해	29	32
SNS와 트위터를 통해	25	25
전화를 통해	17	18
이메일을 통해	12	15
문자를 통해	6	7

출처: PEW Research Center(2012)

의하면 2012년 미국의 대선 기간 중 성인 남녀의 13% 정도가 특정 후보에
게 선거 자금을 기부했는데, 이 중에 67%가 여전히 전화 혹은 우편 등 전통
적인 방식으로 정치 자금 기부를 했다. 주목할 점은 이 중 50% 정도는 온라
인상에서 혹은 이메일로 정치 자금 모금에 참여했다는 점이고, 또한 대략
10% 정도는 자신들의 스마트폰 문자를 통해서 혹은 스마트폰에 모금 관련
앱을 설치해서 정치 자금 기부 활동을 한 점이다. 미국 대선 기간 중 정치
자금 모금은 가장 핵심 변수임을 고려해볼 때 선거 자금과 관련된 미국 국
민들의 새로운 접근 방식은 앞으로도 대통령선거의 향배를 결정하는 데 이
전과는 다른 양상을 보일 것으로 판단된다.

실제로 오바마 대통령의 2012년 대선 캠페인은 여러 가지 측면에서 네트
워크 시대 새로운 대의제 모색에 시사점을 던져 준다(Gibson 2015). 〈그림
9〉가 명확히 보여주듯 오바마 캠페인이 롬니 캠페인에 비해 압도적으로 왕
성한 소셜 미디어 기반 선거운동을 전개하였다. 페이스북은 주로 이용하지
않는 오바마의 특성상 페이스북에서만 롬니의 포스팅이 더 많았고, 나머지
트위터와 유튜브, 블로그 등에 있어서는 오바마 후보가 훨씬 더 많이 글과
사진을 올린 것으로 파악되었다.

더욱이 중요한 발견은 소셜 미디어와 온라인상에서의 반응이었다. 페이
스북상의 "좋아요"와 트위터의 리트윗, 그리고 유튜브의 댓글 혹은 시청률

〈그림 9〉 네트워크 시대 미국 오바마와 롬니의 2012년 대선 온라인 캠페인 비교

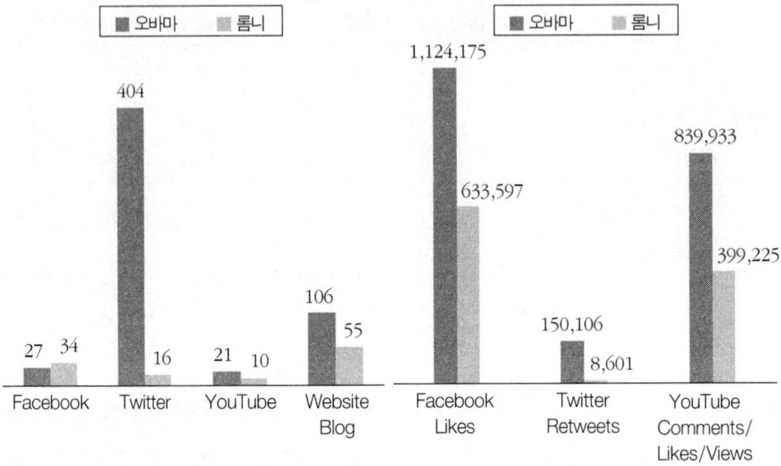

출처: PEW Research Center(2012)

등으로 대변되는 유권자들의 반응성에 있어서 오바마 대통령이 롬니 주지사에 비해 크게 앞서고 있다. 다시 말해 네트워크 시대 정치 관련 수요와 공급에 있어 오바마 캠페인이 가장 선진적인 양상을 보인 것인데, 후보 본인과 캠페인 담당자들이 지속적으로 정보와 의견을 제시하고, 또한 유권자들도 이에 호응하여 후보 및 정책에 대한 선호를 온라인상에서 밝히고 있다. 결국 네트워크 시대 수직적 동화의 기본적인 틀이라고 할 수 있는 대표자들(representatives) 및 대리인들(agents)과 유권자들이 왕성하게 서로 소통하는 가운데 이전보다 훨씬 더 적극적인 의사 표현과 효율적인 의견 수렴 양상이 나타난다고 볼 수 있다.

더불어 〈그림 10〉은 실제로 2012년 미국 하원선거에서 후보들이 어떠한 내용의 트위터 활동을 했는지 조사한 자료이다. 선거 운동과 별 연관이 없는 개인적 내용의 트윗 분량 29%를 제외하고, 상당 부분 선거와 관련된 내용들이 많은데, 역시 가장 큰 부분을 차지하는 것은 선거 캠페인 관련 공지사항이다(24%). 다음으로 트위터를 통해 유권자들과 상호 작용을 벌이는

〈그림 10〉 미국 선거 후보들의 트윗(Tweet) 내용(2012)

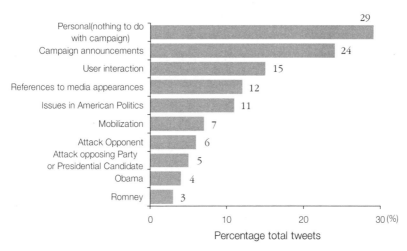

출처: Evans(2014), http://bit.ly/1nF5usL

내용이 많으며, 신문 및 방송 등 미디어 출연에 대한 공지와 미국정치의 이슈들로 트윗을 하고 있음을 알 수 있다.

재미있는 사실은 상대방 후보 또는 경쟁당과 경쟁당 대선 후보에 대한 언급이 11% 정도 차지하는 것을 알 수 있는데, 이는 일반적인 TV 선거 광고에서의 상대방 비방 비율에 비하면 현저히 낮음을 알 수 있다. 물론 트윗이라는 소셜 미디어 그 자체의 특성상 간단한 메시지로 상대방 후보를 세세하게 비판하고 공격하는 것은 정치적으로 효과가 덜하다. 그리고 소셜 미디어의 주 사용층이 젊은 세대와 무당파 유권자 층이란 점을 고려하면 흑색선전이 오히려 역풍을 불러일으킬 수도 있다는 판단을 후보들이 했을 수도 있다. 또한 즉각적인 파급력을 가진 소셜 미디어의 특성을 고려할 때 선거일이 다가올수록 상대 후보 흠집 내기에 대한 유인이 커지므로, 어떤 시기에 트윗의 내용을 조사했는지에 대한 판단도 동시에 필요한 것으로 보인다. 하지만 소셜 미디어의 특성이든 조사 시기의 불분명성이든 온라인 캠페인 활동의 주요 내용이 후보 홍보와 정책 이슈 등으로 채워지는 점은 주의 깊게 지켜보아야 할 것으로 판단된다.

마지막으로 대의제와 네트워크 정치 간의 긍정적 산물로 미국 의회가 입법화한 2015년 국토안전부(Department of Homeland Security) 소셜 미디어 향상법(DHS Social Media Improvement Act of 2015)을 간략히 알아보자. 공화당의 수잔 브룩스(Susan Brooks) 의원이 발의한 이 법안은 재해 혹은 테러 발생 시 소셜 미디어를 충분히 활용해 국토 안전(homeland security)을 수호한다는 취지이다. 이 법안은 공화당 의원이 발의한 법안임에도 불구하고, 민주당 의원들로부터 전폭적 지원을 받아 통과된 바 있다. 민주당 의원들은 찬성 155명, 반대 1명, 그리고 공화당은 173명 찬성에 50명의 반대가 있었다. 결국 328표 찬성, 51표의 반대로 통과된 이 법안은 오바마 대통령의 재가로 현재 미국의 연방법이 되어 있다. 소셜 미디어 워킹 그룹(Social Media Working Group)을 국토안전부 산하에 두고 재해 방지와 테러 대응에 있어서 국토안전부가 어떻게 가장 효율적으로 소셜 미디어를 사용할지에 대한 조사를 시행토록 한 이 법안은 공화당 일부의 반대에도 불구하고 초당적 지지를 얻은 점을 주목할 필요가 있다. 상임위 심의와 공청회 등을 거쳐 법안으로 만들어진 이 법안이야말로 그 취지와 성격, 그리고 입법방식 등을 종합적으로 볼 때 네트워크 시대 대의제가 가장 잘 작동한 사례로 남을 수 있을지 귀추가 주목된다.

VI. 미국 사례를 통해 본 제도지체와 정치소통

이 장에서는 네트워크 시대 대의제의 "수직적 동화" 모델을 중심으로 미국의 의원, 정당, 선거, 입법 차원의 비교정치학적 분석을 시도하였다. 미국 사례를 통해 본 네트워크 시대 한국의 대의제 관련된 정책적 시사점과 제안점을 정리해 본다면 다음과 같다. 첫째, 미국의 경우 우선 대의제의 안정성을 지적하지 않을 수 없다. 만일 대의제도가 불안정하고 민주적으로 공고화되어 있지 않다면, 급격히 증가하고 있는 네트워크적 정치 활동을 충분히 수용하기 어렵다는 것을 알 수 있다. 미국은 건국 초기부터 세계에서 가장 강력한 의회를 만든 바 있고, 양당제가 확립되면서 다수당 중심의 의회 민주주의를 발전시켜 왔다. 물론 루스벨트 대통령 시절을 거치면서 행정부에 많은 권한을 이양한 바 있지만, 여전히 상향식 후보 선출 방식으로 인해 정당 지도부 못지않게 의원 개인의 독자성 및 전문성이 상당 부분 유지되고 있다고 본다. 결국 네트워크 정치 시대에 대의제도가 효과적으로 대응하기 위해서는 대의제도 그 자체의 민주적 공고화가 선행되어야 한다. 대의제의 민주성은 당 내 민주화, 후보 선출의 민주화, 의회 내 의사 결정의 민주화 등을 수반해야 함은 물론이다.

둘째, 관료 및 의원 개개인의 적극적 반응성(responsiveness)을 고양해야 한다. 정부 부처의 경우 UN의 조사에서 밝혀진 대로 기왕에 앞선 정보 기술력을 토대로 보다 활발한 정부-시민 연계 방안을 모색해야 할 것이다. 포장과 틀만 세계 1위가 아니라 내용성과 반응성에 있어서도 앞선 전자정부가 되어야 하는데, 이를 위해서는 온라인 정부 관련 전담 인력의 양성과 배치가 중요하다고 본다. 선거와 관계가 없는 관료 조직의 특성상 전담 요원 없이는 시민들의 네트워크적 정치 활동에 적절히 대응하기에 어려움이 많을 것이다. 온라인 정부 반응성 관련 정부 조직을 과(課) 단위로 한정할 것이 아니라 보다 광범위하고 체계적인 부서 체계를 갖출 필요가 있다. 또한 관료 양성 체계의 특정 단계에 전자정부 활동 양식에 대한 훈련을 필수적으로 거치게 함으로써, 중앙 및 지방 정부 내 모든 인력들이 네트워크 정치 친화적으로 변모하는 것을 돕는 방법이 있다. 의원들의 경우에도 홈페이지나 페이스북을 통해 의정 활동 홍보에 주력하는 수준을 넘어서는 네트워크적 정치 활동을 모색해야 한다. 트위터 같은 쌍방적이고 즉각적인 소셜 미디어를 활용해 정책과 이슈를 중심으로 유권자들을 직접 만나는 방식으로 방향을 선회해야 할 것이다.

셋째, 미국의 경우에서도 알 수 있듯이 네트워크 시대 새로운 대의제는 특정 이념과 특정 정당에 유리 혹은 불리할 것이라는 편견을 없애는 것 또한 중요하다고 본다. 실제로 보수 이념의 공화당이 소속 의원들의 소셜 미디어 사용이나 일반 유권자 사이에서의 정당 활동 등에 있어서 진보 이념의 민주당에 비해 크게 다를 바 없는 것으로 밝혀졌다. 이처럼 새로운 네트워크 시대의 정당-유권자 간 연계 과정이 진보 정당 중심으로 운영될 것이란 통념은 미국 사례를 통해 재검토되어야 한다. 예를 들어 현재 정부와 여당이 추진하는 포털 사이트 규제 정책도 정치적 유·불리를 고려할 필요가 상대적으로 적을 수 있다는 사실을 직시할 필요가 있다. 젊은 세대이기 때문에 소셜 미디어를 더욱 활용하고 진보 정당을 선호할 것이라는 일반적 관념은 과연 타당한 진단인지 다시 검토해 보아야 한다. 최근 다양한 보수 편향 온라인 정치 활동이 주목받는 것도 같은 맥락이라고 볼 수 있다.

넷째, 무엇보다 의원 자신들이 소셜 미디어 친화력을 높이고 네트워크 정치 시대 수직적 동화에 노력해야 할 것이다. 물론 이 과정에서 작용해야 할 것은 당위론적 의무감이 아니라 선거와 의정 관련 정치적 득실이다. 상향식 후보 선출 방식을 통해 정당 기율로부터 일정 정도 자율성을 확보한 의원들이 적극적 대의 활동을 통해 전문성을 높이고 이를 기반으로 네트워크 시대에 보다 왕성한 유권자와의 소통에 힘쓰게 되는 선순환적 다이내믹을 확보해야 할 것이다. 전통적 지역구 활동 못지않게 네트워크적 동화 활동에 노력할 때 대의제의 수준 향상뿐만 아니라 정치인들 자신들의 야심(ambition) 달성에도 도움이 된다는 인식을 가질 필요가 있다고 본다.

【참고문헌】

김상배. 2014. 『아라크네의 국제정치학: 네트워크 세계이론의 도전』. 서울: 한울아 카데미.

서정건. 2014. "의회정치의 양극화: 미국의회와 한국국회를 중심으로." 『도전과 변화의 한미정치』 31-66. 서울대학교출판부.

윤성이. 2008. "온라인 정치참여 연구의 동향과 쟁점 — 인터넷선거 연구를 중심으로." 『정보화정책』 제15권 제3호. pp.3-20.

장원석. 2001. "인터넷과 미국의 선거운동." 『법과 정책』 제7호. pp.175-188.

조희정·이원태. 2010. "소셜미디어의 선택적 적응과 정치발전 — 2010년 영국 총선을 중심으로." 『한국정당학회보』 제9권 2호. pp.141-179.

차재권. 2013. "웹 기술의 진화와 분쟁정치의 역동성: 2009년 이란 대선 시위의 경을 중심으로." 『동서연구』 25-1. pp.129-156.

Aaker, Jennifer, and Victoria Chang. 2010. "Obama and the power of social media and technology." *The European Business Review*. 17-21.

Anstead, Nick, and Andrew Chadwick. 2008. "Parties, Election Campaigning, and the Internet: Toward a comparative institutional approach." *The Routledge Handbook of Internet Politics*. pp.56-71.

Benkler, Yochai. 2006. *The Wealth of Networks: How Social Production Transforms Markets and Freedom*. New Haven: Yale University Press.

Bennett, W. Lance, and Alexandra Segerberg. 2013. *The Logic of Connective Action: Digital media and the personalization of contentious politics*. New York: Cambridge University Press.

Bimber, Bruce. 2014. "Digital media in the Obama campaigns of 2008 and 2012: Adaptation to the personalized political communication environment." *Journal of Information Technology & Politics*, 11(2), 130-150.

Castells, Manuel. 2000. *The Rise of the Network Society*, 2nd edition. Oxford:

Blackwell.

Druckman, James N., Martin J. Kifer, and Michael Parkin. 2014. "U.S. Congressional Campaign Communications in an Internet Age." *Journal of Elections.* Public Opinion and Parties, 24:1, 20-44.

Earl, Jennifer, and Katrina Kimport. 2011. *Digitally Enabled Social Change: Activism in the Internet Age.* Cambridge: The MIT Press.

Gerbaudo, Paolo. 2013. *Tweets and the Streets: Social Media and Contemporary Activism.* New York: Pluto Press.

Gibson, Rachel K. 2015. "Party change, social media and the rise of 'citizen-initiated' campaigning." *Party Politics*, 21(2), 183-197.

Johnson, Steven. 2012. *Future Perfect: The Case for Progress in a Networked Age.* New York: Riverhead Books.

Lupia, Arthur, and Gisela Sin. 2003. "Which public goods are endangered?: How evolving communication technologies affect the logic of collective action." *Public Choice* 117, 3-4: 315-331.

Mayhew, David R. 1974. *Congress: The Electoral Connection.* New Haven: Yale University Press.

Mohr, Bailey. 2015. "Campaign Messaging & Engagement on Twitter in 2014 U.S. Senate Elections." *Manuscript.* The George Washington University.

Papacharissi, Zizi. 2010. *A Private Sphere: Democracy in a Digital Age.* Cambridge: Polity Press.

Pew Research. 2012. "How the Presidential Candidates Use the Web and Social Media: Obama Leads but Neither Candidate Engages in Much Dialogue with Voters." *Project for Excellence in Journalism.*

Polsby, Nelson W. 1968. "The Institutionalization of the U.S. House of Representatives." *American Political Science Review*, 62(1): 144-168.

Shirky, Clay. 2011. "The Political Power of Social Media." *Foreign Affairs*, 90-1: 28-41.

유럽 정당의 중도화 전략:
이념 대결에서 정책 소통으로

고상두 | 연세대학교

I. 서론

선거란 정당이 후보와 정책이라는 상품을 유권자에게 제시하는 경쟁시장이다. 따라서 선거에서 가장 중요한 3가지 기본요소는 정당, 후보, 정책이다. 그런데 오늘날은 이들 요소들이 작용하는 선거의 환경이 크게 변화하고 있다. 선거환경의 변화는 두 가지 경향성을 보이고 있다. 첫째, 고정지지층이 줄어들고, 부동층이 늘어나고 있다. 그 결과 정당 일체감이 유권자의 투표행태에 미치는 영향력이 약화되고, 유권자들이 선거에 거의 임박해서 투표결정을 하는 변동성 경향을 보이고 있다. 둘째, 유권자들의 정치적 관심 폭이 넓어지면서 원내에 진입하는 유효 정당의 수가 늘어나고 있다. 그 결과 양당제가 약화되고 다당제가 보편화되고 있다.

독일에서는 예전부터 기민연, 사민당, 자민당에 의해 구축되어온 3당 체제에 녹색당이 진입하면서 4당 체제로 확대되었고, 좌파당이 가세하면서 5

당 체제로 발전하고 있다. 영국의 경우에는 보수당과 노동당이 대결하는 전통적인 양당 구도에서 자유민주당이 생기더니 스코틀랜드국민당에 이어 영국독립당과 같은 분리주의를 이념으로 하는 정당들이 부상하고 있다. 이처럼 소수정당들이 다수당의 지지기반을 침식하고 있고, 부동층이 증가하는 정치적 불안정이 강화되고 있다.

부동층, 무당파, 중도층 등은 서로 다르지만 혼용해서 사용되는 개념들이다. 부동층(floating voter)에는 선거 때마다 지지정당을 바꾸는 정당교체 부동층(swing voter)과 선거일에 임박한 시점까지 지지 후보를 결정하지 못하는 결심시기 부동층이 있다. 이들의 대척점에는 항상 동일한 정당에 투표를 하는 고정지지층과 선거기간 이전에 투표할 정당이나 후보를 결정하는 조기투표결정자 등이 있다. 부동층이 생겨나는 근본 원인은 그들을 만족시켜주는 정당이 없다는 데에 있다. 특히 산업화의 고도화에 따른 계급의식의 약화는 유권자의 정당일체감을 갈수록 약화시키고 있다(류재성 2014).

부동층 유권자의 대다수는 특정한 지지 정당이 없는 무당파이다. 무당파는 특정정당에 대한 뚜렷한 선호와 지지의사를 가지고 있지 않은 유권자 집단을 말하며 대체로 정치적 무관심층이다. 즉 정치 참여의사가 없고, 정당의 정책에 대하여 잘 알지 못하며, 선거결과에 대한 관심이 낮은 집단이다. 무당파의 증가는 유권자들의 정당에 대한 지지 변동성을 증대시켜 정당정치의 위기를 가져올 수 있다. 특히 무당파의 증가 원인이 유권자들의 기존 정당에 대한 불신에서 기인한다는 점에서 대의민주주의의 위기로 이어질 수 있다(박원호·송정민 2012).

미국에서는 1960년대 이후 무당파의 비율이 증가하고 있고, 2012년에는 무당파가 전체 유권자의 38%로 늘어나 민주당이나 공화당의 고정 지지자보다 더 많아졌다. 한국정치에서도 무당파는 "최대정파"로 부상하고 있다. 오늘날 세계 각국에서 무당파의 비중이 크게 늘어나게 된 것은 정치적 관심층도 무당파가 되는 경우가 증가하고 있기 때문이다. 즉 정치에 대한 높은 관심을 가지고 사회를 변화시키기 위해 적극적으로 정치에 참여하였지만 좌절하고 낮은 정치 효능감을 절감한 시민들이 정치에 대한 불만감에서 무당파가 되는 경우가 늘어난다는 것이다.

무당파는 투표참여율이 낮고 선거에 대한 영향력이 약해서 정치학 연구의 관심을 받지 못하였다. 하지만 유권자 중에서 무당파가 차지하는 비율이 갈수록 커지면서 중요한 연구대상으로 떠오르고 있다. 무당파의 이념적 성향을 분석한 연구에 의하면 그들은 대체로 중도적 성향을 보이고 있다. 좌우이념의 중간에 위치한 중도층 유권자일수록 특정한 정당에 대한 일체감보다 단기적 요인인 후보자와 정책에 대한 선호에 의해 투표를 하는 경향이 있는 것이다. 특히 한국정치에서처럼 정당과 유권자 간의 연계가 약하고 유동적인 경우에는 정당 일체감의 투표 결정력이 약하고, 선거운동 기간에 발생하는 우발적인 변수에 의해 투표하는 부동층의 영향력이 커질 수밖에 없다. 그러므로 부동층의 흡수가 선거 승리에 필수적인 상황에서 정당은 인물요인을 강조하거나 경쟁정당의 정책을 수용하는 중도화 전략을 취하기 마련이다(소순창·현 근 2006).

중도화 전략이란 다운스의 정치공간이론인 중위투표자정리를 반영한 전략이다. 다운스에 의하면 이념성향이 정규분포를 그리는 단봉구조에서는 이념적으로 경쟁하는 좌우양당이 중앙값으로 수렴하는 선거 전략을 취하게 된다는 것이다. 즉 유권자의 이념적 분포에서 중도가 다수인 경우에 이념적 중도에 위치한 유권자가 선거의 승패를 좌우하기 때문에 좌우 정당들은 필연적으로 중도적인 이념과 정책을 내세우게 된다는 중도수렴론을 주장하였다(Downs 1957).

고정지지층을 가진 양대 정당은 중도로 수렴하여 얻게 되는 유권자의 수가 양극에서 잃게 되는 고정지지층의 숫자보다 많기 때문에 더 많은 득표를 위해서는 두 당 사이에 위치하고 있는 결정적인 다수인 중도성향의 유권자의 지지를 얻으려고 노력하게 된다. 이러한 움직임에 의해 양당의 이념과 정책은 보다 온건하고 덜 극단적이 되는 것이다. 하지만 양당이 경쟁적으로 중도화 전략을 취하게 되면 서로의 정책은 상호 명료성을 잃고 중첩된 내용이 될 것이다. 정당 간의 경계가 모호해지는 이러한 정당구도에서 유권자들은 이념적 차별성보다는 인물의 능력이나 이미지와 같은 비이념적인 선택기준에 의해 투표결정을 하게 될 것이다. 반대로 유권자의 이념적 성향분포가 양봉형으로 분극화된 경우에는 양당이 중도수렴 전략을 채택하기보다 이념적 차별성을 강조하고 자신의 진영을 더욱 공고히 할 것이다. 이러한 전략적 극단주의는 정치적 갈등과 대결을 불러일으키고, 이로 인하여 정당들의 정책은 일부 국민만을 만족시키는 문제를 야기하는 민주주의의 비효율성을 초래할 위험이 있다.

이 글에서는 부동층 유권자가 늘어나고 있는 유럽에서 정당들이 선택하고 있는 중도화 선거 전략이 정당 간의 오랜 이념적 대결을 극복하는 데에 도움이 되는지 그리고 새로운 문제로 대두하고 있는 정당 간 이념적 모호성을 어떻게 극복하고 있는지 등을 알아보고자 한다. 보다 구체적으로 독일과 영국의 선거 사례를 중심으로 보수정당의 중도화 전략을 분석함으로써 거대 정당이 왜 중도화 노선을 걷고 있는지 그리고 중도화 노선은 무엇인지 등에 대해 살펴보고자 한다. 즉 양국의 보수정당이 중도화 전략을 통해 선거환경의 변화에 적극적으로 대응하고 부동층의 지지를 이끌어내어 선거에 승리한 성공요인을 분석하려는 것이다. 이를 위해 이 글은 다음과 같이 구성된다. 먼저 정당의 중도화에 관한 개념적 논의를 하고, 독일과 영국의 최근 선거 사례에서 나타난 보수정당의 중도화 전략에 대하여 살펴보고자 한다. 그리고 한국정치에 대한 시사점을 제시할 것이다.

Ⅱ. 정당의 중도화에 관한 논의

중도화의 개념 정의는 중도성향 유권자인 부동층을 공략하는 전략이다. 사회구조적인 변화로 인해 유권자의 이념구도가 단극화하는 경향을 보이게 됨에 따라 전통적으로 이념적 대립양상을 보여왔던 정당들이 이념에 대한 강조를 완화함으로써 중도적 성향의 유권자들로부터 지지를 획득하려는 노력이다. 정치적 중도는 양극단이 존재할 때 가능하다. 정치적 양극화는 프랑스 혁명 이후 생겨난 근대 정당정치의 산물이다. 좌익과 우익정당은 1790년 프랑스 국민회의의 의석배치에 의해 생겨난 명칭이며, 이후 좌우이념이 정당들의 정치적 좌표가 되었다. 중도이념은 19세기에 접어들면서 정치적 이상주의를 배격하는 현실주의자들에 의해 새롭게 추구되었다. 이들은 정치적 극단주의를 배격하고, 사회적 타협과 안정을 중시하여, 그들이 주창한 중도정치는 주로 급격한 변혁에 대한 두려움을 가진 중산계층에 의해 지지되었다.

　정당정치를 설명하는 전통이론은 주로 사회구조, 사회계층, 사회이익 등의 개념을 활용한다. 대표적으로 균열이론은 유권자의 투표성향과 그 결과 형성되는 정당구도를 사회적 균열로 설명하는 이론이다. 민족주의와 국제주의, 농업과 공업, 노동과 자본, 종교와 세속 등의 대립이 유럽의 정당정치에 영향을 미치는 대표적인 사회균열이다. 이러한 사회적 균열은 진보와 보수의 대결로 수렴되는데, 진보는 주로 국제주의, 도시, 노동자, 세속과 친화력을 가지고, 보수는 민족주의, 농촌, 자본, 종교와 친화력을 가진다(von Alemann 2010, 118-120).

　하지만 냉전의 종식 이후 모든 정당들은 더 이상 계급정당을 내세우지 않는다. 동구 사회주의의 붕괴는 보수정당의 지지기반도 약화시키는 역설적인 결과를 초래하였다. 보수의 이념적 정체성을 명확하게 해주었던 공산주의라는 대적개념이 사라지면서 보수주의에 대한 지지가 약화된 것이다. 게다가 산업사회가 지식사회로 변모하면서 생산요소인 자본, 노동, 토지에 지식이 추가되었고, 자본과 노동의 대립이 약화되었다. 그리고 물질주의와 탈물질주의가 새로운 사회균열로 대두하면서, 기존의 좌우 이념정당이 대변하지 못하는 새로운 균열이 생겨나고 있다(Dahrendorf 1994, 52).

　〈그림 1〉이 보여주는 바와 같이 유럽에서는 이미 2000년 이전에 유권자들의 이념적 중도화 경향이 나타나고 있다. 그림은 보수를 0으로 진보를 10으로 설정한 이념적 스펙트럼을 잣대로 삼아 유권자들이 자신의 이념성향을 스스로 평가한 결과이다. 그 결과를 보면 이념적으로 중간값에 해당하

〈그림 1〉 유럽 각국 유권자들의 자기이념 평가

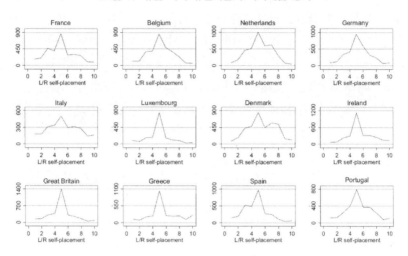

는 수치 5에 최다수의 유권자가 몰려 있는 단극적 양상을 보이고 있다. 국가별로 살펴보게 되면 룩셈부르크, 아일랜드, 영국, 그리스의 경우에는 지극히 단극적인 현상을 보이고 있다. 이들 국가들이 대체로 신자유주의가 강한 정치문화를 가지고 있다는 점에서 이러한 탈이념 중도적 현상을 이해할 수 있다. 반면에 프랑스, 이탈리아, 덴마크 등과 같이 여전히 사민주의가 강한 국가에서는 다소 양극적 잔재가 남아 있다. 독일은 중간 형태에 속하는 국가로서 이념의 양극 진영에 유권자의 일부가 남아 있지만 중도층이 상대적으로 매우 두터운 양상을 보이고 있다. 하지만 전반적으로 이렇게 중도화되는 이념 지형의 변화 때문에 유럽에서는 일찍부터 중도화 선거 전략이 채택되었고, 영국의 블레어가 보여준 바와 같이 중도화를 선거에 먼저 활용한 것은 진보진영이었다.

오늘날 유럽에서는 고정지지층이 갈수록 줄어들고 있다. 독일에서 사민당은 노동자 계층의 감소로, 기민연은 기독교 신앙에 기반한 정치참여자의 감소로 고정지지층을 잃어가고 있다. 이것은 부동층 유권자의 수가 많아지고, 선거의 승리에 영향을 미치는 변수가 다양해졌다는 것을 의미한다. 과거에는 고정지지층을 지키는 것이 중요하였지만, 이제는 달라진 것이다. 부동층에게는 이념이나 가치보다 이익이 더 중요한 투표결정요인이다. 그리고 오늘날 고용, 소득, 사회적 역할 등의 형태가 다양해지면서 유권자들의 투표 동기도 다양해졌다. 과거에는 거대집단의 이익이 중요하였다. 그리하여 기업, 노동자, 농부, 여성, 학생 등이 주요 이익집단이었지만, 오늘날에는 예를 들어 노동자의 경우, 정규직, 비정규직, 단기직 등 다양한 형태의 노동자 유형이 분화되어 생겨나고 있다. 이러한 사회구조의 변화는 이념적 양극화에 기반한 과거의 선거 전략에서 벗어나 정치적 중도를 강조하는 전략으로 변화하는 계기로 작용하고 있다(Guggenberger·Hansen 1993).

따라서 거대양당은 중도 쟁탈전을 위해 가치보다는 실리를 추구하는 방향으로 정강정책을 수정하고 있으며, 그 결과 양당이 중도 수렴하는 경향을 보이는 것이다. 특히 중도유권자들은 가능한 양대 정당을 거부하고 제3의 정당을 지지하는 경향이 보이는데, 그들의 정책선호를 보면 사회경제정책은 진보적인데, 외교안보정책은 보수적인 성향을 보이는 경우가 많다. 따라서 이념적 특성을 강하게 부각시키는 군소정당들도 중도를 선언하고 중도층의 흡수를 선거 승리의 중요한 전략으로 삼고 있다. 이처럼 모든 정당들이 중도에서 선거의 판가름이 난다고 생각하고 있다.

중도란 정치적 타협으로서 대립보다는 조화를 지향한다. 타협과 합의는 민주주의에서 중요한 가치이지만 이것을 과도하게 중시하여 지상가치로 삼게 되면 오히려 탈정치적 현상을 야기할 수도 있다. 즉 중도란 좌우를 초월하는 제3의 해결방안을 의미하며, 이념적 대결을 소모적이라고 보는 시각을 담고 있다. 그러므로 중도를 추구하며 이념이 퇴색된 정당은 상호대체 가능하게 되고, 정당의 지지기반은 이념 대신 상징조작과 인기영합에 의해 확보될 것이다. 오늘날 유럽에서 뚜렷한 이념적 정체성을 내세우는 극우정당이 부상하고 있는 이면에는 국민정당들이 자신들의 이념적 색채를 갈수록 모호하게 만든 데에도 일단의 책임이 있다.

탈이념 중도현상의 문제점을 비판적으로 설명하기 위하여 생겨난 정치개념이 포스트 민주주의이다. 포스트 민주주의는 인기영합, 상징조작, 경제 우선주의, 민주주의에 대한 신뢰 상실 등을 특징으로 한다. 포스트 민주주의 사회에서 정치는 연출로 전락하여 정치홍보와 마케팅이 선거에 큰 영향을 미치고 유권자들은 수동적인 존재로 전락하게 되는 것이다. 그리고 국가 경제를 우선시하여 큰 정부와 엘리트 관료에 의해 중대결정이 내려지고, 민주적 의사결정 방식은 뒷전으로 밀리게 되는 것이다. 이처럼 민주주의가 본질을 상실하게 되면 대중은 정치참여의 기회와 의지를 상실하게 될 것이다 (Crouch 2008).

독일은 영국에 비해 정치적 중도가 더 잘 발달할 수 있는 정치적 토양을 가지고 있다. 나치의 과거사 경험 때문에 극우이념에 대한 불신이 생겼고, 동서독 분단으로 인해 사회주의가 백안시되었다. 공산당에 대한 정당해산 판결은 독일 사회의 반공주의 정서를 보여주는 대표적인 사례이다. 이러한 사회적 분위기 때문에 이미 1950년대에 독일에서는 중도좌파와 중도우파를 자임하는 국민정당이 형성되었다. 사민당은 고데스베르크 전당대회에서 계급정당을 포기하였고, 기민연의 아데나워는 사회적 시장경제를 추진하였다. 사회적 시장경제는 시장과 복지의 타협이며 1959년 당시 제3의 길로 간주되었으며, 사민당도 찬성하여 오늘날까지 독일의 초당적인 경제이념으로 지켜지고 있다. 이처럼 독일의 양대 정당은 포괄정당을 지향함으로써 영국에 비해 이념적 차별성을 잃어버렸다(Lenk 2009).

프랑스 정치학자 뒤베르제(Duverger 1959)는 독일 정치의 중도화 경향을 비판적으로 평가하였다. 그에 의하면 정치란 본질적으로 선택과 결정의 문제이기 때문에 복수의 해결방안에 대한 택일 문제이고, 그 중간은 있을 수 없다는 것이다. 그러므로 중도정당은 있을 수 있지만, 중도정치란 있을 수 없다는 것이다. 왜냐하면 중도정치가 좌우이념을 조화롭게 융합한 새로운 이념을 만들어내어야 하는데 현실적으로 불가능에 가깝다는 것이다. 중도정당은 중도좌파 혹은 중도우파라는 형태로 존재할 수 있지만, 중도정치는 단순히 좌우 이념의 극단을 배격한 온건주의에 불과하다는 것이다. 이러한 점에서 중도란 각 시기별로 형성된 좌우 대립에 의해 종속적으로 규정되는 공간적 의미를 가질 뿐인 것이다.

유럽에서 이념적 수렴현상이 갈수록 강화되고 있는 상황에서 중도화 전략이 사회적 구조의 변화에 대응하고 좌우이념 대결을 극복하는 대안인지 아니면 이익갈등이라는 정치의 본질을 부정하고 민주주의의 약화를 가져올 탈정치적 현상인지에 관해 많은 논쟁이 이루어지고 있다. 중도정치의 옹호주의자들은 정치이념에 의해 생겨난 대립적인 정당정치로부터 탈피할 필요성을 강조하고, 개인이익과 공동체이익, 자유와 평등이라는 전통적인 대립개념을 융합한 새로운 중도적 개념을 만들어낼 필요가 있다는 것을 강조한다. 반면에 중도정치의 비판자들은 정치에서 대립을 무조건 백안시하고 합의를 찬미하는 자세는 바람직하지 않다고 말한다. 민주주의란 다양한 이익을 대변하는 정당이 다원적으로 존재함으로써 국민들로 하여금 정당에 대한 지지를 통해 자신의 의사를 명확하게 표출할 수 있을 때 꽃을 피울 수 있기 때문이다(Mouffe 2007).

III. 유럽 보수정당의 중도화 성공 사례

중도층 유권자가 날로 늘어나는 선거환경의 변화에 대응하기 위하여 유럽의 양대 정당들은 서로 이념적으로 수렴하는 중도화 노선을 취하면서 고정지지층은 지키는 동시에 부동층을 끌어올 수 있는 양면적 선거 전략을 취하고 있다. 독일 정당의 중도화 전략은 비교적 오랜 역사를 가지고 있다. 기민연의 콜 총리는 1982년 선거에서 브란트의 동방정책을 수용하는 온건한 통일정책을 총선공약으로 내세움으로써 사민당의 슈미트 총리에게 승리하였다. 사민당의 동방정책을 적극적으로 반대하였던 기민연은 선거에서 연속 패배한 후 비교적 온건한 성향의 헬무트 콜이 당수를 맡으면서 당의 보수적인 통일 정책을 새로운 국제환경에 적합하게 바꾸는 노력을 하였고, 수정된 통일정책을 당론으로 확정한 직후의 선거에서 재집권할 수 있었던 것이다.

사민당의 슈뢰더 당수는 콜 총리의 16년 장기집권을 종식시키기 위하여 1998년 선거에서 "신중도" 구호를 내세워 승리하였다. 그는 기민당 콜의 중도화 노선을 모방하여 사민당의 과격한 이미지를 완화하는 참신한 전략을 사용하였다. 슈뢰더의 3선을 저지한 기민연의 메르켈 총리의 선거 승리 또한 중도화 전략 덕분이다. 그리고 그는 2005년 선거 이후 지속적인 중도화로 연승을 거두고 있다.

영국은 중도정치라는 개념을 선거에 가장 본격적으로 사용한 나라이다. 1997년 총선에서 노동당의 블레어 총리는 "제3의 길"이라는 중도적 정강정책으로 대처와 메이저에 의한 보수당의 장기집권을 종식시키는 성공을 거두었다. 영국 노동당의 중도화 성공 사례는 독일로 수출되어 독일 사민당의 총선 전략에 영향을 끼쳤다. 슈뢰더 총리는 노동당의 선거 승리 이듬해인 1998년 선거에서 신중도 노선을 내세우면서 당의 현대화를 부각시켜 콜 총리에게 승리하였던 것이다.

1. 독일 기민연의 2009년 선거 승리와 중도화 전략

2009년 독일 총선은 2가지 특징을 가지고 있다. 첫째, 기민당과 사민당의 대연정이 심판을 받는 선거로서 양대 정당은 방어적 선거운동을 펼쳤고, 소수 정당은 공세적 선거운동을 펼쳤다. 둘째, 세계금융위기가 중요한 선거이슈가 되었다. 세계금융위기가 처음에는 사민당에게 기회로 인식되었다. 자본주의체제에 대한 근본적인 회의와 비판을 야기하였기 때문이다. 하지만 경제위기가 이념논쟁을 불러일으키지 못하였고, 경기 부양을 위한 정부의 역할과 정책 방향에 관한 논의로 국한되었다. 그리고 기민연은 연정 파트너인 사민당이 제안한 위기 대응책을 대부분 수용함으로써 자신에 대한 비판을 최소화하였다. 아울러 정부가 신속하게 예금자보호 조치를 취하는 등 뛰어난 위기관리능력을 보여줌으로써 국민의 신뢰를 확보하였다. 그 결과 정

〈표 1〉 독일 총선 결과(2009년 선거)

	의석수	의석비율	득표율
기민/기사연	239석	38.4%	33.8%
사민당	146석	23.5%	23.0%
자민당	93석	15.0%	14.6%
좌파당	76석	12.2%	11.9%
녹색당	68석	10.9%	10.7%
기타	–	–	6.0%
합계	622석	100.0%	100.0%

출처: 독일연방통계청, 「2016 선거통계」(2016)

권변화가 필요하다는 국민적 인식이 조성되지 않았고, 오히려 온건하고 신중한 정치가 세계경제 위기를 극복하는 데에 보탬이 된다는 평가를 받았다.

〈표 1〉이 보여주는 바와 같이 선거 결과는 사민당의 패배로 끝났다. 기민당은 239석을 얻어 93석을 얻은 자민당과 함께 총 의석의 과반수를 넘겨서 소연정을 구성할 수 있게 되었다. 비록 기민당은 총 의석의 38.4%밖에 얻지 못하였지만, 자민당이 15%에 달하는 약진을 하였던 것이다. 반면에 사민당은 1998년 선거에 비해 1,000만 표를 잃고, 2005년 선거와 비교하면 600만 표를 잃은 것으로 나타났다. 사민당이 패배한 원인은 젊은 층과 노동자 계층의 지지를 크게 잃었기 때문인 것으로 나타났다.

일반적으로 중도화 선거 전략은 두 가지 차원에서 이루어진다. 첫째, 이슈의 선택에서 경쟁정당이 강조하는 이슈를 수용하여 정책적 차이를 줄이는 것이다. 둘째, 이슈보다 후보의 이미지를 강조하는 것이다. 2009년 총선에서 기민연은 이념적 입장을 선명하게 드러내지 않는 선거 전략을 취하였다. 경쟁정당이 정책적으로 대결하고 논쟁하기를 원하는 이슈, 예를 들어 원전폐쇄 문제, 최저임금 도입 등에서 싸움을 피하는 등 자신에게 취약한 이슈에서는 비대결 전략을 취했다. 이러한 전략은 2005년 선거에서 기민당이 펼쳤던 "정직한 선거"의 실패로부터 얻은 교훈이었다. 당시 기민연은 메르켈 후보의 정직한 이미지를 활용하여 재정건전화를 위해서는 복지축소와 증세가 필요하다고 주장하며 유권자의 공감을 얻으려고 했으나 효과를 보지 못하였다.

　정직한 선거 전략에 따라 사민/녹색 연합과 격렬한 정책 논쟁을 벌였으나 큰 이득을 보지 못한 기민연은 2009년 선거에서는 상대방에게 공격할 빌미를 제공하지 않는 비대결 전략을 취했다. 특히 사민당과 녹색당과 같은 진보성향의 정당은 논쟁과 동원능력에서 보수 정당보다 강한 경쟁력을 갖고 있다. 또한 선거에서 이슈가 쟁점화되면 정치적으로 무관심한 젊은 층의 투표율이 높아지고 보수성향의 정당에게 불리하게 된다. 그러므로 기민연은 정당 간의 정책과 이슈의 차이를 드러내지 않는 중도화 노선을 취하면서, 선거를 정책대결보다 인물경쟁으로 몰아갔고, 메르켈 총리의 현직 프리미엄이 주는 이득을 노렸다. 그리하여 선거 슬로건이 메르켈 개인을 부각시킨 "We vote for confidence"였다.

〈그림 2〉 독일 총선의 투표율(1949~2013)

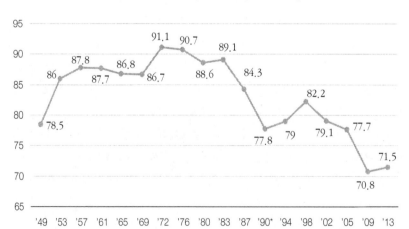

출처: 독일연방통계청, 「2016 선거통계」(2016)

이처럼 기민당이 비대결 전략을 취하면서 총선은 따분하고 재미없는 선거가 되었으며, 투표율이 독일 선거 역사상 최저인 70.8%를 기록하였다. 〈그림 2〉는 이차 대전 이후 독일연방의회 선거의 투표율을 보여주고 있는데, 1972년과 1976년 당시 총선 투표율은 역대 최고 수준으로서 90%를 넘어섰다. 그 이후 투표율이 많이 떨어졌지만, 2005년에도 투표율이 77.7%는 유지하였다. 이에 비하면 2009년의 선거에서는 투표율이 급감하였음을 알 수 있다.

사민당의 슬로건은 "our country can do better"였다. 이것은 후보 인물을 부각한 것도 아니고, 뚜렷한 비전을 제시한 것도 아니었다. 사민당은 정강정책에서 노동, 교육, 환경, 건강 분야를 강조하였고, "원자력 에너지 축소"와 "아프가니스탄 철군"을 주요 이슈로 내걸었지만, 기민연과 연립정부에 참여한 집권정당으로서 기민연을 공격하는 데에는 한계가 있었다. 또한 1998년 이후 신중도 노선을 추구해오면서 기민당과 유사한 온건 정책을 내세웠지만 중도 성향의 유권자로부터 지지를 얻지도 못하면서, "사회정의의 추구"라는 당의 정체성을 배신하였다는 비판을 받았고, 실망한 고정지지층을 좌파정당과 녹색당에 다수 빼앗겼다. 결국 사민당은 사회정의를 보호하는 유일한 정당으로 남았다고 주장하는 좌파정당과, 중도화된 기민당 사이에 끼여 당의 새로운 정체성을 정립하는 데에 어려움을 겪었다.

2. 독일 기민연의 2013년 선거 승리와 중도화 전략

2013년 독일 총선은 기민/자민 소연정이 끝나고 양대 정당이 정권 쟁탈을 위해 대결하는 선거였다. 또한 메르켈 총리가 3선에 도전하는 선거로서 총리의 현직 프리미엄이 더욱 커졌다. 〈표 2〉에서 보는 바와 같이 선거 결과 기민당의 대승으로 끝났으나, 자민당이 원내 진입에 실패함으로써 다시금 대연정이 구성되었다. 기민연은 41.5%의 득표율로서 1994년 이후 처음으로 40% 수준을 회복한 반면, 사민당은 이차 대전 이후 최저 득표율을 기록한

2009년의 23%에서 약간 회복한 25.7%에 도달하였다. 하지만 기민연의 약진으로 양당 간의 득표 차이는 16%로 더 크게 벌어졌고, 녹색당과 좌파당은 한자리 수 지지율로 추락하였다. 의석수를 보면 기민연이 기사연과 함께 311석을 차지하였고, 사민당이 193석, 좌파당 64석, 녹색당이 63석이다.

좌파당, 녹색당, 자민당 등의 3당은 2009년에는 매우 높은 득표율을 기록하였으나, 2013년 선거에서는 좌파당 8.6%, 녹색당 8.5%로 하락하였다. 자민당은 4.8%라는 저조한 득표율로 원내진출도 하지 못하였고, 신생정당인 독일대안당은 2009년 총선에서 얻은 득표율 2.2%의 두 배에 달하는 4.7%라는 뛰어난 성과에도 불구하고 진입장벽 5%를 넘지 못하여 원내진출에 실패하였다. 이처럼 일부 소수 정당들이 원내진입을 하지 못하게 되면서 총투표의 16%에 달하는 많은 표가 사표로 되었다. 이 덕택에 기민연은 41.5%라는 득표율을 가지고도 거의 과반수에 육박하는 의석수를 확보하였다.

기민연의 지지자 흡인력을 보면 중도층과 기권층으로부터 많은 지지를 얻어내었을 뿐만 아니라 녹색당, 사민당, 좌파당 등의 지지자까지 끌어들였다. 2009년에 기권하였던 유권자 중에서 113만 명이 기민연에 투표하였고,

〈표 2〉 독일 총선 결과(2013년 선거)

	의석수	의석비율	득표율
기민/기사연	311석	49.3%	41.5%
사민당	193석	30.6%	25.7%
자민당	–	–	4.8%
좌파당	64석	10.1%	8.6%
녹색당	63석	10.0%	8.4%
기타	–	–	11.0%
합계	631석	100.0%	100.0%

출처: 독일연방통계청, 「2016 선거통계」(2016)

자민당 지지자 211만 명이 기민연으로 흡수되었고, 녹색당 지지자 42만 명
이 기민당에 투표하였다. 기민연은 모든 사회계층으로부터 고른 지지를 받
는 데 성공함으로써 국민정당의 위상을 확고히 하였는데, 연령별 지지도를
보면 60세 이상의 유권자로부터 49%의 지지를 얻었고, 30세 이하의 젊은
유권자로부터도 34%의 지지를 받았다. 성별 지지도를 보면 남성보다 여성
으로부터 더 많은 지지를 얻었는데, 여성의 44%, 남성의 39%의 지지를 받
았다. 이러한 현상은 진보성향의 녹색당과 유사한 특징이다. 사회계층별 지
지도를 보면 기민연은 사민당보다 노동자로부터 더 많은 지지를 받았다는
사실을 알 수 있다. 2009년에 처음으로 노동자로부터 가장 많은 지지를 받
는 정당이 된 이후, 2013년에는 지지율이 7% 증대되어 노동자 계층의 38%
가 기민연을 지지하였다(Jung 2013).

  2013년 선거에서도 기민연은 2009년 선거의 성공 전략을 계속 유지하였
다. 다만 2009년 선거 전략이 인물을 강조하는 중도화 전략이었다면, 2013
년 선거 전략은 타 정당이 강조하는 이슈를 적극 수용하는 중도화 전략이었
다. 그리하여 사민당의 이슈 중에서 기민연의 고정지지층도 반발하지 않을
경제기본권에 해당하는 최저임금제, 임대료 상한선, 모성연금 도입 등을 적
극적으로 수용하였다. 그리고 녹색당의 이슈 중에서는 국민 다수의 공감을
얻을 수 있는 초당적 이슈인 원전 폐쇄와 징병제 폐지를 수용하였다. 2011
년 일본 후쿠시마 원전사고 이후 녹색당은 국민의 지지를 확대하여 승승장
구하여 왔다. 그리하여 바덴-뷔템베르크 주선거에서 제1당이 되어 녹색당
최초의 주총리를 배출하였다. 기민연은 국민들이 우려하는 원자력 안전 문
제를 전향적으로 검토하여 녹색당의 원전 폐쇄 주장을 수용하였다. 이처럼
기민연은 야당의 주요 이슈 중에서 보수적인 지지층의 이탈을 초래하지 않
을 이슈를 수용함으로써 선거의제의 쟁점화 가능성을 최소화하였다. 이로써
여야 정당 간의 정책적 차이가 크게 줄어들었다.

  사민당은 이전 선거보다 공세적인 전략을 채택하였다. 그리하여 지역구
후보자의 500만 유권자 가구 방문 등 동원전략을 추진하였다. 그리고 선거
슬로건을 "We decide it"으로 정해서 국민 중심성과 민주성을 강조하였다.

즉 기민연이 메르켈 총리 1인을 강조한 것에 대응하여 국민을 강조함으로써 대비시켰다. 하지만 사민당의 총리 후보가 민주적 이미지와 부합되지 않았고, 슬로건이 이슈를 쟁점화하기에는 다소 추상적이고 원칙적이었다는 한계가 있었다.

소수 정당들의 정강정책을 보면 자민당은 감세와 건전재정이라는 단일이슈에 집중하였고, 녹색당은 선거 초반에는 사회정의를 강조하여, 고소득자 세금인상, 증여 및 양도세 인상 등을 주요 정책으로 내세웠다. 하지만 증세 정당이라는 공격을 받게 되자, 선거 후반에는 녹색당의 고유 이슈인 환경문제로 복귀하였다. 좌파정당은 사민당과 연정이 가능한 수권정당으로서의 위상을 확보하기 위해 최저임금, 기초연금, 나토 문제 등에서 과거보다 온건하고 타협적인 태도를 보였고, 동독 주민의 대변자를 자처하였다. 대안당 (AfD)은 원 이슈 전략을 택해 유로존의 해체를 정강정책으로 내세웠다.

〈그림 3〉은 2009년 총선과 2013년 총선을 비교할 경우 주요 정당의 정책 입장이 이념적으로 어느 방향으로 이동하였는지를 나타낸 것이다. x축은 경

〈그림 3〉 독일 주요 정당 정강정책의 이념적 입장 변화
(2009년 선거와 2013년 선거의 차이)

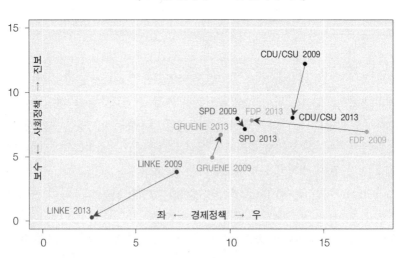

제이슈에 대한 좌우 이념적 스펙트럼이고, y축은 사회이슈에 대한 이념적 스펙트럼이다. wordscore 분석방법을 활용하여 두 차례의 총선에서 각 정당이 발표한 정강정책을 분석한 결과, 좌파당을 제외한 모든 정당들이 2009년에 비해 2013년에 정책적으로 서로 수렴하여 정강정책에서 미세한 입장 차이를 나타내고 있는 것을 알 수 있다. 좌파당만 유일하게 경제정책과 사회정책에서 다른 정당들의 입장과 더 벌어지는 원심적 경향을 보이고 있다. 이러한 결과는 중도화 전략이 양대 정당만이 아니라 독일의 거의 모든 정당이 채택하는 경향이라는 것을 말해주는 것이다(Blätter 2013).

3. 영국 보수당의 2010년 선거 승리와 중도화 전략

2010년 영국의 총선에서 보수당은 비록 과반수 의석을 얻지 못하여 자유민주당과 연립정부를 구성해야 했지만 13년 만에 노동당을 누르고 재집권에 성공하였다. 캐머런 후보는 선거운동 기간 내내 여론조사에서 노동당의 고든 브라운 총리를 앞서는 압도적이고 안정적인 우위를 보였다. 이러한 양상은 이전의 3차례 선거에서 보수당이 선거 내내 열세를 보이던 것과는 아주 다른 양상이었다. 〈표 3〉이 보여주는 것처럼 이 선거에서 보수당의 득표율은 비록 36.1%에 불과하였지만, 총 의석 649석의 47.1%에 달하는 306석을 얻을 수 있었다. 이것은 이전의 2005년 선거에 비해 득표율은 3.8% 증가하였지만, 의석수는 97석이 늘어난 괄목할 만한 성과이다. 이러한 현상은 양당에게 유리한 단순다수 대표제를 채택하고 있는 영국의 선거제도 때문이다. 따라서 제3당인 자유민주당의 경우에는 23%라는 높은 득표율에도 불구하고 57석을 얻어 의석비율이 8.8%에 불과한 역차별을 받았다.

노동당은 29%를 득표하여 1922년 이후 두 번째로 득표율이 30% 이하로 떨어지는 형편없는 성적표를 받았다. 최악의 선거였던 1983년보다 겨우 15만 표 더 얻었다. 노동당은 제3당인 자유민주당과 아주 근소한 우세를 보였다. 노동당의 패배는 노동자의 급격한 지지철회 때문이었다. 선거 이후 노

〈표 3〉 영국 총선 결과(2010년 선거)

	의석수	증감	의석비율	득표율
보수당	306석	+97석	47.1%	36.1%
노동당	258석	-91석	39.8%	29.0%
자유민주당	57석	-5석	8.8%	23.0%
기타	28석	-1석	4.3%	11.9%
합계	649석	0석	100.0%	100.0%

출처: BBC Election 2010

동당은 보수당이 노동의 영역을 잠식하여 노동자 계층의 지지를 빼앗아갔다고 해석하고, 정통성 회복의 필요성을 느끼고 사회정의와 혁신을 더욱 강조하기 시작하였다. 2015년 당내 급진좌파에 속하는 코빈(Jeremy Corbyn)이 노동당수가 된 것도 이러한 맥락에서 이해될 수 있을 것이다.

영국 보수당은 1997년부터 2010년까지 13년간 야당생활을 하면서 치열한 노선투쟁을 벌였다. 이러한 당내 투쟁은 주로 대처주의에 대한 찬반 여부를 둘러싸고 벌어졌다. 우파는 대처의 신자유주의적 이념을 계승하자고 주장하였고, 중도파는 대처의 신자유주의 이전에 보수당이 주창하였던 전통적 이념을 복원하고 유럽 대륙의 기독민주주의 이념을 수용하자고 하였다. 1997년 이후 세 번의 선거에서 연속 패배하는 과정에서 중도파의 스미스 당수는 우파의 하워드에 의해 축출되었고, 우파의 하워드 당수는 2005년 총선에서 패배한 뒤 중도파인 캐머런에게 당수직을 빼앗겼다(Heppell 2013).

보수당의 당수가 된 캐머런은 노동당의 승리 요인이 공공서비스의 강화 정책에 있다고 보고, 개인과 시장의 역할을 주로 강조해온 보수당의 태도를 혁신하여 시민사회의 역할도 함께 강조하는 새로운 보수주의 이론을 개발하였다. 이처럼 그는 당을 중도우파로 이동시키는 노력을 함으로써 2010년 총선에서 승리할 수 있는 계기를 마련하였다.

캐머런은 보수당이 경제성과뿐만 아니라 사회정의에도 관심을 가져야 한다고 보았다. 그리하여 당의 정책이 경제중심의 협소한 범주를 넘어서서 국민의 삶의 질을 높인다는 보다 포괄적인 목표 달성을 위해 노력할 것을 주창하였다. 이러한 맥락에서 국가는 빈곤을 퇴치하는 의무가 있으며 복지를 원하는 대중의 선호를 도외시해서는 안 된다고 보았다. 물론 그는 국가가 직접 사회 문제를 해결하여야 한다는 노동당과 달리 시민사회의 강화를 통해 해결한다는 "작은 정부 큰 사회(small government big society)"라는 개념을 대안으로 제시하였다. 이 개념은 개인이 존재할 뿐 사회는 존재하지 않는다는 대처주의의 개인중심적 이념을 극복하기 위해 개발한 것이었다.

작은 정부 큰 사회론은 보수당의 전통적 가치인 작은 정부는 지키면서, 공공서비스의 확충이라는 시대적 수요를 충족시키기 위하여 우체국, 도서관, 박물관, 교육, 주택 분야의 공급은 지역사회가 주도적으로 맡도록 한다는 것이다. 이 개념은 노동당이 강조하는 복지국가를 비판적으로 극복하려는 시도이다. 복지국가는 국민의 세금으로 공공서비스를 확충하고 저소득 서민들을 도우려고 하였으나 실패하였고, 결국 국가에 대한 의존, 관료주의, 가족의 해체, 시민의 자발적 사회참여의 퇴색 등과 같은 폐단을 가져왔다는 것이다. 따라서 캐머런은 복지국가에 의해 망가진 사회를 고치기 위해 큰 정부가 아닌 큰 사회론을 제시하면서 시민사회의 잠재력을 일깨우고, 중앙권력을 분산시켜 작은 정부를 복원하려고 했다. 그리하여 지역공동체의 능동적인 시민, 복지단체, 자원봉사조직, 사회적 기업 등이 사회적 빈곤을 해결하고 유용한 공공서비스를 제공하도록 하는 것이다. 여기서 국가의 역할은 시민사회가 사회 문제를 해결하는 데에 필요한 법과 재정적인 지원을 함으로써 그들의 역량을 강화하고 시민들이 사회적으로 바람직한 방향으로 행동하도록 자극하는 데에 있다는 것이다(홍석민 2014).

캐머런이 개발한 작은 정부와 큰 사회론은 정부는 국가재정의 감축을 지속적으로 책임지고, 개인과 사회단체는 참여와 자기책임성이라는 원칙하에 사회적으로 부족한 공공서비스의 제공을 담당한다는 것으로서, 국가와 시민사회 그리고 경제성장과 사회정의라는 이념적인 대립개념을 통합하여 국가와 시민사회가 함께 동반하고 책임을 분담한다는 통합적 개념이다. 그리하여 캐머런은 작은 정부를 지향하는 보수당의 기존 정체성을 지키면서 당의 이미지를 현대화하는 데에 성공하였고, 그 결과 당을 이념적으로 분열시키지 않고 우파를 포용하면서 재집권에 성공할 수 있었다(Straw 2010).

보수당의 선거 승리에는 이슈 확대도 중요한 요인으로 작용하였다. 캐머런은 중도와 부동층의 지지를 확보하기 위하여 진보적 이슈를 수용하여 보수의 메시지를 현대화하였다. 이미지의 현대화란 전통적인 이념을 완고하게 고집하지 않는다는 것을 뜻한다. 보수당의 딜레마는 전통적으로 강조해온 분권화, 가족중심, 치안강화, 친기업, 감세, 반이민, 유로회의주의 등을 고집할 것인가? 아니면 노동당의 전통가치인 사회적 자유주의를 일부 수용할 것인가?라는 것이었다. 캐머런은 전통적 가치를 고집하는 것을 이념적 자기도취라고 비판하고, 보수 메시지의 외연을 넓히고자 하였다. 그리하여 "삶의 질"을 선거의 핵심의제로 삼고 노동당이 강한 의료, 교육, 노동 등의 분야 중에서 삶의 질을 높이는 데에 도움이 되는 이슈로서 환경과 의료를 선택하여 적극 수용하였다(Green 2010).

환경 아젠다를 강조하는 차원에서 히드로 공항의 제3활주로 건설을 반대하는 등 노동당보다 더 적극적인 환경정책을 내세웠다. 그리고 과거 선거에서 내걸었던 "Vote Blue, Go Green"이라는 슬로건을 새로이 부활시켜 재활용하였고, 2005년에 교체한 보수당의 로고를 적극 활용하였다. 보수당의 과거 로고는 영국 국기의 색상인 빨간색과 파란색을 이용한 자유의 햇불이었다. 하지만 캐머런은 당수가 되면서 당내 비판을 무릅쓰고 파란 줄기에 녹색 잎의 떡갈나무로 바꾸었던 것이다. 새로운 로고는 강건, 지속, 혁신과 성장을 표현하였으며, 줄기의 청색은 보수당의 상징색이며, 잎의 녹색은 보수당의 지지층인 농촌지역 중산층을 염두에 두었다. 따라서 당의 나무로고가 환경보호와 직접적인 연관성은 없지만, 2010년 선거에서는 보수당이 환경에 관심이 있는 정당이라는 이미지를 부각시키는 데에 당 로고를 활용하였다.

의료 아젠다를 강조하는 차원에서 국가의료서비스(NHS: National Health

Service)의 개혁을 주장하였다. 캐머런은 영국이 오랫동안 보편적 의료복지 제도를 실행한 결과 재원의 고갈로 의료 기술과 서비스 수준이 낙후되었다고 보고 이 부문에 대한 투자 증대를 통해 의료의 수준을 높일 필요가 있다고 주장하였다. 그는 국민건강이 노동생산성을 높여 경제성장에 도움을 준다는 명분하에 국가예산을 줄이더라도 의료 예산은 늘리겠다는 정책을 내세움으로써 보수당의 이념에서 크게 벗어나지 않는 논리를 주장하는 동시에 보수당은 복지에 인색하다는 이미지를 개선할 수 있었다.

IV. 결론과 한국정치에 대한 함의

뚜렷한 좌우 이념적 대립에 기반한 정당 구도를 탄생시킨 유럽의 정치가 오늘날 그 속성에서 크게 바뀌고 있다. 무엇보다도 유권자들의 탈이념화 현상이 생겨나고, 다수 국민이 이념적으로 중도를 표방하고 있다. 보수에서 진보까지 0~10으로 설정한 이념 스펙트럼에서 유권자의 60%가 중간지대인 4, 5, 6이라는 중간값에 자신의 이념적 위치를 설정하고 있다. 이들 중도층은 성장과 분배를 모두 원하는 성향을 보이고 있다. 이러한 이념적 지형변화 때문에 선거의 승패가 갈수록 정당에 대한 귀속감이 없는 무당파에 의해 결정되고 있다. 과거 유럽에서의 선거가 고정지지층에 의해 결정되었다면, 이제 무당파의 역할이 중요해지고 있다. 고정지지층이 이념과 가치에 기반한 투표를 한다면, 무당파는 정치에 대하여 도구적이고 실용적인 시각을 가지고 있으며 이익에 기반한 투표를 한다.

독일의 경우 사민당은 1998년 총선에서 슈뢰더가 신중도 노선을 내걸고 승리하였지만, 그 이후 계속 좌경화하면서 선거에서 연패하고 있다. 2009년 총선에서는 녹색당보다 더 좌경화되었다. 반면에 기민연은 메르켈이 총리가된 2005년 총선 이후 지속적으로 중도화하여 연승을 거두고 있다. 영국의 경우에는 노동당의 블레어가 제3의 길을 내세운 중도화 전략으로 승리를 거두었다. 이 전략은 독일의 슈뢰더에게 영향을 주어 신중도 노선이 탄생하는 데 도움을 주었을 뿐만 아니라, 2010년 선거에서 보수당의 캐머런이 노동당의 장기집권을 종식시키는 중도화 전략을 개발하는 데에도 영향을 주었다.

독일과 영국의 보수정당들이 펼친 중도화 선거 전략이 성공한 배경 원인을 살펴보면, 고정지지층은 지키면서 중도층을 끌어오겠다는 원칙이 중요하게 작용하였다. 독일의 기민연은 사민당과 녹색당의 인기정책 중에서 자신의 고정지지층을 최대한 자극하지 않는 이슈를 골라서 수용하였다. 영국의 보수당 또한 노동당이 강하게 제기해온 이슈 중에서 보수이념에 배치되지 않으면서 국민적 관심사에 해당하는 이슈라면 주저하지 않고 수용하였다. 이처럼 유럽 보수정당은 중도화 전략을 취하면서도 자신의 정체성을 포기하지 않는 선에서 이미지 현대화에 성공하였다.

유럽 정당의 중도화 선거 전략이 정당의 선거승리에는 도움이 되지만, 과연 민주주의의 발전에 부정적인 영향을 끼치는 것은 아닌지 우려가 된다. 2009년 독일 총선 사례가 보여주는 바와 같이 중도화 선거 전략이 상대 정당의 정치적 이슈를 무력화시키고 그 결과 정당 간의 이슈 논쟁이 사라지면서, 쟁점 없는 선거가 이루어지는 부작용을 초래하기도 하였기 때문이다. 좌우이념에 기반한 정당정치가 대립과 비생산을 초래하는 부작용을 낳았다면, 탈이념적인 정당정치는 경쟁과 대안이 사라진 포스트 민주주의를 낳는 또 다른 부작용을 야기하는 것은 아닌지 주목해야 할 것이다.

그동안 우리나라의 정당들은 중도수렴 전략보다 고정지지층을 결집시키는 극단주의 전략 또는 차별화 전략을 주로 사용해왔다. 특히 이념성향이 강한 민주노동당이나 통합진보당과 같은 좌파정당들은 양극화된 차별화 전략을 생존전략으로 사용해왔다. 정보화와 세계화로 인해 전 세계적으로 사회갈등의 구조와 내용이 동일해지면서 한국 유권자들의 이념적 성향도 점차 중도 수렴이라는 세계적 패턴을 따라가는 반면에 정당은 보수와 진보로 양극화되어 왔다. 그러므로 한국정치에서의 이념갈등은 유권자들 간의 갈등이 아니라 정치엘리트 간의 갈등이며, 유권자의 이념적 분포는 중도가 강화되는 방향으로 변화하고 있음에도 불구하고 이것과 부합되지 않게 보수정당은 더 보수화되고, 진보정당은 더 진보 쪽으로 이동하는 정당의 양극화 현상이 생김으로써, 유권자들의 정당불신이 커지고 있다(채진원·장대홍 2015).

이러한 점에서 18대 대선에서 시도되었던 중도수렴 전략은 한국정치의 전환점이라고 할 수 있다. 안철수 현상에 의해 중도층과 무당파 등 부동층에 대한 정당의 관심이 높아졌으며, 그들의 흡수가 선거승패의 중요한 변수가 되었다. 그리하여 이정희 후보는 극단주의 전략을 추구하였지만, 박근혜와 문재인 후보는 중도수렴 전략을 추구하였다. 그리하여 새누리당은 경제민주화를 내세웠고 민주통합당은 경제활성화를 강조하였다. 선거 전략으로서 중도수렴이 이렇게 강력하게 추진된 적은 그때까지 없었다(채진원 2013).

안철수 현상은 기성 정당의 이념정치와 진영논리에 불신과 염증을 느낀 중도층 유권자들이 결집한 결과이며, 한국정치의 지각변동을 초래할 수 있는 중요한 계기로 인식되었다. 하지만 그러한 현상이 중장기적으로 성공하기 위해서는 중도층 유권자의 고정적인 지지를 얻을 수 있는 방향으로 이념과 정책을 개발하고 일관되게 실천하는 정당의 출현이 필요하다. 그리하여 양당체제가 충족시킬 수 없는 다양하고 새로운 요구를 충족시킬 수 있는 보다 다원적인 정당체계가 형성되어야 할 것이다.

【참고문헌】

독일연방통계청. 2016. 「2016 선거통계」.

류재성. 2014. "부동층은 누구인가? 2012년 총선 및 대선, 2014년 지방선거 비교분석."『평화연구』제22권 2호.

박원호·송정민. 2012. "정당은 유권자에게 얼마나 유의미한가?"『한국정치연구』제21집 2호.

소순창·현 근. 2006. "한국선거에서 나타난 무당파층과 정당정치."『한국정책과학학회보』제10권 2호.

채진원. 2013. "중도수렴전략에 중도와 무당파들은 어떻게 반응했나?"『동향과 전망』6호.

채진원·장대홍. 2015. "중도수렴과 중도수렴 거부 간의 투쟁─18대 대선과정과 결과."『동향과 전망』2권.

홍석민. 2014. "캐머런의 큰 사회론과 영국 보수주의 전통."『영국연구』제31호.

BBC Election 2010.

Blätter, Andreas. 2013. "In der Mitte wird es eng? Eine Wordscore Analyse der Wahlprogramme zur Bundestagswahl 2013." *Polittrend* (June 27).

Crouch, Colin. 2008. *Postdemokratie*. Bonn.

Dahrendorf, Ralf. 1994. *Der moderne soziale Konflikt*. München.

Downs, Anthony. 1957. *An Economic Theory of Democracy*. New York: Harper and Row.

Duverger, Maurice 1959. *Die politische Parteien*. Tübingen.

Green, Jane. 2010. "Strategic Recovery? The Conservatives Under David Cameron." *Parliamentary Affairs*, Vol.63, No.4.

Guggenberger, Bernd, and Klaus Hansen, eds. 1993. *Die Mitte. Vermessungen in Politik und Kultur*. Opladen Westdeutscher Verlag.

Heppell, Timothy, ed. 2013. *Changing Welfare States*. Oxford University.

Jung, Matthias. 2013. "Angela Merkels Sieg in der Mitte." *Aus Politik und Zeitge-schichte*, No.49-49.

Lenk, Kurt. 2009. "Vom Mythos der politischen Mitte." *Aus Politik und Zeitge-schichte*, No.38.

Mouffe, Chantal. 2007. *Über das Politische*. Frankfurt a. M.

Straw, Will. 2010. "What Kind of Renewal?" *Public Policy Research*, No.2.

von Alemann, Ulrich. 2010. *Das Parteiensystem der Bundesrepublik Deutschland.* Wiesbaden.

유럽 난민 갈등:
시리아 난민을 중심으로

김성진 | 덕성여자대학교

I. 서론

이 글의 목적은 '시리아 난민' 사태에 대한 분석을 통해 난민의 성격 변화를 분석하고, 이에 대한 EU 차원의 대응과 제도 변화를 분석하는 데 있다. 시리아 난민 사태는 2011년 3월 시리아 민주화과정에서의 무력충돌이 내전으로 발전하면서 대규모로 촉발되기 시작했다. 시리아 난민은 내전 이전에서 연간 2만여 명 정도의 수준으로 존재하였다. 그러나 내전 이후 국내 피난민(IDP: Internally Dispersed People) 약 660만 명, 그리고 국외 난민 약 480만 명으로 급증하였다. 시리아 난민은 2013년 이후 연간 1백만 명 이상 증가하고 있으며, 2014년 아프가니스탄 난민보다 많아져 세계 최대 규모를 기록하고 있다.[1]

---

1) Registered Syrian Refugees, in http://data.unhcr.org/syrianrefugees/regional.php#

시리아 난민의 문제는 상대적으로 규모가 작고 유럽 각국의 관심을 모았던 코소보 난민과 달리 발생 초기 난민들이 요르단, 이라크, 레바논 등으로 유입되면서 유럽의 관심 밖에 놓여 있었다. 이 시기 시리아 내전에 시리아 외의 외국 국적자들의 참전이 증가하면서, 유럽 각국의 관심은 시리아 내전에서 참전한 자국민들이 국제테러리즘과 종교적 극단주의자들과 연계되어 귀국함으로써 자국 내 테러위험이 증가할 수 있다는 전통적 안보차원에서 내전에 참여한 자국민의 추적과 이들에 대한 관리방안, 그리고 추가적인 참전 방지를 위한 방안 마련에 부심하고 있었다. 이러한 과정에서 지중해 난민의 증가와 육로를 경유하는 유럽행 난민이 증가하면서 EU 회원국들 사이에 시리아 난민 문제에 대한 이견과 갈등이 증폭되었다.

시리아 난민 문제는 다음과 같은 몇 가지 특징을 보여주고 있다. 첫째, 시리아 난민은 규모 면에서 이전의 난민 사태들과 차이를 보이고 있다. 시리아 난민 사태는 전체 인구의 약 50%에 달하는 인구가 국내외 난민의 상태에 있으며, 난민보호에 대한 정치적 결정이 필요한 수준으로 발전하고 있다. 둘째, 시리아 난민은 이주와 난민이 혼재되어 나타나는 '혼합이민(mixed migration)' 형태로 발전하였다. 이러한 현상은 '난민'에 대한 개념정의와 인식, 그리고 정책에 혼선을 야기하고 있으며, 유럽국가들 간의 갈등을 증폭시키는 요인이 되고 있다. 셋째, 대규모 '혼합이민'의 발생은 이동 및 접수과정에서의 인권 문제, 다수 난민이 유입된 데 따른 사회집단 간 갈등, 그리고 국경통제의 실패 가능성과 시리아 내전과 함께 확장된 이슬람 국가(ISIS: Islamic State in Iraq and Syria)나 알 카에다와 극단주의 단체 구성원의 난민 형태의 유입 가능성 등이 합쳐 나타나는 인간·사회·전통안보의 위기가 나타나고 있다. 넷째, 난민이 특정 국가에 집중되는 난민집중화 현상이 나타나면서 EU 내 합의되었던 절차가 훼손되거나 난민의 처음 도착지, 경과지, 그리고 목적지 국가들 사이의 갈등이 촉발되고 있다. 끝으로 대규모 난민 유입은 EU 회원국 내 국내정치, EU와 회원국들 간의 관계, EU 회원국

(검색일: 2016.2.21).

들 간의 관계, 그리고 EU와 역외국가들과의 관계에서 갈등을 야기하거나 심지어 난민보호 노력에 정치적 결정이 필요한 상황이 되면서 난민 문제의 정치화 현상이 가속화되고 있다.

그동안 난민에 대한 연구는 꾸준히 지속되어왔으며, 대체로 국제규범이나 제도에 대한 법적 측면에서의 분석과 평가나 개별국가의 난민 정책의 분석과 비교가 주류를 형성하고 있으며, 우리나라가 미얀마 난민의 일부 수용 등 난민 정책에 변화를 보임에 따라 이와 관련된 연구가 진행되었다. 특히 이 글의 주제와 연관이 있는 EU의 난민 정책이나 시리아 난민에 대한 연구는 많지 않다. 난민 연구 가운데 난민과 이주가 혼재해서 나타나는 혼합이주현상과 같은 새로운 현상에 주목한 경우나 난민 문제가 야기하는 안보 문제를 분석한 사례도 있으나,[2] 최근의 시리아 난민에 대한 연구사례는 그리 많지 않다.

무엇보다 시리아 난민은 '난민'의 영역에서 발생하고 있으나 그 성격상 난민, 비합법이주, 노동이주의 제반 성격이 모두 섞여서 나타나고 있으며, 이들을 보는 시각 역시 혼재되어 있다. 그러나 제도상 이들을 구분하는 것은 용이하지 않을 뿐만 아니라 '인권' 문제를 둘러싼 국내외 법·제도와의 충돌을 초래할 수 있고, 보다 본질적으로 난민 수용국 사회의 정치·사회적 가치에 대한 '합의'를 위협할 수 있다. 무엇보다 시리아 난민 문제는 난민이 주로 유입되는 유럽이 정작 시리아 내전과 같은 난민 문제를 촉발하는 지역의 '국내 문제'를 안정시킬 수 있는 영향력이 제한되어 있어 지속적인 도전을 야기할 것이라는 점에서 세계적인 난민 양상에 변화를 초래할 것으로 보인다. 이러한 변화는 시리아 내전과 유사한 무력분쟁은 물론, 대규모 환경·자연 재해나 질병의 창궐 시에도 재현될 수 있으며, 난민양상의 변화와 그

2) 신지원, "'이주-비호의 연계성' 담론과 난민보호 위기에 관한 정책적 고찰,"『민주주의와 인권』제15권 3호(2015), pp.417-457; 이진영·정호원, "유럽연합 이주협력에 있어서의 새로운 흐름 연구,"『유럽연구』제32권 3호(2014년 가을), pp.181-200; 송영훈, "테러리즘과 난민문제의 안보화: 케냐의 난민정책을 중심으로,"『국제정치논총』제54권 1호(2014), pp.195-230.

의미에 대한 분석 필요성이 증대되고 있다.

본 연구에서는 시리아 난민의 발생과 성격, EU 난민 정책과 제도의 발전, 그리고 이러한 제도하에서 시리아 난민 문제를 둘러싼 회원국들의 갈등을 분석하고, 향후 EU 난민 정책과 제도의 변화를 분석해보고자 한다. 그리고 끝으로 약 350만 명의 난민이 존재하고 있는 아시아 난민 문제와 우리나라 난민 정책에 대한 시사점을 찾아보고자 한다.

II. '혼합이주'와 갈등

1. 이주 유형의 혼재와 가치 갈등

이주는 다양한 형태의 인간의 이동을 포함하고 있으며, 그 개념도 다양하게 정의되고 있다. 또한 다양하게 정의되는 이주의 형태에 따라 강조되는 가치와 이러한 가치를 보호하기 위한 제도와 정책들이 적용되어왔다.

이주는 공간과 시간을 매개로 정의되고 있으며, 공간의 측면에서는 "한 지역에서 다른 지역으로의 인간의 이동"을 의미한다. 공간은 출발지와 도착지의 두 곳을 포함하는 개념이며, 출발지와 도착지의 다른 제도는 이주에 대한 통계 축적이나 통제 자체에 어려움을 초래하기도 한다. 이주에서 중요한 또 다른 변수는 시간이며, 공간보다 복잡한 문제를 야기한다. 특히 주요 거주지를 변경하지 않는 단기 이동의 경우 이주에서 제외되며, 국제이주의 경우 3개월 미만은 단순 방문으로 처리하고, 3개월부터 1년을 단기 이주, 그리고 1년 이상의 체류를 장기 이주로 분류하기도 한다.[3] 이주 관련 시간

---

3) Michel Poulain and Nicolas Perrin, "Is the International Migration Flows Improving in Europe," *EUROSTAT Working Paper*, No.12(May 2001), p.3.

변수에서 중요한 점은 체류허가 기간과 체류의도 기간 사이에 괴리가 발생할 수 있다는 점이며, 이러한 차이 역시 이주자 통계에 어려움을 야기하고 있다.

이주와 관련된 또 다른 정의는 공간을 지리 공간과 함께 문화적 공간으로 파악하려는 시도이다. 이는 이주를 '사회적 이동'에 초점을 맞추어 정의하는 것으로 "개인이나 집단이 하나의 사회에서 다른 사회로 물리적으로 이행(transition)하는 것"으로 정의하고 있다.[4] 이러한 접근은 이주의 문화적 측면을 강조하는 것으로 이주를 "아이디어와 정보 확산 네트워크이며, 사회·경제적 변화의 증후를 보여주고, 경제·사회·환경 문제에 대한 인간의 적응"으로 인식하는 데에서 비롯되고 있다.[5] 이주자를 출생국과 현재 거주국이 다른 경우로 정의할 경우, 사람의 이동이 아닌 국경의 이동으로 사람의 이동 없이 이주자가 발생할 수 있다. 이런 경우를 '통계이주'로 정의하는데 이와 유사하게 문화적 이주에서도 주류사회 내 유입된 이주 사회에 둘러싸인 주류사회의 문화적 집단이나 개인이 나타날 수 있으며, 이 경우 '문화적 통계이주'도 논리적으로 가능할 수 있다.

보다 세부적으로 이주는 지리적 경계를 기분으로 국제이주와 국내이주로, 제도적 경계를 기준으로 합법과 '비합법' 이주로, 시간경과를 기준으로 장단기 이주로, 그리고 목적에 따라 거주와 순환이주, 경제이주와 비경제이주, 그리고 행위자의 동기에 따라 자발적 이주와 강제이주(forced migration) 등으로 구분할 수 있다. 이들 다양한 형태의 이주는 유출국과 유입국의 사회적 가치와 필요에 대한 인식, 그리고 이주의 배경과 목적에 따라 강조되는 점이 다소 다르며, 일정 부분 서로 다른 제도와 절차가 적용되기도 한다.

무엇보다 국제이주에서 두 공간, 즉 출발지와 도착지는 국제적으로 권리의 문제에서 차이를 보여주고 있다. 예를 들어 1948년 인권선언(Universal

---

4) S. N. Eisenstadt, *Analysis of Patterns of Migration and Absorption of Immigrants* (London: London School of Economics, 1953), pp.167-180 참조.

5) G. J. Demko, H. M. Ross and G. A. Schnell, *Population Geography: A Reader* (New York: McGraw-Hill Book Company, 1970), pp.286-287.

Declaration of Human Right) 2항은 개인은 누구나 자신의 국가를 포함해 어떤 국가에서도 출국할 권리가 있다고 선언하고 있으나, 입국에 대해서는 이러한 권한이 보장되고 있지 않다. 따라서 도착지는 일반적으로 입국자의 체류 권리를 통제할 수 있는 것으로 여겨지고 있다.[6]

입국자를 통제할 수 있는 주권국가의 권리는 자국의 필요와 입국자의 자격과 목적에 따라 다소 상이한 절차를 적용해 체류기간을 허용하게 된다. 특히 인구이동에 대한 통제는 영구이주가 아니더라도 기본적으로 전통적인 안보영역에 속하는 것이라고 할 수 있다. 영구거주의 경우 캐나다와 같이 연령과 학력, 직종과 기술, 자본 등을 점수제로 평가해 일정 기준 이상을 충족한 사람들에게 국적을 허용하거나, 미국의 경우와 같이 문화적 다양성 유지를 이유로 일정 비율의 영구이주자를 추첨방식으로 선정하기도 한다. 영구이주는 결혼, 가족 재결합, 귀환이주 형태로도 진행되며 자격에 대한 심사와 통제가 주안점이라고 할 수 있다.

영구이주 이외의 순환형 노동이주는 대체로 접수국 사회의 필요를 반영해 정해지며, 주로 경제적 수요를 고려한 인구 유입을 목표로 한다. 이러한 형태의 이주 노동자 유입은 경제적 필요가 우선적으로 고려된다. 인구감소와 노동력 부족에 따른 대체이주나 숙련공 수요를 고려한 그린카드 방식의 노동이주, 그리고 워킹 홀리데이와 같은 단기순환형 노동이주 등은 경제적 고려를 우선시한 이주 형태라고 할 수 있다.

노동이주가 필요와 경제적 가치에 기초한 이주형태라면 난민과 정치적 망명과 같은 이동은 본질적으로 인권이 강조되는 이주유형이라고 할 수 있다. 난민은 정치적 차별과 박해, 종교나 신념에 대한 사회적 박해, 전쟁 혹은 내전, 자연·환경 위기, 빈곤 등 다양한 이유에서 자국의 보호를 받기를 원하지 않거나 이전의 상주국으로 돌아가기를 희망하지 않거나 돌아갈 수 없는 사람을 지칭한다. 이와 관련해 1951년 난민협약은 난민을 "국적국이나 일상적 거주국 밖에 있으며, 인종, 종교, 민족성, 특정사회집단이나 정치적

---

6) Poulain & Perrin(2001), p.2.

견해로 인해 박해를 받을 위험이 있다는 충분히 근거 있는 공포가 있어야 하고, 박해의 우려로 해당국의 보호를 받을 수 없거나 받을 의사가 없거나, 돌아갈 수 없거나 돌아갈 의사가 없는 자"라고 규정하고 있다.[7]

난민은 대체로 발생 원인에 따라 정치적 난민, 경제적 난민, 전쟁 난민, 그리고 인도적 난민으로 구분되며,[8] 이 가운데 순수 경제목적의 이주나 일시적 천재지변에 의한 난민은 그 권리가 제한되고 있다. 그럼에도 불구하고 난민의 경우 난민의 인권보호가 우선적 가치로 다루어지고 있으며, 1951년 난민협약과 1967년 난민의정서 등 국제협약은 국가의 난민보호 의무를 부과하고 있다. 이런 점에서 난민은 원칙적으로 영구이주나 경제이주와는 기본적으로 다른 성격을 가지고 있다.

이에 따라 각각의 영역에서 강조되는 가치, 즉 주권과 통제, 경제적 필요, 그리고 인권은 어느 한 영역을 강조할 경우 상충될 가능성이 있으며, 각각의 영역이 혼재되어 나타날 경우 이러한 가능성은 더욱 높아진다. 즉 통제에 대한 강조는 경제적 필요와 인권 문제와 충돌할 수 있으며, 경제적 필요에 대한 강조는 통제력 저하와 인권 문제를 야기할 수 있다. 또한 인권에 대한 강조는 국가의 통제력 약화와 경제적 측면을 간과하는 결과를 초래할 수 있다.

2. 제도지체

경제이주와 난민의 성격이 혼재된 대규모 이주의 발생은 영역별 주요 가

---

7) 1951년 난민협약 제1A(2)항. 평화에 대한 범죄, 전쟁범죄, 인도적 범죄, 보호신청국 외에서의 심각한 비정치적 범죄를 범한 사람, 혹은 UN의 원칙과 목적에 반하는 행동으로 유죄판결을 받은 사람은 이 규정에서 예외이다. UNHCR, *The 1951 Convention and Its 1967 Protocol: Relating to the Status of Refugee*, p.3, in http://www.unhcr.org/4ec262df9.html(검색일: 2016.2.1).

8) 고기복, "EU국가의 난민인정제도: 영국, 프랑스, 독일을 중심으로," 『한·독사회과학논총』 제17권 1호(2007), pp.37-69.

치 간의 충돌을 야기할 수 있으며, 이러한 현상은 개별적 이주 양상에 초점
을 맞추고 있는 출입국 관리 및 난민 제도와 절차의 한계를 노정할 수 있다.
무엇보다 경제이주는 필요와 선별·통제에 기초하고 있으나, 난민은 인권에
기초하고 있다. 문제는 난민과 망명의 절차는 그 요건이 충족되면 국가의
통제를 보호로 전환시킬 수 있는 경로가 될 수 있지만 그 절차와 성격이
대규모 난민신청의 처리에 취약하다는 한계가 있다.

이러한 문제는 1989년 11월 베를린 장벽의 붕괴와 1991년 3월 유고슬라
비아전쟁과 12월 소련 해체 이후 대량으로 보호신청이 이루어지는 과정에
서도 잘 나타나고 있다. 이 시기 '보호희망자'가 쇄도한 독일은 1993년 이후
입국희망자의 입국제한, 책임 분담, 조기 송환 등을 위한 제도를 재정비하였
으며, 유럽공동체(EC) 회원국들도 1992년 12월 회원국 출입국관리 및 이민
담당 각료회의의 의결을 기초로 유사한 제한조치를 도입하였다.9) 그러나
이러한 조치들은 보호희망자들이 밀입국 알선업자들을 통해 비정규 경로를
통해 유럽에 유입되는 결과를 초래하였다. 이러한 현상에 따라 유럽은 비합
법적 이주와 난민이 혼합된 유입에 대해 '불도착' 정책, '침로변경', 난민의
협의 정의, 그리고 '권리제한' 정책이 실시되었다.

첫째 '불도착' 정책은 정상적인 문서를 소지하지 않은 여행자의 유럽 입국
을 제한하는 것이며, 이 범위에는 잠재적 보호대상자도 포함되었다.10) 둘
째, '침로변경'은 국경에 도착한 잠재난민에 대해 다른 유럽 내 국가로 이동
하게 하는 것이다. 이는 잠재도착국이 경로국가화 함으로써 책임을 다른 국
가에 전가하는 것이다.11) 셋째, 난민의 협의 정의는 1951년 난민협약의 규
정을 우선 적용함으로써 '국가'에 의한 박해가 아닌 경우를 난민에서 제외하
고자 하였다. 끝으로 보호희망자에 대한 구금과 가족 재결합권리의 제한 등

---

9) 고기복(2007), p.44.
10) 이러한 조치는 후에 영국의 경우 입국 전에 망명신청용 비자를 발급받도록 하는 제도
로까지 발전하였다.
11) 이러한 조치는 '안전한 국가' 리스트 작성과 불법이주자의 재입국 협정을 통해 이주자
가 통과한 '안전한 국가'로의 송환 조치가 도입되었다.

을 가해 난민의 권리를 제약함으로써 난민 지위의 상대적 가치를 약화시키고자 하였다.[12]

사실 이러한 조치들은 이미 밀입국 알선조직 등을 통해 대규모 입국이 이루어지고 있는 상황에서 국가중심의 통제에 초점을 맞추고 있다는 점에서 여전히 경제이주와 혼합된 대규모 난민 발생 가능성과 이주와 난민 관리제도 사이에 괴리가 나타나게 되었다.

III. 시리아 난민의 발생

1. 시리아 난민 발생의 배경

시리아 난민은 2011년 3월부터 야기된 시리아 민주화과정에서의 반정부 시위와 정부군의 무력진압이 내전으로 격화되면서 2011년 4월부터 난민이 발생되었다. 시리아 내전은 '아랍의 봄'의 연결선상에서 진행되었으나 미국과 러시아·중국의 이해관계가 엇갈리고 반정부 세력에 알 카에다(al-Qaeda) 연계 테러단체가 개입하면서 정부군과 반군, 그리고 반군 내 이슬람 극렬주의자들의 3파전 양상으로 전개되었다.

시리아 사태가 내전으로 확대되면서 2011년 9월 EU는 독자적으로 시리아 원유 금수조치를 취했으며, 11월 아랍연맹도 시리아의 회원국 자격을 정지시키고 대시리아 경제재재를 결정하였다. UN은 2012년 2월 아사드 시리아 대통령의 하야 결의안을 의결하였으나 안보리를 통한 압력은 러시아와 중국의 거부권 행사로 무산되었다. 시리아 사태는 2012년 4월 유엔 평화협정을 앞두고 격화되었으며 수도인 다마스커스와 경제 중심지인 북부 알레포

---

12) 보다 자세한 내용에 대해서는 고기복(2007), pp.45-46 참조.

를 둘러싸고 2012년 12월까지 대규모 공습과 포격전이 진행되었다.

2013년 1월 아사드 정부는 대통령직 유지를 조건으로 반군과 대화를 시도하였으나 거부되었으며, 2월 미국의 반군에 대한 비군사 원조 약속, 4월 정부군의 화학무기 사용에 대한 비난과 조사 등이 진행되었다. 이어 EU는 2013년 5월 시리아 반군에 대한 무기 금수조치를 해제하였으며, 6월에는 반군과 헤즈볼라 간의 교전이 격화되기 시작하였다. 2013년 7월에는 이미 시리아 난민이 르완다 사태 이후 가장 큰 규모로 발생할 것이라는 우려가 확산되기 시작하였으며, 이미 2013년 10월 터키는 시리아 난민에 대한 태도를 바꾸어 시리아와의 국경에 장벽을 설치하기 시작하였다.

시리아 내전은 이라크전의 과정에서 성장한 알 카에다의 알바그다디(Abu Bakr al-Baghdadi)가 2013년 3월 시리아의 라카(Raqqa)시를 점령하면서 새로운 양상으로 발전하게 되었다. 이들은 2013년 4월 알 카에다에서 분리와 ISIS를 선언하고 6월 모술(Mosul)을 장악하였다.[13] ISIS의 성장은 서방에 새로운 위협으로 부상되었으며, 2014년 1월부터는 서방과 반군 이슬람 세력은 ISIS에 대한 공세를 시작함으로써 반군 간의 전투가 더해지게 되었다. 2014년 6월 대통령선거가 진행되면서 미국은 ISIS 공세에 맞서 폭격을 시작하였다. ISIS의 세력 확장은 새로운 대규모 난민을 유발하게 되었다.

시리아 내전은 2015년 초 시리아 정부군에 대응하는 요르단, 터키, 사우디아라비아, 그리고 카타르 사이의 협력이 강화되면서 정부군과 반군의 교전이 격화되고, 2015년 9월 시리아 정부의 공식 요청으로 러시아 공군이 반정부군에 대한 폭격을 시작하면서 보다 복잡한 양상으로 발전하였다. 시리아 내전은 2015년 11월 프랑스 항모의 ISIS에 대한 폭격 작전 시작, 터키 공군의 러시아 전투기 격추 등으로 개입국가 간의 갈등이 고조되었다. 시리아 내전은 2016년 2월 제네바 평화회담을 통해 미국과 러시아가 이후 2월

---

13) ISIS는 모술의 장악으로 현금과 자산 규모가 이전의 9억 달러 수준에서 20억 달러 수준으로 증가한 것으로 평가되고 있다. "Syria Iraq: The Islamic State Militant Group," BBC News: Middle East, 2 August 2014, in http://www.bbc.com/news/world-middle-east-24179084(검색일: 2016.2.22).

27일부터 시리아 휴전에 합의함으로써 대규모 군사적 충돌 가능성은 줄어들고 있다. 그러나 동 휴전협정은 ISIS와 알 카에다 시리아 지부에 대한 공격은 예외로 하고 있어, 내전 성격에 변화가 나타날 것으로 보인다.

2. 시리아 난민의 성격

시리아 사태는 약 47만 명의 사망자와 190만 명의 부상자, 660만 명의 국내 난민(IDP: Internally Displaced People), 해외 난민 470만 명 등을 기록했으며, 이는 2012년 약 2,250만 명 인구의 60.8%에 해당하는 규모이다. 시리아 난민은 2011년 말 1,040만 명 수준에서 2012년 1,050만 명, 2013년 1,170만 명, 그리고 2014년 1,440만 명, 그리고 2015년 중반 1,510만 명으로 급증하였다. 이러한 증가는 대부분 시리아 난민에서 기인하고 있다. 시리아에서 발생한 난민은 2010년 약 2만 명 수준이었으나 내전의 발발과 함께 2011년 말부터 급속히 증가하기 시작해 2014년 중반 아프가니스탄(난민 약 260만 명)을 제치고 세계 1위 난민 유출국이 되었다.[14] 시리아 난민의 규모는 2013년 3월 말 1백만 명, 9월 말 2백만 명, 2014년 8월 3백만 명, 그리고 2015년 7월 4백만 명을 기록했으며, 2016년 2월 15일 현재 472만 명으로 기록되고 있다.[15]

시리아 난민의 증가는 2013년 3~4월에는 월평균 20만 명, 5~11월에는 10~15만 명 수준으로 증가되었다. 2014년 4월 11만 명을 기록한 이후 한동안 월평균 10만 명 이내를 기록하던 시리아 난민은 2014년 12월 51만 명으로 급증했으며, 2015년 3월 20만 명, 그리고 2015년 10월부터 10만~

---

14) UNHCR, *UNHCR Mid-Year Trends 2015*, p.4, in http://www.unhcr.org/56701 b969.html(검색일: 2016.2.1). 이러한 수치는 동시기 아프리카 전체에서 발생한 난민(362만 명)보다 큰 규모이다. Ibid., p.6.

15) Syria Regional Refugee Response, in http://data.unhcr.org/syrianrefugees/regio nal.php#(검색일: 2016.2.21).

〈그림 1〉 시리아 난민의 규모

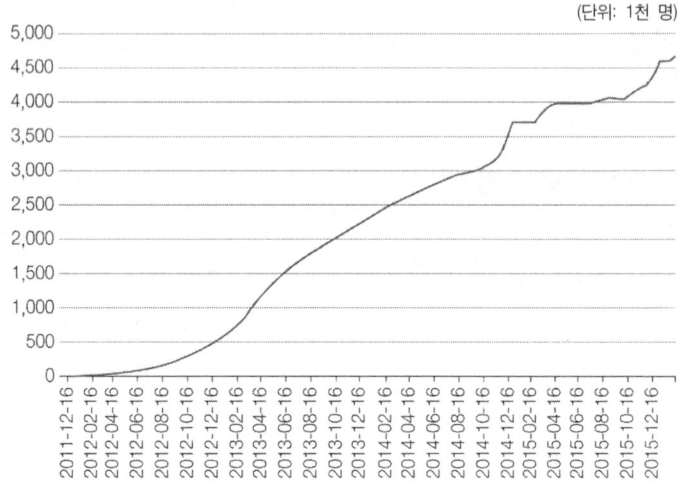

(단위: 1천 명)

자료: Registered Syrian Refugees, in http://data.unhcr.org/syrianrefugees/regional.php#(검색일: 2016.2.21)에 기초해 작성

30만 명 수준으로 증가했다. 시리아 난민의 증가는 시리아 내전이 가지고 있는 특징들과 맞물리면서 난민 문제에 있어서도 이전과 다른 양상을 보여주고 있다. 무엇보다 시리아 사태는 이라크 사태와 또 다르게 유엔 안보리에서 시리아 정부에 대해 이견이 노정되고 있다. 이 문제는 아사드 정권의 몰락 이후 종교적 극단주의자들에 의한 정부수립 위험이 경고되었을 뿐만 아니라, 국제질서 재편과정에 대한 미국과 러시아 간의 갈등이 사태의 빠른 해결에 장애가 되었다. 이러한 과정은 ISIS의 성장과 함께 정부군과 반군, 반군과 반군, 그리고 러시아, 프랑스, 아랍 국가들의 직간접적인 무력 개입이 이루어지면서 2016년 2월 제네바 휴전협정 합의에도 불구하고 그 전망이 불투명한 상황이다.

이러한 상황에서 시리아 난민 사태는 이주의 변화에서 나타나는 특징이 유사하게 발견되고 있다. 대체로 이주에서는 이주 관련 국가들의 증가(세계화, globalization), 이주 관련 인구의 증가(가속화, acceleration), 이주 범주의 분화(다양화, differentiation), 이주여성의 증가(여성화, feminization), 국내정치와 쌍무/다자협정 영향의 증가(정치화, politicization), 그리고 이 주민 유출국의 유입국화(전환, transition)가 진행되고 있는 것으로 연구되고 있다.16)

난민의 경우 노동이주와 다른 논리를 가지고 있기는 하지만 세계화 현상, 난민/이주 네트워크 발전에 따른 난민의 가속화와 '난민' 범주의 다양화, 여성과 아동비율의 증가, 난민보호와 역내 자유이동을 강조하는 EU 및 국제규범과 주권통제 간의 갈등 심화와 같은 정치 문제화, 그리고 난민 유출입 국가의 전환에 따른 대책마련의 한계 등이 유사하게 나타나고 있다. 이 가운데 무엇보다 중요한 특징은 난민/이주 네트워크의 작동에 따른 가속화와 난민 범주의 다양화, 그리고 이에 따른 정치적 도전의 발생이라고 할 수 있다.

첫째, 시리아 난민은 유입과 통제를 거치면서 인접국에서 유럽으로 이르는 다양한 경로를 통해 유입되고 있다. 시리아 난민은 내전 초기 인접국으로 유입되었다. 시리아 난민은 UNHCR은 이미 2012년 말 요르단, 이라크, 레바논, 터키, 이집트의 시리아 난민이 50만 명을 넘을 것으로 전망하고 국제지원을 호소하였다. 2011년 11월 시리아 난민을 '손님'이라고 표현했던 터키는 2013년 10월 반군과 쿠르드족의 갈등이 빈번한 누사이빈(Nusaybin) 지역에 장벽을 설치하기로 했으며, 2014년 10월 요르단은 미국과의 군사작전의 참여와 함께 시리아 난민의 유입을 차단하기 시작했다. 시리아 난민의 지속적 증가와 인접국 수용능력이 한계에 도달함에 따라17) UNHCR은 2013년 10월 난민 재정착에 대한 기회 확대를 호소하였으며, 2013년 9월 독일의 시리아 난민 5천 명 수용의사 천 명(2년간 체류 가능), 2013년 9월 스웨덴의 임시체류허가 기취득자와 그 가족에 대한 영주권 부여 방침 발표, 2014

---

16) Sarah Spence, *The Migration Debate* (Bristol: The Policy Press, 2011), p.7.

17) 시리아 난민 유입규모는 터키 180만 명, 레바논 120만 명, 요르단 약 63만 명, 이라크 25만 명, 그리고 이집트 13만 명에 달하고 있다. UNHCR, *UNHCR Mid-Year Trends 2015*, p.4, in http://www.unhcr.org/56701b969.html(검색일: 2016.2.1).

년 1월 영국의 시리아 난민 수용의사 발표 등의 변화가 나타나게 되었다. 그러나 난민이 증가하면서 오스트리아, 마케도니아, 헝가리 등이 난민 유입을 통제하기 시작하고, 프랑스가 깔레(Calais)의 난민정착촌을 해체하기로 함에 따라 인접 벨기에도 이들의 유입을 우려해 국경통제를 강화하였다. 유럽국경의 통제가 강화되면서 시리아 난민의 알바니아 루트가 개척되고, 지중해 서남단에서 스페인으로 유입되는 사례가 증가하고 있다.18)

둘째, 이러한 과정에서 지중해 난민 사태는 '난민'의 생명을 담보로 하는 긴급한 인권 문제를 야기하고 있으며 이주/난민 네트워크의 영향을 보여주고 있다. 지중해 난민의 발생에는 불법적인 이주/난민 네트워크가 개입하고 있는 것으로 밝혀지고 있으며, '난민'과 이주의 영역을 결합해 난민의 인도적 긴급성과 경제이주를 결합하는 효과를 낳고 있다. 지중해 난민은 주로 리비아와 시리아를 출발지로 하며, 주로 이탈리아, 그리스, 말타를 도착지로 하고 있다.19) 지중해 난민은 2015년 총 1,015,078명(그리스 856,723명, 이탈리아 153,842명, 스페인 3,845명, 말타 106명 등)으로 집계되었으며, 3,771명이 사망하였다. 해상난민은 2016년 2월 중순까지 80,754명, 사망자 403명에 달하고 있다.20) 지중해 난민은 시리아는 물론 리비아 내전(2011. 2~10) 이후 지방무장세력과 부족들 간의 분쟁으로 국경통제력이 약화되면서 불법조직에 의해 송출되는 양상도 나타나고 있으며, 사례별로 차이가 있지만 지중해 난민은 1인당 3천 달러의 경비를 지불하는 것으로 알려지고

18) "Syrian Refugees Heading to Europe via the Spanish Enclave in Morocco," BBC News, 18 January 2016, in http://www.bbc.com/news/world-europe-35339883 (검색일: 2016.2.20).

19) 북아프리카에서 시실리 섬까지의 거리는 약 3백 마일이며, 행해 소요기간은 2~3일 정도이다. 또한 트리폴리 북서부에서 이탈리아 람페두사(Lampedusa) 섬까지는 184마일, 말타(Malta)까지는 222마일이며, 튜니스(Tunis)에서 트라파니(Trapani)까지는 96마일에 불과하다.

20) "Migrant Crisis: EU Reassures Greece over Schengen Zone," BBC News, 16 February 2016, in http://www.bbc.com/news/world-europe-35587748(검색일: 2016.2.22).

있다.21)

특히 유럽으로 유입되는 시리아 난민 가운데는 아프가니스탄, 이라크, 리비아 등지의 난민은 물론, 국적을 구분할 수 없는 경우도 발생하고 있다. 이러한 난민 범주의 다양화는 난민 전체에 적용될 수 없는 '편견'이 될 수 있으나, 경제이주가 목적인 '난민'이 증가될 경우 경제이주보다 용이한 난민제도를 활용하려는 제도회피 현상이 조직적으로 나타나고 있음을 보여주고 있다.

셋째, 시리아 난민은 ISIS의 영향력 확대와 함께 새로운 정치적 문제, 특히 안보 문제를 야기하고 있다.22) 대규모 난민 유입은 인간안보 차원에서 인권 문제에 심각한 도전을 제기해왔다. 대규모 시리아 난민은 사회적 갈등 가능성을 보여주고 있다. 이러한 가능성은 이주증가에 따른 우파정당의 지지율 증가는 물론, 독일과 러시아에서 보도된 중동난민의 현지 여성 성추행 사건 등은 난민 반대시위와 같은 사회안보(societal security) 위협을 야기하고 있다.23) 독일의 경우 난민 거주지에 대한 공격이 2014년 199회에서 2015년 1,005회로 증가하였으며, 2016년 1월에는 난민들이 체류하던 호스텔에서 불발된 수류탄이 발견되기도 하였다.24)

시리아 난민 문제의 보다 심각한 변화는 정치적 성격이 강화되고 있다는 점이다. 인구 이동에 대한 국경통제는 전통적으로 주권영역에 속하는 문제이지만 난민은 인권보호라는 보편가치를 통해 주권국가의 책임과 의무를 부

21) http://www.huffingtonpost.com/joseph-v-micallef/the-mediterranean-refugee_b_7083198.html(검색일: 2016.1.29).

22) 냉전기와 탈냉전기 난민 이미지의 변화에 대해서는 송영훈, "테러리즘과 난민문제의 안보화: 케냐의 난민정책을 중심으로," 『국제정치논총』 제54권 1호(2014), pp.195-230 참조.

23) 독일 쾰른의 송년 축제에서 100여 명의 여성이 중동인들로부터 성추행을 당하는 사건이 벌어졌으며, 새로운 형태의 '범죄'로 인식되었다. 이 사건은 독일은 물론 유럽 전반에서 반난민 정서를 확산시켰다.

24) "Migrant crisis: Grenade thrown at asylum hostel in Germany," BBC News, 29 January 2016, in http://www.bbc.com/news/world-europe-35437873(검색일: 2016.2.20).

과하는 문제이다. 그러나 ISIS의 등장과 새로운 테러 위협은 난민과 난민 유입국 시민의 인권이 충돌할 수 있는 상황을 야기하였으며, 테러리즘의 유럽 내 유입가능성이 높아지고 있다. 유럽국가들은 난민뿐만 아니라 시리아 내전에 참전한 자국 시민들이 종교적 극렬주의 혹은 국제테러리즘과의 연계 속에서 귀국해 국내에 안보 문제가 야기되는 상황을 우려해왔다.25) 예를 들어 영국은 이미 2014년 1월 시리아 반군을 지원하기 위해 시리아를 방문하는 영국인은 체포될 수 있다고 경고하고 있으며,26) 유럽 차원에서도 터키 등과 정보교환을 추진하는 등 이들의 유입을 경계하고 있다. 2015년 11월 130명의 사상자를 낸 동시다발적인 파리 테러는 이러한 우려를 뒷받침하고 있으며, 난민을 가장한 지하디스트의 유입과 자국민 종교적 극렬주의자의 연계 위험이 커지고 있다.27)

IV. 난민 '위기'에 대한 대응

EU 내에서 난민은 여전히 인권 문제에 초점이 맞추어져 있다. 난민은 자격에 대한 심사를 거쳐 일정 기간 거주에 대한 허가와 권리를 보호해야 하는 국제적인 의무이다. 그러나 이와 동시에 난민 부적격자의 경우 '퇴거'가 허용되고 있다. 그러나 단기간에 다수의 난민이 유입될 경우 심사의 지연과 심사과정에서의 이탈 등 실질적인 심사가 어려워 심사기간 및 이후 난민의

---

25) 유로폴(Europol)은 시리아 내전에 참전 후 귀국한 유럽인이 약 5천 명에 달하는 것으로 추산하고 있다. *Independent*, 20 February 2016.

26) "British Police Say Volunteers Going to Syria War Will Face Arrest," Reuters, 26 January 2014, in https://uk.news.yahoo.com/british-police-volunteers-going-syria-war-face-arrest-170418242.html(검색일: 2016.1.19).

27) "Paris Attacks: Key Questions After Abaaoud Killed," BBC News, 24 November 2015, in http://www.bbc.com/news/world-europe-34866144(검색일: 2016.1.19).

인권상황을 야기할 수 있다. 특히 대량난민이 발생할 경우 심사 후 이들의 송환 문제 역시 인권 문제에 봉착할 수 있다. 더욱이 난민이 경제이주의 성격을 내포하게 됨에 따라 난민과 경제이주제도가 충돌하는 양상을 보여주고 있다.

1. EU 차원의 대응

유럽의 난민 정책은 1992년 마스트리히트조약(Maastricht Treaty)에서 이주와 망명 문제가 사법 및 내무부(JHA: Justice and Home Affairs) 소관하의 공동이해(common interests)영역에 포함되면서 조율되기 시작하였다.[28] 이후 전통적으로 국가 영역에 남아 있던 난민 문제는 유럽공동난민체제(CEAS: Common European Asylum System)를 통해 지역차원의 대응으로 전환되는 과정에 있다.

CEAS는 EU 통합이 심화되고 EU 내 자유이동이 활발해지고, 망명, 이주, 비자정책의 조율 필요성이 증가함에 따라 이에 대한 공동절차 마련이 진행되었다. 특히 1989년 11월 베를린 장벽의 붕괴 이후 동유럽지역으로부터의 난민과 이주민 유입 가능성에 대한 우려가 높아졌으며, 실제로 1992년 유고슬라비아 난민을 비롯해 유럽 내 난민신청이 급증하였다. 이러한 우려에 따라 1990년 쉥겐협정(Schengen Convention)과 더블린합의(Dublin Agreement, Dublin I)가 마련되었다. 쉥겐합의(Schengen Agreement)는 1985년 6월 유럽경제공동체(European Economic Community) 회원국 10개 중 5개 회원국이 비자정책의 조화와 내부 국경에서의 검색철폐를 골격으로 하

---

28) 이미 1985년 유럽이주법(European Migration Law)에 의해 회원국들은 집행위원회와 다른 회원국들에게 비회원국 노동 관련 자료와 정책 자료를 제공할 의무를 가지게 되었다. 그러나 1989년 7월 유럽사법재판소(ECJ: European Court of Justice)는 집행위원회가 회원국에 비회원국 이주민 관련 정보를 요청하는 것은 월권이라고 판결함으로써 여전히 동영역이 국가주권의 관할영역임을 확인하였다.

고 있었다. 쉥겐합의는 1990년 쉥겐협정을 통해 쉥겐지역 내 내부 국경의
철폐, 공동비자정책, 그리고 경찰·사법영역에서의 협력강화 등으로 발전하
였다. 이와 함께 1990년 6월 더블린합의는 신청을 심사할 국가를 결정하기
위한 기준을 제시하기 위한 것으로 1997년 9월 1일 12개 서명국에서부터
발효되기 시작해 노르웨이와 아이슬란드가 비회원국으로 참여하고 있다.29)

유럽의 난민 관련 규정은 임시보호지침(Temporary Protection Direc-
tives), 보호희망자 접수지침(Reception Directives), 보호희망자에 대한 책
임국가 관련 지침, 보호희망자의 정의(Qualification Directives), 그리고 보
호신청 절차관련지침(Asylum Procedure Directives) 등의 5개항으로 구성
되어있다.30)

첫째, 임시보호지침은 1998년 코소보 사태의 발발과 함께 난민 유입의
급증이 우려되는 상황에서 EU 차원에서의 단기보호 필요성이 제기되면서
2001년 7월 채택되었다. 임시보호지침은 1년간 한시적으로 거주를 허가하
고, 이들에 대한 기본적인 복지와 의료서비스, 주택의 제공을 규정하고 있
다. 그러나 임시보호 대상자는 유럽 내 자유이동이 제한되며, 유럽이사회는
이들의 보호중단을 의결해 보호기간을 단축할 수 있다.31)

둘째, 보호희망자 접수지침은 2003년 1월 채택되었으며, 보호신청자에
대해 적절한 문서발급, 주거제공, 가족에 대한 보호, 수용시설 관리자에 대
한 적절한 교육·훈련, UNHCR과 NGO 단체들의 접견 허용, 의료서비스와
아동교육 등을 규정하고 있다.32) 그러나 접수지침은 보호희망자의 주거지

---

29) 더블린합의는 Dublin II(2003)과 Dublin III(2013)로 수정되었다.

30) 이에 대해서는 Maryellen Fullerton, "A Tale of Two Decades: War Refugees and
Asylum Policy in the European Union," *Washington University Global Studies
Law Review*, Vol.10, No.1(2011), pp.87-132 참조.

31) 다만 이 조항은 난민의 대량유입이 아니면 작동하지 않으며, 북아프리카 난민 유입
시에도 작동하지 않았다. 또한 임시보호의 결정은 유럽이사회의 50% 이상의 가중투
표로 결정된다. Fullerton(2011), pp.99-101.

32) 관련 내용에 대해서는 http://eur-lex.europa.eu/LexUriServ/LexUriServ.do?uri=OJ:
L:2003:031:0018:0025:EN:PDF(검색일: 2016.1.15) 참조.

를 제한하고 허용된 지역 내 자유이동만을 보장하며, 1년까지의 취업을 허용할 수 있으나 여전히 합법적 거주자의 우선권을 허용하고 있다.

셋째, 접수국의 책임 문제는 보호 희망자의 신청을 어느 국가가 심사할 것인가에 관련된 내용으로 더블린합의에서부터 2개국 이상에서 신청할 수 없도록 제한하였다. '더블린규정 II'부터는 CEAS의 주요 부분으로 처음 신청서 접수국, 이전에 비자, 거주허가, 무비자 입국허가 등을 제공한 국가에서 심사, 보호자 없는 미성년자의 경우 가족의 신청서를 심사하는 국가에서의 심사, 법적 자격없이 입국한 보호 희망자에 대해서는 처음 입국한 국가에서 심사 등 심사국가 결정에 대한 합의가 이루어졌다.

넷째, CEAS의 또 다른 축은 2004년 채택된 보호대상자의 자격에 관한 규정(Qualification Directives)이다.[33] 동 규정은 1951년 난민협약의 1항과 동일하다. 그러나 유럽은 1996년 3월 공동입장을 통해 '국가로부터 야기되지 않은 박해'로부터 피난한 사람들에 대한 결정을 개별국 관할로 판단함으로써 국가별로 차이가 발생할 여지가 커지게 되었으며, 유입이 특정 국가에 편중되는 '자석지역(magnet location)'의 발생을 방지하기 위해 보호대상자의 자격에 대한 조율이 필요하게 되었다.[34] 이에 따라 EU는 난민 요건에 해당하지 않지만 송환 시 중대한 피해에 노출될 우려가 있는 대상자에 대해 '보충적 보호(subsidiary protection)'를 규정하였다. 특히 보호의 요건을 형성하는 박해(persecution)에 대해서는 회원국마다 차이를 보여주고 있으며, 보호대상자가 어느 국가에 보호신청을 해야 하는지의 문제도 보다 복잡해지게 되었다.

끝으로 EU는 2005년 12월 보호절차지침(Procedure Directives)을 채택해 절차의 최소기준을 제시하고 있다.[35] 2006년 1월 시행된 동 절차규정은

---

33) Council Directive 8053.04 of the Council of the European Union on Minimum Standards for the Qualification and Status of Third Country Nationals or Stateless Persons as Persons Who Otherwise Need International Protection and Content of the Protection Granted. Apr 27 2004.

34) 고기복(2007), p.104.

심사 중 체류 보장, 절차에 대한 정보 접근권 인정, 통역 요청권을 포함하고
있다. 그러나 보호절차가 만성적으로 지연되는 문제가 야기되면서 다양한
형태의 '안전국가'를 규정해 보호신청 심사절차 간소화를 시도하게 되었다.
예를 들어 '안전한 출신국가(safe country of origin)'와 같이 신청자가 박해
받는다고 판단하기 어려운 국가 출신 시민이 보호를 신청할 경우 신청을
근거 없는 것으로 판단해 기각하거나, 송환은 아니지만 안전한 제3의 국가
(safe third country)로 보내는 것이 가능하게 되었다.

　EU는 이러한 제도 및 절차의 조율과 함께 EU 수준에서의 기구들을 창설하
였다. 이러한 제도적 발전에는 EU 국경의 공동관리를 위한 프론텍스(Fron-
tex), '유럽 보호희망자 및 비정규이주자 지문등록데이터베이스(EURODAC:
European Dactyloscopy),' 그리고 유럽보호지원사무소, 유럽망명지원사무
소(EASO: European Asylum Support Office)[36] 등이 있다.

　1999년 암스테르담조약(Amsterdam Treaty) 이후 EU 회원국들은 JHA
각료이사회를 통해 이주, 보호, 그리고 안보 관련 협력을 강화하였으며, 이
주와 국경, 그리고 보호 관련 전략위원회(SCIFA: Strategic Committee on
Immigration, Frontiers, and Asylum) 회원국들과 국경통제 관련 각국 책
임자들로 구성된 '외부국경 실무자 공동관리단(External Border Practi-
tioners Common Unit)'을 구성하였다. 이 공동관리단은 6개의 '임시관리센
터(ad-hoc centers)'를 두었으며, 2004년 10월 EU 회원국들의 외부국경에
대한 관리와 협력을 위한 유럽기구(Frontex: European Agency for the
Management of Operational Cooperation at the External Borders for
the Member States of the European Union)를 창설하게 되었다.[37]

35) Council Directive 2005/85 on Minimum Standards on Procedures in Member
　States for Granting and Withdrawing Refugee Status 참조.
36) https://easo.europa.eu/(검색일: 2016.1.15).
37) 6개의 임시관리센터는 위협분석센터(핀란드 헬싱키), 지상국경센터(독일 베를린), 공
　중국경센터(이탈리아 로마), 서부해상국경센터(스페인 마드리드), 임시훈련센터(오스
　트리아 트라이스키르헨), 우수센터(영국 도버), 동부해상국경센터(그리스 피레우스)

이와 함께 EU는 국경관리의 효율을 위해 2003년부터 난민과 비정규이
주자 지문 데이터베이스인 EURODAC을 설립·운영하고 있으며, 2013년 확
대 운영이 제안되었다. EURODAC은 보호신청에 대한 회원국들의 책임소재
결정을 원활히 하기 위한 것으로 설명되고 있다. EURODAC 자료는 보호
(asylum)관련 업무로만 접근 가능했으나 새 규정에 따라 중대범죄와 테러
리즘 방지와 조사 등 엄격히 제한된 경우에 한정해 회원국의 경찰과 유럽경
찰(Europol)도 범죄수사 목적으로 EURODAC의 지문 데이터를 사용할 수
있게 되었다.38)

특히 2010년에는 회원국 간 보호 관련 실질적 협조 강화, CEAS 이행,
그리고 특정압력으로부터 회원국을 지원하는 것을 목표로 유럽의회와 유럽
이사회의 결정에 따라 유럽보호지원사무소(EASO: European Asylum
Support Office)가 설치되었다. EASO는 보호업무의 중심이 되며, 회원국들
간의 실질적인 협조를 강화를 통한 유럽의 공동보호시스템 발전, 회원국들
의 EU 및 국제적 의무 충족 지원, 보호와 접수 시스템에 특정한 압력을 받
고 있는 회원국의 개별적 필요에 대한 지원, 보호와 직간접적으로 연관된
정책과 입법관련 증빙자료 제공 등의 업무를 수행하고 있다.39) 이러한 변화
는 회원국 간의 난민 및 보호에 대한 정책 조율에 질적인 변화가 나타나고
있음을 보여주고 있다.

2. 시리아 난민과 문제정의 오류

난민 및 보호희망자에 대한 정책과 관련해 EU틀 내 회원국 간 협력은
2000년대에 이르러 강화되고 있다. 그러나 여전히 EU가 안고 있는 국가중

등이다. http://frontex.europa.eu/about-frontex/origin/(검색일: 2016.1.15).

38) http://ec.europa.eu/dgs/home-affairs/what-we-do/policies/asylum/identification
-of-applicants/index_en.htm(검색일: 2016.3.21).

39) https://easo.europa.eu/about-us/what-is-easo/(검색일: 2016.3.19).

심주의와 초국가주의적 입장의 갈등은 난민 영역에서도 발견되고 있다.

무엇보다 1996년 3월의 공동입장은 난민의 규정에 대해 최소주의적 입장을 택하고 있다. 정의, 즉 국가이외의 박해로부터 피난한 사람들에 대한 결정은 회원국의 관할로 인정되었다.[40] 이러한 조율은 '자석지역' 발생을 방지하기 위한 것이며,[41] 2차 이주를 줄이기 위한 조치이다. 난민에 대한 일차적인 책임은 처음 보호를 요청한 국가지만 경과국에 대한 책임이 불분명하고, EU 외부 국경을 구성하는 회원국들에게 부담이 가중될 수 있는 한계를 가지고 있었다.

대체로 난민에 대한 입장은 사회적 구성과 이전 이주/난민 정책의 지속성에 영향을 받는다. 난민의 최대도착지인 독일은 경제주의적 입장에서 난민수용에 적극적이었다. 독일은 이미 1993년 헌법개정을 통해 보호를 천명했으며, 2013년 9월 시리아 난민 사태에 직면해 5천 명의 재정착 허용 방침을 발표하였다. 독일은 2차 대전 이후 부족한 노동력 확보를 위해 터키계 인구의 유입에도 적극적이었으며, 이후에도 노동력 유입에 대해 관대한 정책을 취하고 있었다.

영국의 경우 독일과 달리 소극적 입장을 취하고 있다. 영국은 이주정책은 특정집단을 선호하는 차별적인 정책을 취한 것으로 평가되고 있다. 노동당 정부하에서 노동이주의 유입과 경제성장의 상관관계를 강조하면서 급속하게 증가된 노동이주는 2005년 이래 부정적인 평가를 받아 수정되었으며, 2010년 권력을 장악한 보수당 정부는 이주민 유입 제한, 불법이주자의 추방, 국경통제에 대한 주권적 범위 확대 요구 등 반이주정서가 확대되었다. 이와 같은 맥락에서 영국은 시리아 난민 사태 초기부터 난민이라는 표현 대신 '이주자(migrant)'라는 표현을 사용하고 있으며, 2014년 1월 말에야 시리아 난민 수용의사를 밝혔다.

스웨덴의 경우 난민에 대해 전통적으로 우호적인 정책을 취해왔다. 이러

---

40) 고기복(2007), p.47.
41) Fullerton(2011), p.104.

한 정책의 연장선에서 2013년 9월 스웨덴 이주위원회는 시리아 난민의 임시체류허가를 받은 시리아 난민은 가족과 함께 영주권을 받게 될 것이라고 발표하였다.

난민의 주요 목적지가 상대적으로 경제적으로 여유가 있다면 EU의 외부 국경을 구성하고 있는 국가들의 경우는 난민의 유입에 대해 EU 차원의 지원을 지속적으로 요구하였다. 이들은 도착지 국가가 난민을 수용할 경우 통과를 허가하지만 그렇지 않고 체류하게 될 경우 유입을 차단하는 소극적인 입장을 취하고 있다. 2013년 10월 터키는 반군과 쿠르드족 간의 갈등이 빈번한 누사이빈 지역에 장벽을 설치하기로 했으며, 2013년 11월 불가리아도 터키 접경 30km에 시리아 난민의 유입을 차단하기 위한 장벽을 설치했으며, 2015년 6월 헝가리도 보호심사를 중단하기로 하였다. 2015년 9월 체코 공화국도 시리아 난민을 수용하기로 하였으나, 헝가리, 폴란드, 슬로바키아는 기본적으로 더블린규정의 확대, 특히 쿼터의 강제할당에 반대 입장을 표명하였다.

이러한 문제는 본질적으로 EU 규정상에서 나타난 국가주의와 초국가주의 간의 갈등의 현실적 모순을 보여주고 있다. 예를 들어 첫 도착국에서 난민심사를 진행할 경우 다른 EU 회원국들의 지원이 없다면 EU 외부 국경을 구성하는 국가들이 난민을 담당하기는 어려운 실정이다. 그러나 지중해 난민 사례에서와 같이 그리스정부의 지속적인 지원 요청은 성공적인 결과를 얻지 못했다. 이 경우 이들 국가들의 정책은 난민 수용을 천명한 국가로의 통과를 허용하는 경과국의 성격을 가지게 되며 난민을 차단할 실질적인 동기가 없게 된다. 결국 이들 국가들은 난민 정책에 대해 난민들이 집중하는 일부 국가의 정책에 따라 자국의 정책을 변화시켜야 하는 처지에 놓일 수 있으며, 난민 도착 이후 주변국의 정책이 바뀌는 경우 차단하기는 늦고 수용할 수 없는 딜레마에 처할 가능성이 상존하며, 이 과정에서 발생할 수 있는 인권적 위기에 대해 일차적 책임을 지게 되는 부담을 안고 있다. 결국 EU는 2016년 3월 터키와의 난민송환협정에 합의하였다. 그러나 이러한 조치는 7만 2천 명의 수용이 전제되고 터키가 송환에 적합한 '안전한 제3국'인가에 대한 이견이 있어 EU의 난민제도의 한계가 노정되고 있다.

결과적으로 EU의 정책은 인권의 가치를 강조하는 '수용'에서 최소한 단기적으로는 전통적인 국경통제 방식인 '차단'과 '송환'으로 바뀌었다. 사실 이러한 변화는 본질적으로 시리아 난민의 성격이 복합적이라는 점에서 시작되고 있다. 이들 난민은 '보호'가 필요한 난민과 함께 경제이주 성격을 가진 다수가 포함된 것으로 평가되고 있다. 물론 이러한 구성이 난민보호의 급박성을 부인하는 것은 아니다. 그러나 이러한 구성은 보호를 위한 적절한 대응ㅡ수용, 선별, 보호 혹은 송환ㅡ을 어렵게 하고 있다.[42]

이러한 상황에서 차단과 송환, 그리고 이들의 송출을 담당하고 있는 '브로커'의 단속에도 불구하고 난민들의 회피전략은 지속되고 있다. 터키 → 불가리아 → 세르비아 → 헝가리(크로아티아 → 슬로베니아) → 오스트리아 → 독일의 경로는 알바니아 경로가 추가되고 있으며, 시리아 → 리비아 → 그리스, 이탈리아, 말타의 경로에서도 리비아-이탈리아 경로 활성화에 대한 우려가 제기되고 있다.[43] 이와 함께 북아프리카에서 스페인으로 상륙하는 난민이 증가될 우려도 있다.

이러한 우려들은 단순히 난민 '브로커'의 단속만으로 차단될지에 대해 의문을 제기하고 있다. 시리아 사태의 문제가 '혼합이주'에서 비롯된 것이고, 이러한 '혼합이주'가 브로커의 역할로 증폭된 측면이 없지 않다. 그러나 이들의 출발 동기와 사회적 네트워크는 난민과 이주 네트워크 간의 차별성이 거의 없고 도착지내 네트워크가 확대되고 있다는 점에서 향후 난민 문제는 이주 문제로 전환될 가능성도 있는 듯하다. 이 경우 혼합이주는 이주자에 대한 적대감으로 연결되면서 사회갈등을 촉발할 가능성이 증폭될 것이다.

---

42) 이와 관련해 투스크(Donal Tusk) 유럽이사회 의장은 유럽 내 유입된 난민 가운데 2/3는 '불법이주자'로 송환되어야 하며, 이들의 심사를 위해서는 적어도 18개월은 수용소에 수용해야 한다고 주장하였다. 『연합뉴스』, 2015.12.3.

43) 이와 관련해 캐머런 영국 총리는 리비아 해안에서의 난민선 출발을 방지하기 위해 이탈리아-리비아 간 난민송환 협정을 체결할 것을 촉구하고, 지중해 난민단속과 해상 난민 구조활동을 확대할 것을 촉구하였다. 『연합뉴스』, 2016.3.18.

V. 결론

시리아 난민 사태는 '혼합이주'라는 점에서 유럽의 난민제도와 정책에 심각한 도전을 야기하고 있다. 시리아 난민 사태는 대규모 유입으로 인해 수용과 선별, 그리고 보호와 송환이라는 난민보호 절차 자체에 어려움을 제기하고 있다. 이와 함께 시리아 난민은 인권 문제가 핵심인 난민, 사회경제적 이해를 고려하는 이주노동, 그리고 전통안보를 고려해야 하는 국경통제와 테러리즘의 유입 차단이라고 하는 세 가지의 문제가 동시에 촉발되고 있다. 일반적으로 이 세 문제영역은 기본적으로 추구하는 가치도 다르고 그 주체의 권한도 다르다. 난민 문제는 인권 중심으로 국제·국내법적 의무가 부과되는 사항이지만, 이주노동은 주권국가가 인구와 경제적 이해 등을 고려해 주권의 영역에 남겨져 있다. 전통적 안보에 대응하기 위한 국경통제 역시 주권의 관할 영역이지만 이주나 난민 문제에서 전통안보에 대한 강조는 외국인에 대한 경계와 적대감을 야기함으로써 난민과 이주민 유입에 따른 사회통합 문제를 더욱 어렵게 할 가능성이 있다. 결국 시리아 난민 문제는 독립된 문제영역의 문제들이 동시에 제기되고 있는 문제이며, 동시에 진행할 수 없는 각각의 영역에 대한 정책 가운데 하나의 선택을 강요하고 있다. 이는 성격이 바뀐 난민 문제에 대해 전통적 해결방식이 강요됨으로써 갈등이 심화되고 있음을 시사하고 있다.

보다 구체적으로 시리아 난민 문제는 난민이 처음 도착하게 되는 EU 외부국경 국가에 대한 지원과 관련해 EU 회원국들 간의 협력이 실패했음을 보여주고 있으며, 쉥겐조약에서 추구하는 유럽 내 자유이동을 위협하고 있다. 헝가리는 세르비아, 크로아티아, 그리고 슬로베니아와의 국경을 차단했으며, 독일, 오스트리아, 덴마크, 스웨덴, 노르웨이, 그리고 프랑스는 자국 국경에 대한 통제를 시작하였다. 시리아 난민은 EU 난민체제의 한 축을 형성하고 있는 더블린규정의 처음 도착지에서의 보호신청 규정이 적절하게 작동하지 않았음을 보여준다. 특히 독일의 난민 수용 선언은 결과적으로 외부

국경 국가들이 난민의 수용 혹은 차단에 대해 적절한 조치를 취하기 어려운 입장에 처하게 함으로써 협력을 더욱 어렵게 하는 결과를 초래하였다.[44]

시리아 난민 문제는 난민 문제의 성격변화와 이로 인한 난민 관련 주요행위자들 간의 갈등을 초래하고 있으며, 궁극적으로 난민보호에 한계를 노정하고 있다. 특히 시리아 난민 문제는 난민 문제의 정책적 우선순위의 재조정과 '자석지역' 방지를 위한 주변국과의 협력과 정책조율이 필요하며, 난민 발생 초기 단계에서의 적극적 공동대응이 난민보호에 보다 효율적임을 보여주고 있다. 특히 시리아 난민 문제는 난민 문제의 성격변화를 초래한 요인에 대한 분석과 함께 난민 문제의 복잡화, 그리고 혼합난민이 난민 정책에 미치는 영향 등에 대한 추가적인 연구가 필요함을 시사하고 있다.

---

44) "Migrant Crisis: Grenade Thrown at Asylum Hostel in Germany," BBC News, 29 January 2016, in http://www.bbc.com/news/world-europe-35437873(검색일: 2016.2.1).

【참고문헌】

고기복. 2007. "EU국가의 난민인정제도: 영국, 프랑스, 독일을 중심으로." 『한·독사회과학논총』 제17권 1호. pp.37-69.

송영훈. 2014. "테러리즘과 난민문제의 안보화: 케냐의 난민정책을 중심으로." 『국제정치논총』 제54권 1호. pp.195-230.

신지원. 2015. "'이주-비호의 연계성' 담론과 난민보호 위기에 관한 정책적 고찰." 『민주주의와 인권』 제15권 3호. pp.417-457.

이진영·정호원. 2014. "유럽연합 이주협력에 있어서의 새로운 흐름 연구." 『유럽연구』 제32권 3호(2014년 가을). pp.181-200.

Betts, Alexander. 2015. "The Normative Terrain of the Global Refugee Regime." *Ethnic & International Affairs*, Vol.29, No.4. pp.363-375.

Demko, G. J., H. M. Ross, and G. A. Schnell. 1970. *Population Geography: A Reader*. New York: McGraw-Hill Book Company.

Eisenstadt, S. N. 1953. *Analysis of Patterns of Migration and Absorption of Immigrants*. London: London School of Economics.

Fullerton, Maryellen. 2011. "A Tale of Two Decades: War Refugees and Asylum Policy in the European Union." *Washington University Global Studies Law Review*, Vol.10, No.1. pp.87-132.

Helbling, Marc. 2013. "Framing Immigration in Western Europe." *Journal of Ethnic and Migration Studies*, Vol.40, No.1. pp.21-41.

Ostrand, Nicole. 2015. "The Syrian Refugee Crisis: A Comparison of Responses by Germany, Sweden, the United Kingdom, and the United States." *Journal on Migration and Huam Security*, Vol.3, No.2. pp.255-279.

Poulain, Michel, and Nicolas Perrin. 2001. "Is the International Migration Flows Improving in Europe." *EUROSTAT Working Paper*, No.12(May 2001).

Sinha, B.R.K. 2005. "Human Migration: Concepts and Approaches." *Földrajzi*

Értesítő, Vol.54, No.3-4. pp.403-414.

Spence, Sarah. 2011. *The Migration Debate*. Bristol: The Policy Press.

UNHCR. *UNHCR Mid-Year Trends 2015*. p.4, in http://www.unhcr.org/56701
     b969.html(검색일: 2016.2.1).

프랑스 낙태 관련 입법을 둘러싼 갈등과 정치적 소통

김민정 | 서울시립대학교

I. 서론

정책이 입안되고 결정되어 집행될 때까지 여러 단계를 거쳐서 이루어진다. 그 과정에서 정책은 원래 입안했을 때의 의도와 달라지기도 하며 때에 따라서는 전혀 다른 입법으로 이루어지는 경우도 없지 않다. 정책이 입안되어 집행될 때까지의 과정에는 이를 옹호하는 집단과 반대하는 집단 사이에 다양한 갈등이 전개되고 이러한 갈등은 때에 따라서는 이데올로기적인 충돌로서 사회의 지향점에 대한 상이한 이해의 갈등으로 나타나기도 하며 사회에 잠재되어 있던 논쟁과 연결되어 사회를 분열시키기도 한다. 분열이 심각하여 잠재되어 있다가 다시 상황이 바뀌면 또다시 등장하여 정책입안의 단계를 다시 거치는 경우도 있다. 정책입안자 및 옹호집단 혹은 반대집단은 이러한 갈등을 조정하고 통합하고 소통하면서 원래 입안되었던 정책의 내용이 바뀌고 타협하면서 정책은 결정된다. 이러한 과정을 이해함으로써 우리

는 그 사회의 행위자들의 정책결정에 영향을 미치기 위한 행위 양식을 이해
할 수 있으며 더 나아가 그 사회의 속성을 이해하게 된다.

본 연구는 이러한 문제의식에 기반하여 정책요구가 어떻게 입법화하는지,
이 과정에 영향을 미치기 위해서 행위자들은 어떻게 갈등하며 소통하는지
알아보고자 한다. 이를 위해 이 연구에서는 프랑스 여성운동 의제를 중심으
로 살펴보려 하는데 본 연구에서는 1982년 낙태 비용의 의료보험 적용 관련
법이 연구의 대상이 될 것이다. 이 의제는 1975년 낙태합법화법이 통과되면
서 임신 초기 10주 이전의 낙태가 인정되었지만, 낙태 비용은 의료보험의
적용을 받지 못하여 개인의 부담으로 남아 있던 상황 때문에 1975년 낙태
합법화법 통과 이후 프랑스 여성운동의 중요한 의제 가운데 하나였다. 1981
년 사회당이 집권하면서 여성권리부가 신설되면서 이 법은 여성권리부가 적
극 추진한 정책 가운데 하나가 되었다. 그러나 이미 사회 속에는 낙태 합법
화에 대한 반대도 상당히 존재하였고 여기에 정부 내 반대 세력도 만만치
않아서 결국 여성권리부에서는 반대 의견 및 사회적 압력과 소통하면서 관
련 법안을 상당히 수정할 수밖에 없었다. 입법을 둘러싼 갈등과 정치적 소
통을 보기에 이 법을 둘러싼 논쟁은 이런 점에서 상당히 좋은 시사점을 제
공해줄 것으로 생각한다.

프랑스 여성운동을 연구대상으로 보는 것은 프랑스는 중앙집권적인 정치
문화 특히 국가가 정치의 중심에 놓여 있어서 위로부터의 정책 추진이 비교
적 많이 나타나는 국가이면서 동시에 여성운동이 상당히 발달한 국가이다.
국가나 시민사회 가운데 하나가 두드러지게 우위를 차지하는 경우에는 우위
를 차지하는 행위체를 중심으로 정책이 추진될 가능성이 높기 때문에 정책
요구의 입법화 과정에 작용하는 변수들의 역동성에 대해서 밝히기에 적절하
지 않을 수 있다. 왜냐하면 우위를 차지하는 행위체 중심으로 정책이 추진
되기 때문에 그 행위체만을 살펴보면 입법화과정을 이해할 수 있기 때문이
다. 반면 프랑스와 같이 국가가 정책 결정을 이끌어가는 측면이 있지만 여
성운동의 경우에도 상당히 발달되어 있는 경우에는 양 행위체의 상호작용을
추적하면서 입법화과정의 역동성을 이해할 수 있기 때문에 사회적 의제의

입법화과정을 이해하기 위한 가장 적절한 예라고 할 수 있다.

1990년대 중반 이후 여성정책의 발전과 더불어 여성의 지위가 향상된 데에는 여성운동단체들의 활동에 힘입은 바 크다. 여성운동단체들은 여성 의제를 주장하지만 이러한 주장 및 옹호는 정당의 주장이나 정책 옹호처럼 수권 정당이 중심이 되어서 정책화되는 것이 아니다. 정치에 투입되는 과정도 상당히 복잡하며 정책결정과정을 거치는 과정에도 다양한 행위자들이 참여하면서 정책화한다. 또한 여성운동단체들이 주장하는 의제는 이익집단이 표출하는 이익과는 다른 일종의 '탈물질주의적(Post-material)' 가치(Inglehart 1997, 108-114)'이다. 이런 점에서 여성운동의 의제는 신사회운동적인 성격을 가진다고 할 수 있다.[1] 그런데 여성운동단체들의 의제가 같은 성격을 가졌다고 하더라도 어떤 국가에서는 비교적 원활하게 정책화하고 다른 국가에서는 반대에 부딪혀 진전되지 못한다.

이런 점에서 본 연구의 기본적인 질문은 어떠한 요인이 여성운동단체들의 의제가 정책화하는 데 영향을 주는가 하는 것이다. 이 질문에 답하는 과정에서 신사회운동적인 단체들이 정책결정에 영향을 미치기 위해 취하는 행동양식을 이해하고 더 나아가서 사회적 의제를 둘러싼 사회적 갈등의 해결을 이해하는 데 도움이 될 것이다. 한편 학문적으로는 여성운동 더 나아가 사회운동의 주장이 어떻게 정치화·제도화하는지 이해하는 데 큰 도움이 될 것이다. 사실 환경운동의 경우에는 이미 1990년대로부터 많은 연구들이 나왔고 국가별 사례연구도 많이 진행되어서 상당 부분 밝혔지만(장훈 1996;

[1) 여성운동단체의 신사회운동적 성격에 대해서 이견이 있다. 2기 여성운동의 시작된 시점이 신사회운동과 맥락을 같이 하고 있으며, 이전의 1기 여성운동과는 달리 2기 여성운동은 사회전반의 의식 전환 및 눈에 보이지 않는 사회적 성역할 분리, 남성중심적 문화를 비판했다는 점이, 그리고 여성운동단체가 상당히 파편화되어 있고 이데올로기적 노선 투쟁이 심하다는 점이 2기 여성운동을 신사회운동적이라고 판단하는 근거가 된다. 알랭 투랜의 경우에도 이러한 점을 강조하면서 2기 여성운동을 신사회운동적으로 이해하고 있다. 그러나 다른 학자들의 경우에는 프랑스 2기 여성운동이 정치체제를 공격하였으며 특히 낙태합법화 운동의 경우에는 상당히 정치적이며 제도적인 변화를 꾀하고 있다는 점에서 신사회운동과는 구별해야 한다는 주장도 있다(김민정 2005).

정수복 1994; 김민정 2012; Biehl 1993; Cole and Doherty 1995; Dalton 1993; Kitschelt, 1986; Müller-Rommel, Ferdinand 1985) 여성운동의 경우에는 아직 그만큼의 진전을 보지 못하고 있다. 이러한 연구의 부족을 메우는 것도 본 연구의 목적이다.

II. 이론적 검토 및 연구의 분석틀[2]

프랑스는 프랑스 혁명의 국가이고 중요한 정치적 사건에서 시민들이 주도권을 가진 적이 많이 있는 국가임에도 불구하고 중앙집권적 전통의 영향으로 국가의 영향력이 강한 국가이다. 즉 시민사회도 강하고 국가도 강한 유형이다. 그러나 국가가 강하기 때문에 시민사회가 정치적으로 의견을 표출할 수 있는 기회구조가 개방적이지 않으며 조합주의 국가들과는 달리 시민사회의 이익 표출이 제도화되어 있지 않다. 그래서 일반적으로 프랑스 시민운동은 다른 국가들에 비해서 조직이나 예산에 있어서 취약한 편이다. 프랑스의 민주주의는 루소식의 직접민주주의를 지향하고 있기 때문에 1789년 프랑스 대혁명 이래로 이익집단이나 정치단체 혹은 사회단체들을 국가의 통합성을 저해하는 부정적인 행위체로 보는 시각을 가지고 있다.

1791년 르샤플리에 법(La loi le Chaplelier)[3]은 모든 이익집단과 사회단체를 불법화하였고 1864년 이 법이 폐지될 때까지 노동운동조차도 허용되지 않았다. 이와 더불어 3공화국부터 시작된 정교분리는 프랑스 국민이면

---

2) 이 절은 김민정, "프랑스 여성운동 의제의 정책화,"『유럽연구』33권 4호(2016) 중 II장을 수정한 것이다.

3) 이 법은 프랑스 대혁명시기인 1791년에 통과된 법으로 노동조합의 초기 형태인 길드조직을 금지하고 단체 파업권을 부정한 법이다. 1864년 이 법이 폐지될 때까지 프랑스에서는 집회, 결사의 권리가 인정되지 못했다.

누구라도 자신의 관습 및 종교적 신념 등을 '사적인 영역'으로 규정하는데 그 의미는 국가가 이러한 기준으로 시민을 분리하지 않으며 시민들은 이러한 차이를 '정치화'해서는 안 된다는 것이다(Gérard Noiriel 1992, 109). 이러한 프랑스 보편주의(universalism)는 역사적으로 집단의 정체성을 정치화하는 것은 국가의 통합을 해치는 것으로 의심하는 경향이 있다(Eric Fassin 1995, 134-139).

그래서 프랑스의 정치 지도자들과 정치철학은 국민을 인종이나 혹은 성, 종교 등으로 범주화하는 것을 거부하며 이러한 범주화가 소수집단을 오히려 차별하는 수단이 될 수 있다고 생각하여 범주화에 반대하는 경향이 있다. 이것은 프랑스 인구조사에서 잘 나타나는데 프랑스는 인종이나 종교 등의 정보에 기반한 통계를 만들지 않는다. 1990년대 말 동수법의 입법화과정에서 이러한 보편주의에 대한 또 다른 모델로서 성적 대표성 논의가 활발해지면서 프랑스적 보편주의는 성적 정체성으로 도전을 받았지만, 이전까지는 비교적 견고하게 국민의 통합을 위해서 어떠한 종류의 정체성도 공적으로 인정하지 않는 경향을 보여왔다. 이러한 사회적인 분위기는 이후에도 지속되어서 5공화국의 설립자들은 시민사회, 사회단체 등에 대해 분명한 적대감을 드러냈다. 이런 사회문화적 환경은 여성운동단체들에게도 그대로 적용되면서 여성운동단체들은 미국이나 다른 서구의 국가들에 비해서 예산이나 그 조직 면에서 상당히 약하다.

프랑스 시민운동의 또 다른 특징은 파편화이다. 노동조합의 경우에도 영국의 노동조합연맹(TUC: Trade Union Confederation)과 같은 통합조직이 없고 이데올로기적 기반에 따른 여러 노동조합이 활동하고 있다. 여성운동단체의 경우, 미국에는 전미여성조직(NOW: National Organization of Women)이 있어서 연합활동을 주도하지만 프랑스에는 이러한 조직이 없이, 이데올로기적 기반에 따른 다양한 여성운동단체가 활동하고 있고 이슈별로 많은 여성단체들이 존재하고 있다. 또한 한 단체 내에서도 일정한 위계질서를 가진 조직으로서 활동하기보다는 일반 회원들이 지역별로, 작은 소그룹별로 활동하는 경향이 높다.

사회운동의 표출방식과 정책화를 위한 활동에 대한 기존 연구를 살펴보면 그 유형을 4가지로 제시할 수 있다(Elgie 2000, 150-168).[4] 다원주의 모델, 조합주의 모델, 정책네트워크 모델, 그리고 현실주의 모델이 그것이다. 현실주의 모델은 모델이라고 하기 어려운 것으로 사실상 특별한 표출방식을 일반화하기 어렵다는 것으로 이해할 수 있다. 프랑스 여성운동의 경우에는 이 가운데 비교적 정책네트워크 모델에 가깝다고 할 수 있다. 정부관료(여성정책전담기구의 공무원), 전문가, 그리고 여성단체 간의 네트워크를 통한 정책화방식에 가깝다고 할 수 있다.

그러면 어떠한 유형의 표출방식 및 정책화가 사회운동이 성공하기 쉬운 모델인가? 혹은 보다 근본적으로 사회운동의 요구가 정책으로 나타나게 되면 그것을 사회운동의 성공이라고 할 수 있는가? 감손(Gamson 1975)은 사회운동에 대한 국가의 반응을 크게 두 가지로 구분하였고, 결국 이 두 가지 유형이 모두 사회운동의 성공이라고 할 수 있다. 하나는 과정적 반응(Procedural response)으로서 운동가들을 사회이익의 합리적 대리자로 인정하여 이들을 정책결정에 참여하도록 장려하거나 이들의 참여가 제도적으로 가능한 기구를(예를 들어 위원회) 만들어 제도적 통로를 제공할 수도 있다. 또한 때로는 이들의 주장을 정책화할 수 있는 전담기구를 만들고 여기에 운동가들을 충원하는 것을 의미한다. 두 번째의 국가 반응은 내용적 반응(Substantive response)으로서 사회운동의 주장을 수용하여 정책을 변화하는 것을 의미한다.

그래서 감손에 의하면 운동의 성공과 실패는 4가지의 가능성을 가진다. 〈그림 1〉에서처럼 내용적 반응과 과정적 반응을 모두 가져왔을 경우 완전한 성공이라고 할 수 있고, 내용에서의 변화는 가져왔으나 과정적 변화는 없을 때 그것을 정책적 변화라고 이름 붙일 수 있을 것이다. 과정적 변화는

---

4) 뱅상 라이트는 지배위기 모델, 개방적 갈등 모델, 조합주의 모델, 다원주의 모델로 나누었다(Wright 1989). 윌슨은 유사하게 4가지 모델로 나누었지만 명칭은 다원주의 모델, 마르크시스트 모델, 조합주의 모델, 항의 모델로 하였다(Wilson 1987, 18-44).

〈그림 1〉 시민운동의 성공과 실패

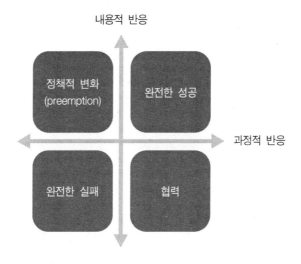

있었으나 내용에서는 시민운동의 요구가 받아들여지지 않았을 때 이것은 일종의 시민운동과 국가의 협력이다. 마지막은 양자 모두를 이루지 못했을 때 이는 실패라고 할 수 있다.

일반적으로 사회운동의 의제가 정책화되는 것, 즉 감손의 용어로 설명하면 내용적 반응의 경우만을 사회운동으로 보는 경향이 있지만 보다 중요한 것이 과정적 반응일 수 있다. 당장의 정책적 변화를 수반하지는 않았지만 정책결정과정이 친사회운동적으로 바뀌게 되면 장차 사회운동의 보다 많은 의제들이 정책화하는 데 유리할 수 있기 때문에 과정적 반응에 더 관심을 가져야 한다는 주장도 있다. 이런 관점에서 로손과 마즈마리안의 주장에 관심을 가질 필요가 있는데 그들은 감손류의 학자들이 지나치게 정책변화에만 관심을 가진다고 비판하면서 장기적으로 운동이 성공하기 위해서는 정책결정과정의 변화가 훨씬 더 중요하다. 그래서 감손의 분류에 문화적 변화 (cultural change) 개념을 접목할 것을 주장했다(Rochon and Mazmanian 1993).

그렇다면 이러한 사회운동의 성공에 영향을 미치는 요인은 무엇일까? 기니는 운동의 내부적 동력이 중요하다고 지적했다. 운동의 내부적 동력에 영향을 미치는 요소는 사회자본의 축적 정도, 자원동원과 정치적 기회구조가 있다(Giugni 1995). 이를 두 개의 큰 카테고리로 나누면 운동의 내부적 자원(리더십, 조직, 회원)과 운동의 외부적 정치적 기회구조(국가 조직, 정당, 입법과정, 미디어 관심과 접근)라고 할 수 있다. 같은 맥락에서 버스타인은 문화적 기회구조를 강조하였는데 그는 이를 여론으로 환원하여 설명하고 있다. 즉 운동의 내부적 자원과 외부적 구조가 모두 중요하지만 이 두 가지 요인이 같다면 여론이라는 문화적 기회구조가 중요한 요소가 될 수 있다는 것이다(Bursein 1999).

유사한 맥락에서 아멘타는 특별한 정치적 맥락의 중요성을 강조하고 있다. 즉 한 의제가 정책화하기 위해서는 당시의 특별한 정치적 맥락을 살펴보아야 한다는 것이다(Amenta 2006). 여기에는 정치권력이 좌파에 있는지, 우파에 있는지, 프랑스의 경우 동거정부인지의 유무, 그리고 집권당의 정치 장악력이 얼마나 높은지 당시의 사회적인 다른 중요 이슈가 있는지 등이 중요하게 다루어져야 할 것이다.

이와 유사한 주장을 편 것은 베세브킨인데 그는 시민운동의 성공에 있어서 좌파의 지지가 무엇보다 중요하다고 생각했다. 그는 많은 국가들에서 좌파정당과 노조가 여성운동과 가깝기 때문에 이들 사이에는 정책강령에서의 협력, 각 조직에서 여성분과를 두거나 혹은 여성운동단체지도자들이 좌파정당의 최고정책결정과정에 포함되어 있으면 정책협력이 보다 쉬워진다는 것이다(Bashevkin 1998). 즉 좌파 정당이 집권하면 운동의 과정적 대응이 쉬워지고 그래서 여성운동주장에 동조하는 정부는 여성정책전담기구를 설립하고 이를 통해서 여성운동과 정부는 제도적으로 협력을 추구할 수 있다. 프랑스에도 이는 그대로 적용된다.

이러한 논의들을 바탕으로 하여 본 연구의 분석을 위한 연구틀은 두 가지 영역으로 나누어서 하나는 해당 이슈를 주장했던 투입 부분의 설명이며 다른 한 영역은 정책산출 영역인 정책결과이다.

〈표 1〉 연구에서 사용한 주요 요인들

정책투입	정책산출
여성운동	**내용적 반응**
1. 주류 여성운동의 성향과 해당 이슈를 주장했던 여성운동단체의 관계 2. 여성운동이 사용했던 프레임 3. 여성운동과 갈등하는 반대운동	여성운동에서 표출했던 이슈가 입법 내용에 얼마나 반영되었는지
정치환경	**과정적 반응**
1. 정치 상황(정부와 의회의 균형, 의회 다수당의 상황, 주요 정치적 논쟁 등) 2. 정부 내 여성정책전담기구의 존재 여부 및 그 영향력, 여성정책전담기구와 여성운동의 관계 3. 여론	정책결정과정자체의 변화 여성운동활동가들의 정책결정과정 참여 여부

첫 번째 부분은 다시 두 영역을 살펴볼텐데 여성운동과 정치환경을 분석하였다. 여성운동의 경우 프랑스 여성운동은 이데올로기적으로 상당히 다양한 집단들이 활동하고 있고 여성운동 전체를 아우르는 우산조직이 없기 때문에 특정 이슈에 있어서 이를 주도하는 여성운동의 주류 세력이 어떤 단체인지를 살펴보았다. 또한 해당 여성운동단체의 역량 및 전략, 그리고 논쟁의 주요 담론 구조를 살펴보았다. 논쟁의 주요 담론 구조를 분석하는 과정에서 자연스럽게 여성운동과 갈등하는 반대세력과의 관계가 드러나고 주요한 논쟁점들이 나타나면서 프랑스적인 특징이 두드러지게 드러났다.

두 번째 주요 연구내용인 정치환경 부분인데 이 부분에서는 정치의 투입 구조에서는 여성운동의 의제가 드러났을 때의 정치적 상황에 대해서 주로 분석하였다.

다음은 정책 결과인데 내용적 반응과 과정적 반응으로 나누어서 설명하고자 한다. 내용적 반응은 여성운동에서 표출했던 이슈가 입법내용에 얼마나 반영되었는지 하는 것이다. 여성운동에서 주장했던 이슈의 내용이 얼마나 입법내용에 담겨 있는지 살펴볼 것이다. 또 다른 정책결과는 과정적 반응인데 여기에서는 정책결정과정에서 얼마나 정책결정과정 자체를 바꾸었는지, 여성운동 활동가들이 정책결정과정에 직접 참여하였는지 등을 살펴볼 것이다.

III. 1982년 낙태 비용의 의료보험 적용에 관한 법 통과를 둘러싼 갈등과 소통

1. 1975년 낙태합법화법(베이법, La loi Veil)[5]

1970년대까지 프랑스의 낙태법은 낙태를 형사처벌 대상으로 규정했던 1920~23년 법들의 개정이었다. 이 법들은 임신중절을 한 사람뿐 아니라 이를 시행한 사람도 처벌하여 수감기간과 벌금에 대해서 상세히 규정하고 있었다. 이 법이 1955년에 수정되어서 임신이 임산부의 생명을 위협할 경우의 치료적 낙태를 허용하였지만 여전히 낙태 자체는 형사처벌의 대상이었다. 피임을 합법화한 1967년 뉴워스 법이 통과되면서 낙태 관련 형법규정이 사회적 관심을 끌었다. 피임의 합법화는 피임이 실패할 경우 여성들이 어떤 수단을 사용할 수 있을지에 관한 논쟁으로 자연스럽게 이어졌다. 이 해법이 결국 1975년의 베이법(La loi Veil)이었고 이 법에 의해서 임신 초기 10주 내의 낙태가 허용되었다. 그러나 여전히 이를 제외한 낙태는 형사처벌의 대상이라는 현실은 변하지 않았다.

---

5) 이 법은 5년간의 한시 적용으로 규정되어 있었기 때문에 1979년 다시 수정되어 법이 통과되었다.

1971년 유명여성인사 343명이 뉴벨 옵세르봐퇴르(Nouvel Observateur)
에 실린 낙태경험에 관한 선언서에 사인함으로써 사회적 이목을 집중시켰
다. 여기에는 유명 여배우 카트린느 드뇌브, 철학자 시몬느 드 보부아르,
작가 프랑수아즈 사강, 변호사 지젤 알리미, 여성운동가 이베트 루디가 포함
되어 있었다. 이를 통해서 이들은 프랑스 형법의 낙태 처벌 규정에 대해서
질문을 던졌고, 출산 장려라는 프랑스 국가의 이익이 원하지 않는 태아를
낳지 않을 여성의 권리를 넘어설 수 없다는 주장을 던졌다. 베이법 이전부
터 계속되어왔던 낙태합법화 논쟁은 국가, 교회 그리고 사회적 질서에 관한
정치적·사회적 주장의 기본 문제였기 때문에 프랑스에서는 일종의 뜨거운
감자였다.

가족계획을 위한 프랑스 운동(MFPF: Mouvement Français pour le
Planning Familial)과 낙태와 피임의 자유를 위한 운동(MLAC: Mouvement
pour la liberté de l'avortement et de la contraception)이 낙태 합법화를
위한 사회적 분위기 조성에 중심축이 되었다(Le Brouster 2006 참조). MFPF
는 처음에는 피임정보와 예방적 피임정보를 알려주는 일을 주로 하였다. 그
러다가 곧 이어서 의학적·정치적 목적으로 단체의 활동방향을 전환하였다.
즉 단지 피임과 성관계에 관한 정보만을 제공할 것인지, 아니면 적극적으로
낙태법 개정을 위해서 활동할 것인지가 그것이다. 낙태합법화가 가장 핵심
적인 의제라고 생각한 회원들이 많아지면 MFPF는 1970년대 초부터 낙태합
법화투쟁을 전개하게 되었다.

MLAC는 1971년 선언서와 시위를 주도한 항의 단체였다. 이들은 1973년
까지 불법 낙태를 제공했고 공공연히 프랑스의 반낙태법의 도덕성에 대해서
의문을 제기해왔다. 이들은 급진적으로 원하지 않는 임신을 하게 된 여성들
의 문제에 초점을 맞추어서 프랑스 정부에 이제는 낙태를 합법으로 바꾸어
야 함을 역설했다. 이들은 타협을 거부하면서 불법적인 낙태를 종식하기 위
해서는, 자유롭고 원할 때는 언제나 가능한 낙태를 허용해야 한다고 주장했
다. MLAC가 중절수술과 가두시위로 관심을 집중할 때, 선택하라(Choisir)
는 재판에 집중했다. 페미니스트 변호사인 지젤 알리미가 설립한 이 단체는

1971년 선언문에 사인한 여성들과 낙태로 인해서 기소된 여성들의 변론을 맡았다. 알리미는 MLAC과 함께 낙태는 피임을 할 수 없었거나 실패했을 때의 유일한 방법이기 때문에 반드시 허용되어야 한다는 주장을 폈다. 알리미는 보비니 사건 재판에 변호인단이 됨으로써 선택하라(Choisir)는 유명해졌다.

낙태와 피임에 관한 논쟁은 태아의 생명권존중이라는 주장과 더불어 프랑스의 인구통계학 및 인구 감소에 관한 지속적인 관심 문제로 구조화되어 있었다. 국가는 지속적으로 인구감소현상에 직면하여 출산장려정책을 사용하고 있었기 때문에 낙태는 이러한 국가의 정책방향과 상충되는 것으로 인식되었다. 한편 페미니스트들은 낙태법 개혁은 여성의 시민으로서의 기본권 문제와 연결되기 때문에 프랑스 대혁명으로부터 시작된 프랑스의 기본권 강조 전통에서 주장의 근거를 찾았다. 낙태에 관한 사회적 논쟁은 결국 낙태법 개혁이 프랑스와 프랑스의 도덕성을 망치게 될 것이라는 주장과 프랑스 권리의 기본적인 요소라는 주장 사이에 놓이게 될 수밖에 없었다.

1975년 낙태합법화법의 통과를 둘러싼 이러한 사회적 갈등은 결국 하원에서의 표결로 나타났다. 1975년 11월 29일까지 3일 동안 계속된 하원의 토론 끝에 새벽 3시 40분에 표결에 붙여졌다. 토론에는 60여 명의 의원들이 발언을 하였고 이 과정은 당시의 집권 여당 연정의 축이었던 UDR 의원들의 의견이 나누어졌음을 보여주었다. UDR 의원 25명이 발언을 하였는데 그중 11명은 법안 지지를, 14명은 법안 반대를 호소하였다(Lachaise 2009, 38-39).

이 법안은 참석한 의원 479명 가운데 유효 투표 473표였고 이 가운데 찬성 284표, 반대 189표로 하원에서 통과되었다. 사회당과 좌파 급진주의 106표 가운데 105표의 찬성과 공산당 74표 가운데 74표 전원 찬성, 우파인 UDR 174표 가운데 55표, 중도개혁파 52표 가운데 26표 찬성, 독립공화파 65표 가운데 17표 찬성,[6] 그리고 무소속 19명 가운데 7명이 찬성하였다. 이어서 상원에서의 표결에서는 184명이 찬성표를 던졌는데 그중에 공산당

6) 당시 대통령이었던 발레리 지스카르 데스탱이 소속된 정당.

소속 의원 20명, 사회당 소속의원 52명, 민주적 좌파에서 30명(전체 35명 중), 독립공화파에서 27명(전체 58명 중), 무소속 17명(18명 중), UDR 소속 12명(30명 중), 사회행동독립공화파 4명(15명 중), 중도연합에서 22명(55명 중)이 찬성하였다. 반대 90표였고 4표는 무효표였다. 최종적으로 상하 양원 동수회의에서는 찬성 277표, 반대 192표로 통과되었다.

이렇게 보았을 때 1973년 낙태합법화법을 둘러싼 사회적 논쟁은 상당히 갈등적이었다. 좌파 진영에서는 다수가 찬성하였지만 중도 및 우파에서는 의견이 나뉘어졌다. 대통령의 정당 내에서도 의견은 나뉘어졌고 드골주의자인 UDR 내에서도 의견이 나뉘어졌다. 그러나 이 법의 속성상 낙태의 합법과 불법 중 양자택일일 수밖에 없었기 때문에 찬성과 반대 사이의 의견의 소통은 불가능했다. 반면 이제 보고자 하는 임신중절비용의 의료보험 적용은 타협이 가능한 법이어서 찬성과 반대 진영 사이에 소통이 전개되어서 프랑스 사회 내에서 논쟁의 소통과정을 관찰할 수 있다.

1975년 법과 이은 이 법의 개정인 1979년 법에서는 모두 비용에 대한 언급은 없었다. 비치료적 목적의 낙태는 의료보험의 적용이 되지 않았기 때문에 수술 비용은 스스로 부담해야 했다. 그러나 일부 재정적인 지원은 가능했다. 통계에 따르면 수술 비용에 대한 국가지원요청자 중 15%만이 지원을 받았고 이들 가운데 10.5%는 전체 비용을, 3.5%는 부분적인 지원을 받았다 (Mossuz-Lavau 2002, 137-138). 의료보험의 지원이 없다는 것과 더불어 큰 문제는 이러한 지원이 지역별로 큰 편차가 있어서 요청자의 3%밖에 지원을 못 받는 지역도 있었다는 것과, 지원을 위해서는 자신의 익명성을 포기해야 한다는 문제였다. 이러한 이유는 낙태 비용을 전국적으로 균등하게 적용되는 의료보험의 적용을 받도록 하자는 논의가 진행되었다.

2. 임신중절 비용의 의료보험적용법(1982)[7]

1) 법안제출 이전의 정부 분위기

사회당이 1981년 대선에서 승리하면서 여성정책의 변화가 나타났다. 사회당은 1978년 당내 여성권리국에서 주최한 여성권리에 관한 대의원 총회가 소집되었을 때 여성정책의 전환을 시도해왔다. 낙태법 개정에 관한 의견은 그중의 하나였다. 1979년 사회당은 '자기 몸에 관한 자유는 양도될 수 없는 권리'라는 선언으로 시작하는 낙태 개정 의제를 만들었다(Jenson, Sineau 1997, 189).[8]

1981년 여성권리부 장관으로 이베트 루디가 임명되면서 낙태법 개정이 정부 차원에서 본격적으로 진행되었다. 낙태 관련 의제는 사회적 논쟁이 심한 의제였기 때문에 루디는 다른 어떠한 여성 관련 의제보다도 먼저 대통령 임기 초기에 해결하기를 원했다(Roudy 2002, 20). 열렬한 페미니스트 운동가 중 하나였던 루디는 사회당 내에서 여성 문제에 당의 관심을 촉구한 인물로 유명하다. 1970년대 사회당에 입당하면서 루디는 당 내에서 여성민주운동(Mouvement démocratique féminin)이라는 모임을 만들고 당내에서 여성의제를 발전시키기 위해 노력하였다(Jenson, Sineau 1997, 26).

미테랑이 대통령에 당선되면서 미테랑과 함께 정부에 들어가 정부정책에 여성의제를 넣기 위해 적극적인 활동을 전개하였다. 여성권리부 장관으로서 그녀는 여성 문제가 사회적으로 논쟁이 심하여서 입법과정 중에 주도권을 상실할 위험이 있다는 것을 알았지만 이에 굴하지 않고 여성 문제를 관철하여 밀고 나갔다. 그녀는 처음에는 낙태로 연결될 수 있는 원치 않는 임신을

---

7) 1982년 12월 31일 법 n°82-1172 비치료적 낙태에 부과된 비용의 의료보험 적용 및 수술비용지원방법에 관한 법(relative à la couverture des frais afferents à l'interruption volontaire de grossesse non thérapautique et aux modalités de financement de cette mesure). 이전까지는 낙태(avortement)라는 용어가 사용되었으나 그것이 가지는 부정적인 의미로 인해서 논쟁 끝에 임신중절(interruption volontaire de grossesse)이라는 용어가 이 법에서부터 사용되었다.

8) 낙태개정의제는 미테랑의 110 제안 중의 하나였다.

피하는 피임과 피임정보를 확산하는 데 초점을 맞추어 활동했고, 1982년 88개의 가족계획센터를 새로 열었다. 이어서 외과와 산부인과를 포함하는 모든 공립 병원에서 임신중절을 가능하도록 하는 행정명령을 내려 낙태가 가능한 병원의 수를 늘려나갔다. 마지막으로 여성부는 1982년 1월부터 비치료적 낙태에 대한 의료보험 적용을 위한 캠페인에 착수했다.

1982년 3월 루디는 그해 9월부터 낙태 비용을 의료보험에 적용하는 행정명령을 각료회의에서 승인받았다. 세계 여성의 날(3월 8일)을 축하하면서 루디는 '3월 8일은 상징적인 날이 아니라 여성권리 옹호를 위한 새로운 시대의 출발'이라는 말로 축사를 대신했다(Le Matin March 5 1982). 이에 대해 즉각적으로 반낙태 단체가 가두시위를 시작했다. 봄 내내 언론을 중심으로 논쟁이 가속화되었고 정부 내에서도 그리고 곧이어 의회에서도 이 문제가 논쟁에 휩싸였다. 결국 이 행정명령은 8월에 연기되었다. 피에르 베레고부아 사회문제장관은 낙태 비용의 의료보험 적용은 돈 문제라기보다는 종교적인 문제와 연결되어 있다는 생각하에 종교지도자들의 자문을 받을 필요가 있음을 밝혔다. 논의는 다시 1973년으로 돌아간 것이다. 가톨릭 지도자들은 이러한 사회문제장관의 결정이 부분적 승리라고 해석했고, 페미니스트들과 노조를 포함한 좌파에서는 약속의 파기이며 여성에 대한 모욕이라고 해석했다(Le Monde 1982 August 5). 이베트 루디는 낙태개혁에 대한 찬성자들과 반대자들 사이에서 사태를 진전시키기 못하였고 베레고부아는 제한된 낙태개정의 소극적 지지자로서 이 문제가 지나치게 논쟁적이기 때문에 의회에서 결정해야할 것이라고 책임을 의회로 넘겼다.

2) 논쟁의 주요 프레임

낙태합법화 논쟁이 시작된 1973년부터 낙태 비용의 의료보험 적용법이 통과된 1982년까지 의회 내에서 이 문제를 둘러싸고 많은 논쟁이 있었다. 이 논쟁들은 흔히 좌우가 찬성, 반대로 나누어서 진행된 것으로 알려졌지만 사실은 그렇지 않다. 좌파 내에서도 비교적 이 문제에 긍정적인 태도를 보였지만 우파 내에서는 의견이 나누어졌다. 낙태 관련 입법안 통과의 여러 차례 의회 내 투표에서 찬성·반대 진영이 좌우로 나누어지지 않았다. 이 논쟁은 크게 3개의 주장으로 나누어진다. 첫째는 낙태자유화에 반대하는 중도, 우파 진영이다. 두 번째는 현행의 낙태합법에 찬성하는 중도, 우파 진영이다. 세 번째는 좌파는 기본적으로 낙태 합법화에 찬성하는 입장이었다.

낙태자유화에 반대하는 중도, 우파 진영은 다시 4개의 논리로 나누어진다. 첫째는 생명존중에 근간을 둔 주장이다. 이들은 낙태합법화가 처음에는 임신 초기의 태아를 죽이는 것이지만 곧 이어서 아기를, 그리고 노인을, 더 나아가면 장애인을 그리고 모든 사회가 원하지 않는 사람(indésirés) — 필요 없는 존재(les bouches inutiles) — 을 죽이는 것을 정당화하게 될 것이라는 주장이다. 같은 맥락에서 다른 의원은 의회의 논쟁에서 '합법적 살인 허가'가 될 것이라고 비판했다.

두 번째 논리는 낙태는 인간성의 타락이라는 주장이다. 이들은 낙태가 결국 인간 속에 잠자고 있던 야만성을 깨우게 될 것이라고 경고했다. 당시의 UDF 소속 의원이었던 장 브로카(Jean Brocard)는 "자연법을 뛰어넘는 데 취하여 인간은 자신의 동물화를 간과하게 될 것"이라고 경고했다(Mopin 1988, 463). 낙태를 합법화함으로써 인간은 스스로 자연의 질서를 파괴하게 되고 그럼으로써 인간으로서의 가치를 상실하고 동물화한다는 주장이었다. 이와 같은 법은 사회 전체를 위험하게 하고 특히 여성들에 위험하여 더 이상 존경받는 존재가 되지 못할 위기에 처하게 된다고 비판했다. 또한 이 주장은 여성이 낙태를 함으로써 어머니로서 존중받고 자녀들의 사랑을 받던 존재가 더 이상 되지 못함을 의미한다고 역설했다.

세 번째 논리는 출생률의 저하이다. 많은 의원들이 이 논리에 따라서 낙태를 반대했는데 1975년의 낙태합법화법이 결국 무분별한 낙태를 가져올 것이며 이에 따라서 인구 감소는 피할 수 없는 프랑스의 운명이라고 걱정했다. 이들은 1979년 여러 개정안을 제출하여서 자녀가 두 명 이하인 모든 기혼여성들의 낙태를 금지하고자 하였다. 또한 낙태하고자 하는 여성들을 상담하는 의사들은 의무적으로 프랑스 인구 문제에 관한 교육을 받도록 하는 내용과 최저임금의 4배 이상의 생활비를 가진 가정의 경우에는 낙태를 허용하지 않는다는 내용도 포함되어 있었다.

이 개정안은 의회에서 통과되지 않았지만 어쨌든 이 논리를 주장한 의원들은 여성의 낙태가 프랑스 인구 감소에 큰 영향을 미칠 것이며 장기적으로 여성의 불임 및 조산과 같은 부정적인 여파를 가져올 것이라고 주장했다. 마지막 낙태합법화 반대의 논리는 낙태합법화는 낙태의 일상화로 연결될 것이라는 주장이다. 이 주장은 낙태를 합법화하면 낙태가 일상화될 것이고 처음에는 어쩔 수 없이 낙태하겠지만 점차 편의상 낙태를 하게 되고 얼마 지나지 않아 당연하게 낙태하게 될 것이라고 주장했다.

같은 중도파, 우파라도 낙태에 찬성하는 입장이 있었다. 이들의 주요 논쟁점은 첫째 법이 허용하고 있는 임신 초기 10주까지는 아직 살아 있는 것이라고 보기는 어렵다는 것이다. 생명에 대한 존중과 관련된 생명은 바로 임신한 여성의 생명이어야 한다고 주장했다. 출생률 저하의 문제는 상당한 심각하고 복잡한 문제이지만 이들은 낙태합법화와 출생률 저하가 직접적인 연관관계가 없다고 생각했다. 이들은 자신들의 연구에 의하면 낙태를 하지 못하는 상황에서 여성들은 출산을 하기보다는 피임의 방법을 배워서 원천적으로 임신율이 낮아진다고 주장했다. 실제로 1975년 낙태합법화법 통과 이후 낙태수술을 받은 여성의 공식적인 집계는 점차 증가하고 있다. 1977년 150,954명이었고 1978년에는 148,836명, 1979년에는 155,691명, 1980년에는 168,889명, 1981년에는 180,237명으로 늘어나고 있다. 그러나 엘리엔느 프로보스트 하원의원의 조사에 따르면 이러한 낙태수술자의 증가는 실제 그 수가 많아졌다기보다는 점차 철저한 조사에 따른 것이라는 주장이다(Mossuz-Lavau 2002, 137).

이들은 대신에 두 가지 점을 강조했다. 첫째는 낙태합법화로 인해 매일 1,000명에 달했던 불법 낙태가 사라지게 될 것이라는 주장이다. 임신여성이 출산을 할 수 없다고 판단한다면 어떻게 해서라도 낙태를 하기 때문에 결국 낙태가 불법인 상황에서는 비밀 낙태를 할 수밖에 없고 이 경우 여성의 생명이 위험해질 수도 있고 그렇지 않다고 하더라고 비위생적인 불법 낙태는 임신여성의 건강을 해칠 수 있어 미래의 임신에 더욱 부정적이라고 주장했

다(Mopin 1988, 462).9)

두 번째는 낙태합법화는 사회를 보다 자유롭고 책임지는 사회로 만드는 데 기여하는 결정적 선택이라는 주장이다. 출생률 강화라고 하는 국가의 목표도 중요하지만 개인의 책임에 바탕을 두고 국가가 개인의 일에 개입하지 않는 사회가 더 자유롭고 바람직한 사회라는 주장에 따라서 우파나 중도파 의원 가운데 상당 부분이 이 의견에 동의했다.

좌파에서 낙태합법화 및 낙태 비용의 의료보험 적용에 찬성하면서 우파와 중도파의 낙태합법화 논리에 상당 부분 동의했다. 그와 더불어 페미니스트들의 주장에 기초한 여성의 몸에 대한 최종적 권리의 인정이라는 논리를 강조했고, 이러한 점에서 낙태합법화 및 의료보험 적용은 여성이 요구하는 것이 아니라 이미 주어진 기본권의 법적 확인이라는 점을 주장했다. 특히 낙태 비용의 의료보험 적용과 관련하여 좌파에서는 낙태 비용의 문제는 낙태를 원하는 개인의 문제가 아니라 국가가 담당해야 하는 문제라는 주장을 폈다. 즉, 불법 낙태로 인한 사회적·경제적 파장을 줄이는 것은 국가의 역할이라는 것이다. 결국 낙태 비용이 없는 여성들의 경우에는 값싼 불법 낙태를 하게 되고 이는 여성 건강에 치명적일 수 있기 때문에 국가가 이에 대해서 지원을 해야 한다는 논리를 폈다.

이와 더불어 이미 많은 자료들이 제시하고 있듯이 1975년 낙태합법화 이후 낙태수술에 관한 공식적 통계는 지역 간의 엄청난 편차를 보여주고 있다. 1975년 베이유법에서 병원장의 양심에 따라 낙태수술을 거부할 수 있다는 조항이 있는데 이에 근거하여 지역별로 많은 병원들이 낙태수술을 거부하였기 때문이다. 다른 이유는 지역별로 낙태수술 비용이 없어서 공식적인 통계에 들어가지 않는 방법으로 낙태수술을 받는 여성들의 수가 상당하다는 것을 의미한다는 것이다(Ferrand, Jaspard 1987, 35). 공산주의자들은 장기

9) 이런 맥락에서 1974년 낙태합법화 의회 논쟁에서 으젠느 클로디우스 쁘티(중도파)는 자신의 기독교적 신앙에도 불구하고 낙태합법화에 찬성한다고 말했다. 그녀는 "더 고통받고, 더 비난받고, 더 모욕받는 사람을 위해서 투표할 것이다"라고 했다.

적으로 사회주의로 인해서 각 가정이 편안하게 아이를 키울 수 있는 경제적 지원을 국가로부터 보장받아야 하겠지만 단기적으로 당장에는 이러한 불평등을 없애기 위해서도 반드시 낙태 비용의 의료보험 적용이 이루어져야 한다고 주장했다.

낙태합법화가 이루어진 이후부터 프랑스 사회에서는 낙태 이슈는 출산율 저하라는 반대파의 엄청난 공격을 받았다. 프랑스 사회가 이미 19세기 중반 이후부터 국가의 가장 중요한 정책 중 하나를 인구증가로 상정하여서 가족 정책에 많은 재정을 투입해왔다. 그러나 2차 세계대전 이후 프랑스의 인구는 급감하여서 좌우 정부를 막론하고 인구정책은 국가의 가장 중요한 관심사가 되어왔다. 1950년대 이후부터 북아프리카로부터의 이민자들이 용이하게 프랑스에 정착하도록 했던 이민정책도 결국 인구증대정책의 일환이었다. 1970년대 지스카르 데스탱 대통령 시기에는 출산율 강화 정책을 일반화하여서 모든 정부 정책 분야에 출산율 강화 개념이 삽입되도록 하였다. 그래서 대중보건제도에도 모성보호 및 유아건강보호가 포함되도록 하였고 노동정책에 있어서도 출산휴가를 강화하였다(King 1998, 34).

출산율 강화 정책은 정치인의 좌우 이데올로기를 막론하고 곧 국가의 의무와 연결되었다(King 1998, 41).[10] 그렇기 때문에 낙태 논쟁이 인구 문제와 맞물리게 되면 낙태 문제는 진전되기 어려웠다. 여기에 전통적으로 가톨릭 국가인 프랑스에서는 종교적으로 생명존중은 거부하기 힘든 사회의 논리였다. 1981년 루디는 낙태 이슈를 여성의 권리 문제로 논쟁을 전개하였다. 이 관점은 곧 자신의 이익을 위해서 '죄없는' 생명을 죽이는 살인자라는 도덕적 반대에 직면했다(Githens, McBride Stetson 1996, 93). 사실 의료보험 적용 논쟁은 낙태법 개정에 반대한 단체들이 만든 논쟁 주제를 변화시키려는 페미니스트들의 프레임 전환을 의미했다. 낙태반대론자들은 국가의 가

---

10) 사회당 출신의 대통령이었던 미테랑은 "둘째, 셋째 자녀에 대한 지원은 국가의 의무"라고 했고 중도파 대통령이었던 지스카르 데스탱 역시 "우리의 자손들이 살게 될 우리 사회의 생물학적인 미래는 가족에 달려 있다. 가족이 프랑스 인구를 지속적으로 유지하는 생물학적인 기능을 다하지 못한다면 … 우리나라는 약해질 것이다"라고 했다.

족정책과 직접 연결되는 출산장려주의자들의 논쟁을 지속하면서 가톨릭의 가치와 프랑스의 도덕성을 유지해야 한다는 주장으로 논쟁을 전개하였다. 반대 낙태주의자들의 담론은 미국의 낙태논쟁에서 나온 '생명존중 pro-life'의 언어를 차용한 것이며 미국의 반낙태론자들의 전술을 그대로 프랑스에 적용한 것이다. 출생률 저하라는 반대와 생명존중이라는 주장은 낙태합법화론자들의 가장 힘겨운 비판이었다. 내각에서 행정명령을 연기한 것은 바로 이러한 논쟁에서 페미니스트들의 논리가 패배했다는 것을 의미했다.

루디의 의료보험 적용계획이 연기된 이후 싸움은 더욱 가속화되었다. 반대파와 찬성파에서는 각각 여러 신문과 잡지에 기고를 통해서 자신들의 주장을 폈다.[11] 이 논쟁에 있어서 여성들은 두 가지의 상이한 이미지로 묘사되었다. 하나는 선택을 할 수 있는 책임있는 국민으로 인식되었다. 국가지원이 없는 낙태는 결국 범법자나 혹은 자신의 권리를 행사할 수 없는 시민, 아니면 자유로운 성인으로 행동할 수 없는 비시민으로 만든다는 것이다. 이 프레임에서 여성이 자신의 재생산과 성성에 관하여 결정권을 가지며 자신의 신체를 통제할 수 있는 능력을 수반하는 완전한 시민이 되도록 국가는 지원을 해주어야 할 의무를 가진다. 다른 이미지는 여성을 생명을 주는 일이라는 신이 준 책임과 부담을 회피하려고 하는 살인자로 묘사된다. 이 관점에 의하면 국가는 낙태 비용을 지불하기를 거절함으로써 이러한 여성들의 경향을 제어해야 할 의무를 가지게 된다.

이베트 루디는 여성부를 통해서 낙태 비용의 보험 적용은 여성을 '법 앞에 평등한' 인간으로 만들 것이며, 프랑스 시민으로서 자신들의 권리를 행사할 수 있는 시민으로 만들 것이라고 주장하면서 해방적 페미니스트의 관점에 연장선에서 여성의 권리를 주장했다. 이것은 단순화하면 '정의'의 문제인 것이다. 루디는 여성들이 비합법적인 낙태를 함으로써 범법자가 되는 것을 원

---

11) 대중 여성잡지인 'Elle'도 이 문제를 다루었다. 1982년 9월에 이루어진 여론조사를 보면 낙태 비용의 의료보험 적용에 대해서 찬성하는 비율은 응답자의 58%였고 여성 중에는 71%가 찬성한다고 응답했다.

하지 않았고 프랑스 내에서 자신들의 합법적 권리인 것을 행사하기 위해서 국외로 가야 하는 것을 원하지 않았다. 루디에게 중요한 문제는 낙태가 정상적인 의료행위인지 여부는 중요하지 않았다.[12) 그녀에게는 계급과 성에 따라 시민의 권리 행사 여부가 제한될 수 있는가 하는 것이었다. 그녀는 계속해서 낙태는 여성의 합법적 권리인데 이 권리가 돈이 있는 사람만 행사할 수 있는 권리여서는 안 된다고 주장한 것이다. 의료보험 적용의 목적은 여성의 권리를 신장하는 것이며 '법이 모든 사람에게 똑같지 않다'라는 비도덕적 상황을 극복하기 위한 것이었다(Le Monde April 5 1982).

즉 루디는 여성들 사이에서 경제적인 차이로 인하여 불평등이 야기되는 상황을 막는 것이 낙태 비용의 의료보험 적용이라고 주장한 것이었다. 생명 존중의 기본권이 태아의 것이냐 임신여성의 것이냐로부터 임신여성들 사이에서 경제적 차이로 인한 불평등 상황이 정의인지 아니면 국가가 경제적 차이로 인한 불평등을 해소해주는 것이 정의인지에 대한 논쟁으로 프레임을 전환한 것이다. 이러한 프레임의 전환이 내각회의에서 반대파를 설득하는 데 중요한 역할을 하였다.

3) 정책산출

이베트 루디는 처음에 이 문제를 의회를 거치지 않고 내각에서 결정할 사항으로 접근했다. 베레고부아가 이 문제를 의회의 결정사항으로 해야 한다고 주장한 이후에도 여전히 이 문제를 각료회의에서 통과시키기 위해서 노력했다. 의료보험 적용으로 인해서 낙태가 단순한 의료행위로 다루어질까 두려워하는 각료들로 인해서 루디는 내각회의에서 찬성파와 반대파가 충돌하는 상황에 맞닥뜨리게 되었다. 중요한 각료였던 베레고부아와 대통령인

---

12) 당시 정부 내에서는 사회문제장관인 베레고부아를 중심으로 하여 낙태가 일상적인 의료행위가 아닌 특별한 의료행위이기 때문에 의료보험이 아니라 따로 기금을 마련하여 지원하자는 대안이 제안되었다. 그러나 선택하라(Choisir)나 MFPF와 같은 여성단체들 그리고 정부 내의 페미니스트들은 낙태는 비일상적인 의료행위가 아니라고 주장하면서 맞서고 있었다.

미테랑이 이러한 일상화의 두려움에 동조했다. 루디는 결국 보건부장관, 노동부장관, 재정부장관과 함께 타협정책을 만들고 1982년 12월 각료회의를 통과시켰다. 그것은 의료보험에서 낙태 비용의 70%를 지원하는 것이었다. 낙태 비용 지원은 사회보장기금으로부터 지원되는 것이 아니었고 일반예산으로 지원되도록 하였다. 그리고 보험금 지급은 다른 의료행위와 마찬가지의 과정을 통해서 지원되도록 하였다. 장래에 이 문제가 세금이나 다른 추가 지불 문제로 나가지 않도록 하기 위해서 루디는 이를 일반예산으로 편성하도록 했고 별도의 보고를 요구하지 않도록 하였다. 이것은 불평등 프레임으로 내각의 반대를 설득하였지만 특별의료행위임을 인정함으로써 여성의 기본권에 대한 존중은 양보했다고 할 수 있다.

이 제안은 의회에서 논의되어 긴급제안의 형태로 통과되었다. 이어서 상원에서 이 제안이 거부되었고 다시 하원에서 재통과되고 상원에서는 다시 거부되었다. 하원에서의 재논의를 거쳐 최종적으로 미테랑 대통령에 의해서 1982년 12월 31일에 승인되었다. 의회에서의 투표과정에서는 좌우 정당이 극명하게 다른 견해를 보였다. 공산당 44명 전원 찬성, 사회당 286명 중 281명이 찬성하였고 RPR 의원 90명 가운데 86명이 반대하였고, 4명이 기권하여 찬성은 한 명도 없었다. UDF에서는 63명 중 62명이 반대하였다. 무소속 8명은 모두 반대하였다.

IV. 낙태 비용 의료보험 적용 입법화에 영향을 미친 요인

1. 여성운동의 영향

1980년대는 여성운동 전반으로는 운동의 쇠퇴기라고 할 수 있다(Kaufmann-McCall 1983, 282-293). 그러나 낙태 비용의 의료보험 적용 문제는 해방적 여성운동단체들의 관심과 대중적 여성언론의 관심을 끌어낼 수 있었다. 또한 사회당 내 여성들이 기존의 낙태 관련 규정이 태생적 불평등을 내포하기 있기 때문에 사회당이 이러한 불평등을 시정해야 한다는 입장을 고수하여 사회당을 압박하고 있었기 때문에 이 문제가 사회적 논쟁으로 나타날 수 있었다. 가족계획 관련 단체와 낙태 관련 단체들의 다양성에도 불구하고 이 문제를 둘러싼 응집력이 상당히 높았기 때문에 루디가 정책을 추진하는 것이 상대적으로 수월했다고 할 수 있다. 정부의 약속에 상당히 회의적인 태도를 보였던 선택하라(Choisir)조차도 여성권리부가 추진한 입법화에 긍정적인 관심을 보였다. 프랑스의 낙태운동은 이 논쟁을 중심으로 하여 다시 살아났고 상당히 응집력이 높았다. 1983년 2월 MFPF는 여성정책전담기구의 페미니스트적 공헌에 대해서 인정했고 이 입법화를 '반동적 세력에 대한 여성의 승리'로 묘사할 정도였다.[13]

반낙태운동도 이 기간에 상당히 적극적이었고 낙태행위의 일상화에 대한 위험을 주장하면서 활기를 띠기는 하였지만 정책제안을 멈추는 데는 실패하였다. 친낙태운동에 비해서 상대적으로 약했고, 그만큼 친낙태운동이 적극적이고 효과적이었다고 할 수 있다(Bureau-Roge 1997).

최종 정책은 여성운동이 원했던 것은 아니었다. 내각에서의 타협은 결국 낙태 비용을 모두 의료보험에서 지원하는 것은 아니었고 의료보험으로부터의 지원도 사회보장이 아니라 일반회계로 지원되는 것으로 입법화하였다. 여성단체가 원했던 100%로 의료보험으로부터의 지원은 2013년에 이루어지게 되어 그로부터 30년 이상을 더 기다려야 했던 것이다. 그럼에도 불구하고 여성부가 만든 정책내용은 선택하라(Choisir), MFPF 등의 낙태 관련 여성단체들의 목표와 동일선상에서 이루어지도록 루디가 노력한 결과였다. 루디는 논쟁적인 낙태 관련 입법을 대통령 임기 초에 의제로 상정하였고 대통령의 영향이 강하였기 때문에 하원에서 거의 모든 사회당 의원들의 찬성을

---

13) http://www.planning-familial.org/articles/le-planning-et-lavortement-00362(검색일: 2016.3.10).

받을 수 있었다. 게다가 여성운동단체들은 정책과정에 상당히 개입하였다. 1982년부터 1983년 봄까지 루디의 여성부는 제안을 만들면서 여성단체들의 의견을 구했고, 모든 단체들과 접촉한 것은 아니지만 상당히 많은 단체들과 접촉하면서 의견을 수렴한 결과로 만들어진 것이었다. 여성부는 MFPF, CFDT(Confédération Française Démocratique du Travail), 사회당 내 여성기구, 선택하라(Choisir) 등 여러 단체의 요구 사항과 관심을 세밀하게 주시했다.

2. 여성정책전담기구의 활동

루디는 잘 알려진 페미니스트로서 낙태와 피임 관련 운동단체들과 좋은 관계를 유지하고 있었다. 여성권리부가 최종적으로 타협할 수밖에 없기도 했고, 1983년 중반까지 법 시행이 지연되기는 했지만 여성권리부가 여성운동의 목표를 이루기 위해서 노력했고, 효과적으로 정책논쟁을 젠더화한 것은 사실이다.

루디는 의제를 정하는 데 성공했고 내각 내의 논쟁에도 불구하고 원래 사회당의 정책방향이라는 정당성을 가지고 있었기 때문에 정책을 산출하는 데 성공했다. 그리고 또한 상당히 응집력이 높은 사회운동단체들이 그녀를 지도자로 인정했고 반낙태론자들의 시위보다 더 많은 대중을 동원한 가두시위를 통해서 대중적 지지를 이끌어냈다. 루디는 의제를 만들었을 뿐만 아니라 이 의제가 지속적으로 논의되고 살아남아서 입법으로 가도록 12개월 동안의 정책화과정을 잘 이끌었다. 그녀는 지속적으로 여성의 권리 담론을 주장했고 여성들 사이의 불평등을 국가가 조정해야 한다는 논리로 낙태 비용 의료보험 적용 문제를 쟁점화했다.

당시의 여성부는 부장관직으로 되어 있고 총리에게 활동을 보고하는 부서로서 정부 내에서 영향력이 크지 않은 부서였다. 그러나 총리가 여성 문제의 적극적 지지자였기 때문에 루디 역시 적극적이며 추진력 있는 장관으로 비록 여성부가 정부 내 입지는 약했지만 몇몇 문제에 있어서는 소신껏 일을 추진할 수 있었다. 루디는 당 내나 반페미니스트들로부터 성차별주의자라는 가장 심한 모욕적 표현과 함께 너무 지나치다는 비판을 들었고 페미니스트들에게는 페미니스트의 논제를 일상화·어용화했다라는 비판과 더불어 개혁이 불충분하다는 비판을 들었다(Sarde 1988, 932). 이 당시의 여성부는 각료회의에 참석할 수 있었고 이전의 여성정책전담기구와는 달리 상당히 예산을 집행할 수 있는 권한을 가지고 있었다. 당시의 여성부 예산은 전체 예산에 비하면 얼마 안 되는 것이었지만 연간 700만 프랑이 넘었다. 루디와 여성부는 여성의 지위는 프랑스 사회 내에서 가족과 별개로 다루어져야 한다는 확고한 입장을 가지고 있었고, 피임과 낙태의 문제는 가족 문제와는 별개로 여성의 재생산권리에 관한 것이며 여성의 존재 자체에 관한 것이라는 주장을 확고히 하고 있었다.

3. 정책환경

정책환경은 1981년 이후 사회당이 행정부와 의회 모두를 장악하고 있었다는 것과 사회당 내 여성조직이 효과적으로 여성 관련 이슈를 정책화할 수 있는 입장에 있었다는 것이다. 그러나 특별히 이 정책의 논쟁에 있어서는 당 내에서 두 의견이 나뉘어져 있었다. 여성부와 총리인 모로와는 낙태는 여성의 기본적 권리이고 정상적인 의료과정으로 다루어져야 한다는 입장이었고, 베레고부아와 미테랑은 낙태는 다른 의료행위와는 같지 않다는 입장으로 극명하게 대립되었다. 이러한 대립은 미테랑이 1982년 초 루디와 모로와의 비치료 목적의 낙태조차도 보험이 적용되도록 하겠다는 발표에 대해서 크게 화를 냈다는 반응이 나오면서 공공연하게 나타났다. 이런 상황에서 낙태 비용에 대한 의료보험 적용은 당 내의 반대론자, 정부 내의 반대론자와의 논쟁과정이었으며 설득의 과정은 1982년이었다. 이 과정에서 당 내 여성조직이 큰 힘이 되었는데 이들은 제도화된 당내 기구를 통해서 당을 압박했고 사회당 소속 의원들을 압박했다. 또한 사회당인 선거과정에서 낙태에 관하여 했던 약속들은 여성정책 추진에 있어서 상당히 개방적인 환경을 제공했고 사회당 내 여성들이 정부를 압박하는 근거가 되기도 했다. 이렇게 여성단체들의 항의와 좌파 정당들은 압박이 결국 미테랑으로 하여 합의에 사인하게 했다.

V. 결론 및 종합평가

1981년 사회당 정부가 들어서면서 여성정책전담부서는 여성권리부로 격상되어 설치되었다. 그 수장에는 열렬한 여성운동가이며 미테랑 대통령의 조력자였던 이베트 루디가 임명되었다. 그녀는 산재해 있던 여성 관련 이슈 가운데 낙태 비용의 의료보험 적용 이슈를 첫 번째 정책 의제로 택하였다. 이 의제를 택했던 이유는 가장 논쟁이 심했던 주제이며 사회당 내에서도 반대가 만만치 않은 주제였기 때문에 어려운 문제를 먼저 해결하기 위한 전략으로 이것을 택했던 것이다. 역시 이 의제는 초기에는 쉽게 각료회의에 상정되면서 정부의 행정명령으로 결정될 것으로 보였다. 그렇지만 사회당 내 반대 세력을 대표하는 몇몇 장관들과 가톨릭 세력으로 대변되는 외부 세력의 압력에 의해서 행정명령으로 통과시키려던 전략은 실패하고, 의회에서 입법으로 통과시켜야 하는 과정을 거치게 되었다. 세 차례에 걸친 의회 내의 투표에서 결국 통과되지 못하고 대통령에 의해서 공표되는 과정을 거쳐서 입법화가 되었다.

이러한 입법화는 결과적으로 보면 정책산출의 내용은 원래 여성단체가 주장했던 100% 의료보험에의 적용에서 후퇴한 70%만 의료보험에서 보상받는 것이었고, 의료보험의 적용도 사회보장기금에서 지불되는 것이 아닌 일반예산으로부터 지불되는 형태로 이루어졌다. 정책산출과정에 있어서 여

〈표 2〉 프랑스 여성운동 의제의 정책화

정책투입	정책산출
여성운동	**내용적 반응**
1. 주류 여성운동은 상당히 쇠퇴하였고 약화되었지만 낙태 의제 중심의 단일 의제 여성단체들이 적극적으로 활동하여서 정책을 투입하였다. 2. 여성운동이 사용했던 프레임은 여성의 기본권, 생명권이었지만 이것은 사회의 출생률 강화 및 생명기본권 존중과 충돌하면서 어려움을 겪었다. 3. 여성운동과 갈등하는 반대운동은 가톨릭 및 pro-natalist운동이 있었지만 여성운동보다는 강하지 않았다.	여성운동에서 표출되었던 의제에서 일정 부분 타협이 있었다.
정치환경	**과정적 반응**
1. 사회당이 정부와 의회를 모두 장악하고 있었고 대통령 임기 초기였기 때문에 상당히 결집이 강하였고 추진력이 높았다. 18년의 도전 끝에 정권을 창출한 사회당의 사회변혁 의지가 강하였다. 2. 정부 내 여성정책전담기구는 새롭게 구성된 여성권리부로서 이전의 여성조건차관실에 비해서 인력과 재정 그리고 권한에 있어서 훨씬 앞서 있었다. 또한 장관에 임명된 루디는 오래된 여성운동가로서 여성운동단체와 사회당 내의 신임이 두터웠다. 3. 여론은 1970년대 낙태 논쟁 이후 여성의제에 상당히 호의적이었다.	여성운동가들이 여성권리부에 자문 및 의견수렴에 적극 동참하였다.

성단체의 의견에 대한 과정적 반응이 있었다. 여성운동가들은 새로 신설된 여성권리부에 페모크라트의 형태로 충원이 되어 여성운동의 의제가 여성권리부의 정책 의제가 되도록 하였으며, 낙태 비용의 의료보험 적용 정책 추진 과정에서 여성단체 특히 낙태 관련 단일 이슈 단체들이 자문 및 의견수렴에 적극 참여하였다. 물론 1980년 초의 프랑스 여성운동은 전반적으로 쇠퇴기에 있었지만 관련 이슈를 주장하던 단일 이슈 단체들은 비교적 활발하게 활동하였으며 새로 설치된 여성권리부와 긴밀히 협력하고 있었다.

낙태 비용의 의료보험 적용 의제의 정책화에 있어서 가장 중요한 행위자는 여성권리부였다. 여성권리부는 이 의제를 정책화하는 데 주도권을 가지고 논쟁을 이끌어갔으며 특히 1차 행정명령으로 통과시키려던 시도가 실패하였을 때 의제의 담론을 바꾸어 여성 간의 불평등으로 이 의제를 프레임하면서 사회당 내의 반대 집단을 설득하였다. 이러한 시도는 결국 의회에서 치열한 논쟁 끝에 실패하였지만 사회당 정부 내에서 대통령을 설득하여 대통령의 공표로 입법화될 수 있었다. 이 과정에서 여성운동단체들은 전반적인 쇠퇴기에 있었던 여성운동의 영향으로 외부적인 압력을 행사할 만큼 충분히 영향력은 없었지만 기능적으로 단일 이슈 단체들이 정부와 협력하였다. 이들의 외부적인 충분한 지원이 없었기 때문에 결국 입법화에서 가장 중요한 행위자는 여성권리부였던 것이다.

이 의제는 다른 여성 관련 의제들의 정책화와 비교해보았을 때 여성정책 전담기구가 정부 내에서 반대세력을 만났을 때 어떻게 자신들의 의제를 추진하는 데 성공하는지를 보여주는 좋은 사례라고 할 수 있다.

【참고문헌】

김민정. 2005. "잇슈를 통해본 프랑스 2기 여성운동의 성격." 『국제정치논총』 45집 3호.
_____. 2012. "프랑스 환경운동의 정치세력화와 정치적 성과." 『유럽연구』 30권 1호.
_____. 2016. "프랑스 여성운동 의제의 정책화." 『유럽연구』 33권 4호.

Amenta, Edwin. 2006. *When Movements Matter: The Townsend Plan and the Rise of Social Security*. Princeton NJ.: Princeton University Press.

Bashevkin, Sylvia. 1998. *Women on the Defensive: Living through Conservative Times*. Chicago: University of Chicago Press.

Biehl, Janet. 1993. "From movement to Parliamentary Party, Notes on Several European Green Movements." *Society and Nature*, no.3. 1-22.

Bozonnet, Jean-Paul. 2002. "Les Verts: échec et résistance." *Revue Politique et Parlementaire*, no.1020-1021. 150-161.

Bureau-Roger, A. 1997. "Echec de la stratégie des mouvements anti-avortement en France." *Contraception, fertilité et sexualité*, vol.25, no.9.

Bursein, Paul. 1999. "Social Movements and Public Policy." In Marco Giugni, Doug McAdam, and Charles Tilly, eds. *How Social Movements Matter*. Minneapolis: University of Minnesota Press.

Cole, Alistair, and Brian Doherty. 1995. "France Pas comme les autres-the French Greens at the crossroads." In Dick Richardson and Chris Rootes, eds. *The Green Challenge*. London: Routledge.

Dalton, Russell J. 1993. "The Environmental Movement in Western Europe." In Sheldon Kamieniecki, ed. *Environmental Politics in the International Arena*. NY: State University of New York Press.

Elgie, Robert, and Steven Griggs. 2000. *French Politics: Debates and Controversies*. London: Routledge.

Fassin, Eric. 2002. "Actualité du harcèlement sexuel." *Le Monde*, 22 February.

Ferrand, Michèle, Maryse Jaspard. 1987. *L'interruption volontaire de grossesse*. Paris: PUF.

Gamson, William. 1975. *The Strategy of Social Protest*. Homewood, IL: The Dorsey Press.

Githens, Marianne, Dorothy McBride Stetson, eds. 1996. *Abortion Politics. Public Policy in Cross-Cultural Perspective*. New York: Routledge.

Giugni, Marco. 1995. "Outcomes of New Social Movements." In Hanspeter Kriesi, Ruud Koopmans, Jan Willem Duyvendak and Marco Giugni, eds. *New Social Movements in Western Europe: A Comparative Analysis*. Minneapolis: University of Minnesota Press.

Jenson, Jane, and Mariette Sineau. 1997. *Mitterand et les Françaises*. Paris: Presse de Sciences Po.

Kaufmann-McCall, Dorothy. 1983. "Politics of Difference: The Women's Movement in France from May 1968 to Mitterrand" 9(2).

Keeler, John T.S. 1987. *The Politics of Neo-Corporatism in France*. Oxford: Oxford University.

King, Leslie. 1998. " "France needs children": Pronatalism, Nationalism and women's equity." *The Sociological Quarterly*, vol.29, no.1.

Kitschelt, Herbert P. 1986. "Political opportunity structure and Political Protest: Anti-nuclear Movement in Four Democracies." *British Journal of Political Science* 16:1 57-85.

Lachaise, Bernard. 2009. "Les députés gaullistes et les "lois de l'amour"." *Revue d'histoire politique* n.HS 5.

Lawson, Kay. 1983. "Corporatism in France: The Gaullist contribution." In F. Eidlin, ed. *Constitutional Democracy: Essays in Comparative Politics*. Boulder: Westview.

Le Brouster, Pascale. 2008. "Contribution à l'histoire du Planning familial: le partenariat CFDT-MFPF au cours des années soixante-dix." *Genre & Histoire*. Printemps.

Mazey, Sonia. 1986. "The Public Policy Making in France: The art of the Possible." *West European Politics*, vol.9, no.3.

Mény, Yves. 1989. *Idéologies, partis politiques et groupes sociaux*. Paris: Presses de la FNSP.

Meynaud, Jean. 1962. *Nouvelle étude sur les groupes de pression en France*. Paris:

Armand Collin.

Mopin, Michel. 1988. *Les Grands débats parlementaires de 1875 à nos jours*. Paris: La documentation française.

Mossuz-Lavau, Janine. 2002. *Les Lois de l'amour. Les politiques de la sexualité en France (195-2002)*. Paris: Payot et rivages.

Müller-Rommel, Ferdinand. 1985. "the Greens in Western Europe: similar but different." *International Political Science Review*, no.6, no.4 483-399.

Noiriel, Gérard. 1992. *Population, Immigration et identité nationale en France XIXe-XXe siècle*. Paris: Hachètte.

Phillips, Anne. 1991. *Engendering Democracy*. University Park, PA: University of Pennsylvania Press.

Pitkin, Hanna. 1967. *The Concept of Representation*. Berkeley: University of Berkeley.

Rochon, Thomas, and Daniel Mazmanian. 1993. "Social Movement and Policy Process." *Annals of the American Academy of Political and Social Science*, vol.528. Citizens, Protest, and Democracy (Jul.).

Roudy, Yvette. 2002. "Les Femmes sont une force." Entretien avec Delphine Gardey et Jacqueline Laufer, *Travail, Genre et Société*, no.7.

Safran, William. 1991. *The French Polity*. London: Longman.

Sarde, Michèle. 1988. "l'action du ministère des droits de la femme 1981-1986. un bilan." *The French Review*, vol.61, no.6 (may).

Scott, Joan. 1995. "Vive la différence!' " *Le Débat* 87.

Wright, Vincent. 1989. *The Government and Politics of France*, 3rd ed. London: Unwin Hyman.

Wilson, F. L. 1987. *Interest Group Politics in France*. Cambridge: Cambridge University.

http://www.planning-familial.org/articles/le-planning-et-lavortement-00362(검색일: 2016.3.10).

제9장

프랑스 연금 개혁과 사회적 대화

심창학 | 경상대학교

I. 들어가는 말

1990년대 이후 프랑스는 연금 개혁 열풍에 싸여 있다. 1993년을 시작으로 1995년, 2003년, 2007년, 2010년 그리고 2013년의 연금 개혁 등 총 6회의 연금 개혁이 시도되었다. 수치상으로는 3년에 1회씩 진행된 것이다. 연금 개혁은 비단 프랑스에만 국한된 것이 아니라 세계적인 현상이기도 하다. 공통적으로 연금 재정 적자 해소가 연금 개혁의 근본 배경임은 이미 잘 알려져 있는 사실이다. 한편 연금 개혁에서 흥미로운 현상은 여타 분야의 사회복지제도 개혁과는 달리 개혁 과정이 순탄하지 않다는 점이다. 달리 말하면 연금 개혁은 정부의 개혁안이 알려짐과 동시에 정치·사회적 쟁점으로 부상하게 되는 것은 물론이거니와 사회갈등의 요인으로 확대·심화되는 경향을 보이는 경우가 적지 않다. 프랑스의 1995년 사례처럼 연금 개혁 자체가 무산되는 모습이 나타나기도 한다. 이는 연금제도가 가지고 있는 특징에 기인한다.

　첫째, 연금제도는 사회구성원의 노후소득보장과 직결되어 있다. 생애주기에서 노령세대는 노동시장 은퇴세대로서 근로소득 외의 다른 재원을 통해서 생활을 영위할 수밖에 없는 상황에 직면하게 된다. 특히 프랑스처럼 노인세대의 소득 재원 중 연금소득이 차지하는 비중이 85%에 달하는 경우(OECD 2010, 5), 미래의 연금 급여의 삭감은 자신의 노후생활에 위협적인 요소가 됨은 두말할 나위가 없는 것이다.

　둘째, 연금제도는 세대 간 계약에 바탕을 두고 있다. 이는 노동시장 측면과 연금제도 자체의 측면으로 구분될 수 있는데 전자의 경우 개인 차원에서 경제활동 시기의 노동시장활동은 퇴직 후의 노후보장의 원천이 될 것이라는 믿음에 기초하고 있다. 한편, 최근의 수급 연령의 상승은 잠재적 연금 수급자의 노동시장활동 연장을 유도하게 될 것이다. 이는 청년세대의 입장에서는 노동시장 진입을 어렵게 하는 요인으로 작용하며, 결국 자신의 노후보장에 부정적인 요인으로 인식될 가능성이 많다. 프랑스의 2010년 연금 개혁 당시 고등학생들이 개혁 반대 시위에 참여하게 된 것도 이러한 맥락에서이다. 기존의 세대 간 계약의 파기 혹은 약화가 발견되는 대목이다.

　한편, 연금제도 측면에서 급여 지출에 필요한 재원 확보 방식에서 부과방식(pay-as-you financing)을 사용하고 있는 국가의 연금은 세대 간 계약에 바탕을 두고 있다. 왜냐하면 부과방식은 적립방식과는 달리 현재 근로세대 후 연금급여지출에 필요한 재원은 미래의 근로세대가 부담할 것이라는 기대 하에서 현재의 근로세대가 현재 퇴직세대의 연금급여지출에 필요한 재원을 부담하는 방식이다(cf. 이인재 외 2010).[1] 현재 프랑스를 비롯하여 유럽의 대부분의 국가는 부과방식에 의존하고 있다. 이 방식이 제대로 작동하기 위해서는 노인부양률이 낮아야 된다는 점, 높은 생산성에 의한 높은 실질임금

---

1) 적립방식(funded)은 초기부터 가입자로부터 징수한 기여금을 장기에 걸쳐 적립하며 이를 기금으로 운용하고 그 원리금과 당해 연도 기여금 수입을 재원으로 수급권자에게 연금급여를 지급하는 방식이다. 한편, 한국의 국민연금은 안정성(적립금)과 수익성(기금운용) 확보를 동시에 취하고 있다는 점에서 수정적립방식으로 부른다.

수준의 담보 등 몇 가지 조건이 담보되어야 한다. 그렇지 않으면 현재 근로 세대는 더 많은 기여금을 부담하는 반면, 미래의 연금 수준은 오히려 더 낮아질 가능성이 높다. 이 부분은 프랑스를 비롯하여 일찍이 부과방식을 채택했던 국가가 보여주고 있는 공통된 문제이기도 하다.

이처럼 연금 개혁이 사회갈등의 한 요인이 되는 것은 자신의 노후보장이 불안정하게 된다는 점, 기존의 세대 간 계약의 약화 혹은 파기에 근본적인 원인이 있는 것이다. 누가 무엇을 언제 잃을 것인가(Who loses what, when and how)의 문제에서 어느 누구도 자유로울 수 없는 것이 연금제도이며 이런 측면에서 볼 때 연금 개혁에 대한 사회구성원의 관심은 당연지사라 할 것이다(정홍원 2010).

연금 개혁에서 생각해볼 다른 한 가지는 그 과정이 순탄치는 않지만 대부분의 연금 개혁은 정부의 기본 의도대로 귀결된다는 점이다. 프랑스만 하더라도 1993년 이후에 시도된 6차례의 연금 개혁 사례 중 1995년의 공무원 연금 개혁을 제외한 5차례의 연금 개혁의 주요 내용은 정부안에 바탕을 두고 있다.

여기서 우리는 여러 가지 연구 질문을 제기할 수 있다. 연금 개혁에 대한 사회구성원의 반발은 과장된 것인가? 사회구성원 특히 연금 가입자 및 미래 수급자를 대표하는 노조 및 사회단체는 이들의 입장을 제대로 반영하고 있는가? 연금 협상에서 나타나는 노조 및 사회단체의 역할은 무엇인가? 낮은 코포라티즘으로 간주되는 프랑스의 이익대표체계가 이러한 결과를 가져오는 것은 아닌가?[2] 연금 협상 과정 중 국가는 사회적 대화의 이름하에 어떠한 소통 기제를 사용하고 있는가? 연금 개혁의 내용이 수급권의 약화를 의미하는 것으로만 구성되어 있는가? 만약 그렇지 않다면 소위 교환의 정치가 연금 개혁을 가능케 하는 주요 요인은 아닌가? 등이다.

---

[2] 버건스트(Vergunst)에 따르면 OECD 18개국 중 프랑스의 코포라티즘 정도는 12위 내지 18위에 해당한다. 렘부르크(Lehmbruch)와 캐머런(Cameron)은 OECD 국가 중 프랑스를 최하위에 배치하기도 했다(정병기 2014, 2).

이상의 연구 질문하에 본 글은 프랑스 연금 개혁 과정에서 나타나는 사회적 대화에 초점을 두고자 한다. 이는 세 가지로 구분한다. 첫째, 사회적 대화 기제로서 특정 이슈의 제기로 인해 정치 및 사회갈등이 발생 혹은 증폭될 때 이를 해결하기 위해 개입되는 제도적 메커니즘을 말한다. 대표적으로 경제사회환경위원회, 사회대토론회 등을 들 수 있다. 상시 기구로서 여기서 다루고 있는 의제는 매우 광범위하다. 따라서 연금 개혁에서 나타나는 이들의 역할은 상대적으로 미미하다 할 수 있다. 그럼에도 불구하고 프랑스의 대표적인 사회적 대화 기제로서 이들 기구에 대한 이해는 매우 중요하다. 사회적 대화 기제의 두 번째 유형은 노사 대표자 혹은 대표단체 중심의 노사 협의를 들 수 있다. 이는 국가의 요청 혹은 국가의 요청이 있기 전에 이루어진다. 공식적뿐만 아니라 비공식적으로 이루어지는 경우도 많기 때문에 암흑상자(black box)를 규명하는 것은 매우 어려운 연구 작업이며, 이는 본 글의 기본적인 제약 요인이기도 하다. 하지만 연금 개혁 과정에서 나타나는 노사 협의 역할은 매우 중요하다.

둘째, 사회적 대화의 방식은 주체에 따라 정부 주도와 사회 주도의 두 가지로 구분된다. 정부 주도의 대화 방식은 정부 자문기구 및 태스크포스(task force)의 활동이다. 이들은 개혁 초기에 연금의 현황 및 개혁의 당위성을 국민들에게 알리기 위해 운영되며 활동 결과는 보고서로 발간된다. 소위 전문가 정치라고도 부른다. 그다음, 사회 주도의 대화 방식으로서 노동운동이 대표적이다. 노동운동은 연금 개혁 반대의 주체라면 연금 개혁을 지지하는 시민단체의 움직임 역시 목격된다. 뿐만 아니라 연금 개혁에 대한 여론 동향 역시 당시 정부가 주목하는 소통방식의 하나이다.

셋째, 사회적 대화의 결과 및 영향이다. 이미 언급한 바와 같이 프랑스 연금 개혁의 대부분은 정부안이 관철되는 방향으로 마무리되었다. 연금 가입자의 재정 부담 심화 및 연금 수급자의 수급 요건 강화가 개혁의 결과로 알려져 있다. 본 글 역시 이러한 입장에 있음은 부인하지 않는다. 그럼에도 불구하고 프랑스 연금 개혁이 연금 수급권의 약화만을 가져왔는가 하는 것이다. 적어도 상당수의 연금 개혁은 연금 수급권의 강화를 의미하는 내용도 포함되어 있다는 것이 본 글의 또 다른 입장이며, 이는 이해관계자 간 교환의 정치가 작동했음을 보여주는 대목으로 판단된다.

본 글의 순서는 다음과 같다. 첫째, 프랑스 연금 개혁 개관이다. 1990년 대부터 최근까지 진행된 연금 개혁의 공통된 배경을 살펴보고, 각 연금 개혁의 주요 내용을 살펴볼 것이다. 아울러 이를 통해 프랑스 연금 개혁의 특징을 도출할 것이다. 둘째, 연금 개혁에서 나타나는 사회적 대화 양상에 관한 것이다. 사회적 대화 기제, 사회적 대화 방식 그리고 사회적 대화의 결과의 순으로 분석할 것이다. 여기에는 이와 관련되는 연금 개혁 사례가 언급될 것이다. 이상의 논의를 바탕으로 결론 부분에서는 연금 개혁에서 나타나는 사회적 대화의 특징을 정리한 후 본 연구 결과를 통해서 얻을 수 있는 시사점을 도출할 것이다.

II. 1990년대 이후 프랑스 연금 개혁 개관

1. 연금 개혁의 구조적·제도적 요인과 정치 상황

프랑스 연금제도는 수직적으로는 기본연금, 보충연금, 추가연금의 3층 체계로 구성되어 있다. 이 중 연금 개혁의 대상이 되는 연금 체계는 1층 체계에 해당하는 기본연금이다. 기본연금은 수평적으로 농업연금, 전문직종사자연금, 일반연금, 특별연금 등 4개의 연금제도로 구성되어 있으며 전문직종사자연금은 다시 상공인연금, 수공업자연금, 변호사연금 등 직종별로 상이한 연금제도가 운영 중에 있다. 특별연금 역시 공무원연금, 지자체공무원연금, 특수직역종사자연금(SNCF, RATP) 등을 비롯하여 직업군별로 15개가 넘는 연금제도가 있다. 한편, 2011년을 기준으로 기본연금 전체 가입자는 2,600만 명, 연금 수급자는 1,500만 명 정도로 수급자 대비 가입자 비율은

1.73으로 나타난다(Drees 2013).

한편, 1990년대 연금 개혁은 일반연금과 공무원연금 그리고 특수직역연금을 그 대상으로 하고 있다. 일반연금은 프랑스의 대표적인 연금으로 규모나 성격 면에서 한국의 국민연금과 유사하다. 상공업분야의 근로자(일반직원, 고위직) 그리고 비정규직 공무원과 (준)공공분야의 비정규직 근로자가 일반연금의 적용대상자이며 기본연금 중 가장 많은 가입자(약 1,800만 명) 및 연금수급자(약 1,300만 명)를 보유하고 있다. 공무원연금의 적용 대상자는 주로 중앙행정부처 소속의 국가 공무원으로서 거의 비슷한 규모의 가입자와 연금 수급자가 있다(약 170만 명, 2011년 기준). 한편 특수직역의 철도종사자연금(SNCF)은 가입자(15만 7천여 명)보다 수급자(18만 7천여 명)가 더 많은 모습을 보이고 있다. 교통공사직원연금(RATP)은 소규모 연금제도로서 약 4만 3천 명의 가입자와 3만 2천 명의 수급자가 있다.[3]

1990년대 이후 이들 연금이 개혁 대상이 된 공통적인 요인으로서는 재정수지의 불균형을 들 수 있다. 당시 정부의 개혁안은 물론이거니와 각종 보고서에서 가장 많이 강조되었던 부분으로 특히 미래의 재정 불균형으로 인한 재정 적자의 심각성에 초점을 두고 있다. 예컨대 2003년의 연금 개혁 당시 정부는 2020년이 되면 약 500억 유로의 재정 적자를 예견하고 있다. 수치는 다르지만 2010년 연금 개혁의 필요성을 강조한 연금정책방향위원회(COR)에 따르면 2010년의 232억 유로, 2020년의 450억 유로에 이어 2030년이 되면 700억 유로의 재정 적자를 예상하고 있다(COR 2010).[4] 이러한 재정 적자를 가져오는 구조적인 원인으로 우선 인구 고령화로 인한 수급자 대비 가입자 비율의 하락을 들 수 있다. 앞에서 언급한 바와 같이 프랑스 기본연금제도는 부과방식에 바탕을 두고 있다. 따라서 수급자 대비 가입자 비율의 지속적인 하락은 후속 세대에게 더 많은 재정 부담과 동시에 노후의

---

3) 심창학(2015); Drees(2013)의 관련 내용에 바탕을 두고 있음.
4) 2030년의 예상 재정 적자는 GDP의 2.46%에 달하는 것임. 참고로 2014년 기준 일반 연금 총 지출액은 1,805억 유로임(한화로 약 140조억 원).

<표 1> 프랑스 일반연금 가입자 및 수급자 추이

연도	가입자 수 (백만 명)	수급자 수 (백만 명)	비율 (수급자 수 대비 가입자 수)
1975	13.0	4.1	3.14
1980	13.4	5.0	2.68
1985	12.9	5.9	2.21
1990	13.7	7.3	1.88
1995	14.1	8.8	1.61
2000	15.4	9.7	1.59
2005	16.6	10.7	1.55
2010	17.7	12.6	1.41
2014(예측)	17.6	13.4	1.31
추이 (1975~2014)	35%	226%	-58%

출처: INSEE(프랑스 통계청)

급여수준의 하락이라는 이중고를 안겨줄 가능성이 많다. 이러한 점을 고려하면서 이와 관련된 1975년 이후 일반연금의 추이를 살펴보면 <표 1>과 같다.

<표 1>처럼 일반연금 가입자 수는 1975년의 1,300만 명에서 2014년도에는 1,760만 명으로 35%의 증가세를 보여주고 있다. 반면 같은 시기의 연금수급자는 약 400만 명에서 1,300만 명으로 2배 이상 증가되었다. 특히 2000년 이후의 증가세가 두드러지게 나타난다. 이러한 추이 변화는 수급자 대비 가입자의 비율 변화로 귀결된다. 1975년도에는 가입자 3명이 수급자의 1명의 연금 지급을 위한 재정 부담을 맡고 있는데 비해, 2014년에는 가입자 1.3명이 그 몫을 부담해야 되는 것으로 나타난다. 문제는 이러한 추이가 적어도 2060년까지는 그대로 지속될 것이라는 점이다. 연금정책방향위원회

(COR)의 최근 보고서에 따르면 2020년에는 1.65로 약간 높아졌다가 연금 수급자 수가 2,180만 명에 달하게 되는 2060년에는 다시 1.35로 떨어질 것으로 예측된다(COR 2012, 33-34).

일반연금과 비교 관점에서 볼 때 공무원연금 개혁의 주된 목적 역시 재정 적자 해소라는 점에서는 공통점을 지니고 있다. 특히 수급자 대비 가입자 비율에서 공무원연금과 특수직역연금은 일반연금보다 훨씬 낮은 수치를 보이고 있다.[5] 이는 근로자와 함께 재정 부담 주체인 국가에게 더욱더 큰 책임을 지우게 될 것이다.[6] 한편, 공통점 못지않게 사회적 형평성 구현이 공무원연금 개혁의 근거로 제시되고 있는 점은 중요한 차이라 할 수 있다.

연금제도 도입 시기부터 공무원연금과 특수직역연금은 일반연금에 비해 관대한 특징을 지니고 있다. 퇴직 후의 연금 수준이 상당히 높을 뿐만 아니라 수급 자격 또한 일반연금에 비해 가입자에게 유리한 방향으로 설계되었다. 공무원연금 개혁이 처음 시도된 1995년 당시 공무원연금의 임금대체율은 75%로서 일반연금의 50%보다 상당히 높다. 또한 급여 수준 결정의 중요한 요소인 기준임금에서 일반연금은 가입자의 소득이 가장 높은 25년의 평균임금을 채택하고 있는 반면, 공무원연금에서는 퇴직 전 6개월 평균임금을 기준임금으로 삼고 있다. 뿐만 아니라 완전연금을 받기 위한 기여금 납부기간 역시 1993년의 연금 개혁을 통해 늘어나기 시작한 일반연금에 비해 공무원연금은 짧다. 당시 우파정부가 공무원연금 및 이와 유사한 특수직역연금의 개혁 필요성을 강조하면서 '사회적 격차' 혹은 '사회적 형평성' 단어를 많이 언급한 것은 바로 이러한 맥락에서이다.[7]

이상 프랑스 연금 개혁의 주요 배경을 구조적 요인에 기인한 재정 적자 그리고 제도적 측면으로 나누어 살펴보았다. 다음으로 연금 개혁의 정치적

---

5) 예컨대, 공무원연금은 1.1(2012년 기준)이며 특수직역연금 중의 하나인 광부연금에서의 해당 비율은 0.02(2011년 기준)에 불과하다. Service des Retraites de l'Etat 2014, 7.
6) 2006년에는 49.90%였던 국가부담비율이 2014년에는 74.28%까지 증가되었음. 심창학 (2015, 190).
7) 이러한 주장의 타당성에 대해서는 심창학(2015, 195-200)을 참조.

<표 2> 연금 개혁과 정치 상황

개혁연도	대통령	국무총리	개혁대상연금
1993	F. Mitterand (미테랑, PS)	E. Balladur (발라뒤르, RPR)	일반연금
1995	J. Chirac (시라크, RPR)	A. Juppé (쥐페, RPR)	공무원연금, 특수직역연금 (개혁무산)
2003	J. Chirac (시라크, UMP)	Jean-Pierre Raffarin (라파렝, UMP)	일반연금/공무원연금
2007~2008	N. Sarkozy (사르코지, UMP)	F. Fillon (필롱, UMP)	특수직역연금
2010	N. Sarkozy (사르코지, UMP)	F. Fillon (필롱, UMP)	일반연금/공무원연금
2013	F. Holland (올랑드, PS)	J.-M. Ayrault (에이롤, PS)	일반연금

* PS(사회당)/RPR(공화국 연합)/UMP(대중운동연합)

성격을 알기 위해 개혁 당시의 정치 상황을 살펴보자. <표 2>는 개혁 당시의 대통령과 집권 정당 그리고 총리를 정리한 것이다.

<표 2>처럼 1990년대 이후 프랑스 연금 개혁은 총 6회 시도되었다. 이 중 5차례 연금 개혁은 정부의 기본 의도대로 진행되었다. 한편 1995년 연금 개혁은 의회의 통과에도 불구하고 개혁을 반대하는 사회운동으로 인해 무산되었다. 개혁 대상 연금 중 실패의 역사를 가지고 있는 공무원연금과 특수직역연금과는 달리 일반연금의 개혁은 전부 성공한 것으로 나타난다. 한편, 프랑스 연금 역사에서 분수령을 이루는 개혁 사례로서는 일반연금과 공무원연금의 개혁이 동시에 시도된 2003년과 2010년의 연금 개혁을 들 수 있다.

정치 상황과 관련하여 연금 개혁과 집권정당의 이념과는 차이가 없는 것으로 나타난다. 다시 말하면 연금 개혁이 우파집권정당(RPR 혹은 UMP)의 전유물이 아니며 그렇다고 해서 좌파(PS)집권정당만의 우선 정책도 아닌 것

이다. 집권 정당의 이념과 무관하게 연금 개혁이 지속적으로 시도된 데는 연금 재정 적자 문제가 초미의 관심사였기 때문이다. 그럼에도 불구하고 2003년과 2010년 양대 연금 개혁은 우파집권정당의 주도로 진행된 점에 주목할 필요가 있다. 왜냐하면 이후의 여타 연금 개혁은 이들 연금 개혁의 연장선상에 이루어진 측면이 크기 때문이다.

2. 프랑스 연금 개혁 추이(1993년~2013년)

이론적으로 재정 적자 해소를 위한 개혁 방향은 두 가지로 대변된다. 첫째, 수급 자격의 강화이다. 법정퇴직연령(수급개시연령)의 상향조정, 기여금 납부기간의 연장이 이의 구체적인 방법이다. 둘째, 급여 수준의 하락이다. 수급 자격의 강화 역시 결국은 급여 수준의 하락을 가져올 수 있다.[8] 하지만 이의 가장 극단적인 정책은 임금대체율의 하락이다. 경제활동 시기의 평균임금 대비 연금 수준의 비율을 의미하는 것으로 연금에 따라 다르다. 예컨대, 일반연금은 50%인 반면 공무원연금의 임금대체율은 75%이다. 이상의 방법 중 프랑스 연금 개혁에서 나타나는 정책적 대안과 이것이 시사하는 바는 무엇인가를 살펴보는 것 또한 매우 흥미로운 작업일 것이다. 개혁 자체는 동시적으로 진행된 적도 있었으나 본 글은 이해를 위해 일반연금과 특별연금(공무원연금과 특수직역연금)의 두 가지로 나누어 살펴보기로 한다.[9]

---

8) 예컨대 법정퇴직연령의 상향조정은 그만큼 연금을 늦게 받게 됨을 의미한다. 기여금 납부기간의 연장 역시 같은 맥락에서 연금 수준의 하락을 가져올 수 있다.
9) 별도의 인용 표시가 없는 한, 프랑스 정부연금개혁홈페이지(http://social-sante.gouv.fr/grands-dossiers/reforme-des-retraites/); 노대명(2012); 심창학(2015)의 관련 내용에 바탕을 두고 있다.

1) 일반연금

1980년대 말까지 일반연금의 개혁은 연금 수급자의 수급권을 강화하는 방향으로 진행되었다. 1980년대 초, 미테랑 대통령하의 사회당 정부는 퇴직 연령을 기존의 65세에서 60세로 하향조정하고 완전연금 수급을 위한 기여 금 납부기간을 150분기(37.5년)로 고정한 채 연금의 임금대체율을 50%로 하는 조치를 취했다(노대명 2012, 199). 뿐만 아니라 프랑스의 대표적인 저 소득 연금 수급자 노후보장제도인 기여최저연금제도가 도입인 시기이기도 하다.[10] 하지만 이후 제2차 석유파동 등 경기침체에 직면하면서 프랑스 연 금제도 역시 개혁 대상의 핵심에 자리 잡게 되었다.

1990년대의 첫 번째 연금 개혁은 동거 체제하에서 우파집권정당의 주도 로 진행되었다. 여대야소 정국하에 우파진영은 신속하게 법안을 심사하고 통과시키게 된다.[11] 이의 주요 내용은 첫째, 완전연금을 받을 수 있는 기여 금 납부기간의 단계적 연장이다. 즉 기존의 150분기를 1994년부터 2004년 1월까지 160분기(40년)로 늘리는 것이다.[12] 둘째, 급여 산정을 위한 평균임 금의 적용기간을 기존의 소득이 가장 높은 10년에서 25년으로 단계적으로 확대하는 것이다(2010년까지 1년씩 연장). 평균임금의 하락을 의미함과 동 시에 연금 수준의 하락으로 연결될 수 있는 대목이다. 셋째, 급여 연동 방식 의 변경이다. 기존의 임금 인상 대신 물가 인상분을 반영하여 매년 연금액 의 조정이 이루어지게 되었다. 이는 양자의 인상폭에 따라 실익이 달라질 수 있는 부분이다. 당시 사회보험기금에 따르면 기여금 납부기간 연장보다 급여 연동 방식의 변경이 연금 수준 하락의 주요인이 될 것으로 보고 있다. 넷째, 연금삭감제도의 도입이다. 즉 기여금 납부기간이 부족한 가입자가 퇴

---

10) 기여금 납부기간을 충족한 연금 수급자의 연금 수준이 법정최저연금보다 적은 경우 그 수준에 맞도록 부족한 부분을 지급하는 제도로서 1983년에 도입되었다.

11) 1993년 총선 결과, 우파정당인 대중운동연합(RPR)은 577의석 중 257석을 차지함. 반면 좌파정당인 사회당과 공산당은 각각 57석과 26석에 불과했음. 나머지 의석은 중도(UDF) 혹은 중도 좌파 정당이 차지함.

12) 완전연금이란 법정연금 최대액을 지칭하는 것으로, 이는 60세에 완전연금 수급을 위 해서는 20세부터 기여금 납부 실적이 있어야 함을 의미한다.

직하는 경우 삭감된 연금을 지급하는 것이다(연별 10%). 이처럼 재정 적자
문제를 해결하기 위해 1993년에 진행된 일반연금 개혁은 수급 요건의 강화
와 이의 결과로서의 연금 급여 수준의 하락이라는 두 가지 대안을 모두 제
시하고 있다.[13] 반면 연금의 임금대체율 자체의 하락이라는 극단적인 정책
대안은 보이지 않음에 유의할 필요가 있을 것이다.

2003년, 재집권에 성공한 우파정부는 다시 연금 개혁에 착수하게 된다.
2003년 2월 3일 정부 개혁안이 발표된 후 약 4개월 정도의 협의 과정을
거친 끝에 7월에 관련 법안이 통과되었다.[14] 정부는 공무원연금을 개혁의
주된 대상으로 삼고 있었으나 일반연금도 개혁 대상에서 빠지지 않았다. 당
시 일반연금 개혁의 주된 내용은 첫째, 완전연금 수급을 위한 기여금 납부기
간의 단계적 연장이다. 기존의 160분기를 2009년부터 2012년까지 164분기

〈표 3〉 프랑스 일반연금 개혁 개관(1993년~2003년)

	수급개시 연령 (법정퇴직 최소연령)	완전연금 수급을 위한 기여금 납부기간	완전연금 임금대체율	삭감 시스템	가산 시스템	평균임금 산정기간
1993년 전	60세	150분기	50%	–	–	가장 소득이 높은 10년
1993년	60세	150분기 → 160분기 (2003년)	50%	연 10%	–	소득이 가장 높은 25년
2003년	60세	160분기 → 164분기 (2012년)	50%	연 10% → 5%	연 3%	

13) 한 연구에 의하면 개혁으로 인해 연금 수준이 평균 6% 하락될 것으로 예측된다.
14) 2002년 선거 결과 하원의 의석은 우파정당(UMP, Union pour la majorité pré-
sidentielle → UMP, Union pour un mouvement populaire로 바뀜, 2002년)이 365
석로 절대 다수를 차지하고 있다. 그 뒤를 사회당(141), 프랑스 민주연합(29)의 순임.

(41년)로 늘리는 것이다. 둘째, 연금삭감시스템제도의 변경과 가산시스템 제도의 도입이다. 즉 조기 퇴직의 경우 적용되었던 삭감률을 10%에서 5%로 낮추었다. 한편, 연금가산시스템의 도입을 명시하고 있는 점에 주목할 필요가 있다. 즉 법정퇴직연령 조건과 기여금 납부 조건을 충족시킨 근로자가 계속 근로하는 경우 연금액이 증대되는 것이다(년 3%). 고령 근로자의 노동시장 유지와 연금 지출액의 감소를 실현시키고자 하는 의도가 엿보이는 대목이다.

한편, 우파정부에 의해 시도된 2010년도의 일반연금 개혁은 당시 노동·연대·공공기능 장관의 이름을 딴 웨츠법안(loi Woerth)에 구체적인 내용이 드러났다. 이 법안은 2010년 6월 16일 발표되고, 9월 7일 하원에 제출되었으며, 동년 12월 9일 헌법 위원회에 의해 공표되었다.[15] 재정 적자 해소라는 목표는 2003년의 연금 개혁과 유사하다. 하지만 그 방법은 좀 더 포괄적인 특징을 보이고 있다. 즉 기존의 기여금 납부기간의 연장으로는 이를 해결할 수 없다는 연금정책방향위원회(COR)의 판단을 받아들여 새로운 정책대안을 제시한 바 법적퇴직연령의 상향조정이 바로 그것이다. 퇴직연금 수급개시가 가능한 최소연령으로서 기존의 60세에서 2011년부터 6년간 해마다 4개월씩 연장을 통해 2018년에는 62세로 늘리는 것이다.[16] 둘째, 기여금 납부기간 미충족에도 불구하고 완전연금 수급이 가능한 연령을 기존의 65세에서 2016년부터 점진적 연장을 통해 67세로 상향조정하는 것이다(2023년까지). 이상의 개혁을 통해 약 200억 유로의 재정 적자 보전이 가능할 것으로 보고 있다.

마지막으로, 2013년 일반연금 개혁은 좌파 정부에 의해 시도되었다.[17] 이

---

15) https://www.legifrance.gouv.fr/affichTexte.do?cidTexte=JORFTEXT0000230221 27&categorieLien=id

16) 다른 국가와 달리 프랑스 노동시장 및 연금과 관련된 연령은 크게 세 가지가 있다. 첫째, 법정퇴직 최소연령이 있다. 기여금 납부기간만 충족하면 완전연금 수급이 보장되는 연령이다. 둘째, 법정퇴직 최대연령으로 2009년 도입 당시 70세이다. 연금가산제도가 적용될 수 있는 최대연령이기도 하다. 셋째, 완전연금 수급 가능연령이다. 이는 기여금 납부기간 미충족에도 불구하고 완전연금 수급이 보장되는 연령을 의미한다.

〈표 4〉 프랑스 일반연금 개혁 개관(2010년~2013년)

	수급개시 연령(법정 퇴직최소 연령)	완전연금 수급을 기여금 납부기간	완전연금 수급가능 연령	완전연금 임금대체율	삭감 시스템	가산 시스템	평균임금 산정기간
2010년	62세 (2018년)	유지	65세 → 67세 (2016년~ 2023년)	50%	유지	유지	유지
2013년	유지	172분기 (2035년)	–	50%	유지	유지	유지

의 골자는 장기적인 관점에서 완전연금 수급을 위한 기여금 납부기간을 2020년의 166분기(41.5년)에 이어 2035년에는 172분기(43년)까지 늘린다는 것이다. 〈표 4〉는 지금까지의 내용을 정리한 것이다.

지금까지 1993년부터 최근까지 진행된 일반연금의 개혁 추이를 살펴보았다. 재정 적자 해소라는 과제에 직면하여 프랑스 역대 정부는 좌·우파를 막론하고 개혁 작업에 뛰어들었다. 한편 정책적 대안은 수급 요건의 엄격성에 초점을 두고 있음을 알 수 있다. 완전연금 수급을 위한 기여금 납부기간의 연장 그리고 법정퇴직연령의 상향조정이 대표적 사례이다. 한편, 재정 적자 해소의 다른 방법인 완전연금의 임금대체율의 하향조정을 통한 급여 수준의 하락은 개혁 내용에서 전혀 보이지 않는다. 기여금 수준과 납부기간은 올리더라도 연금 수급자의 법정연금 수준은 그대로 유지되고 있는 것이다.

---

17) 2012년 선거는 좌파정당의 부상으로 특징지을 수 있다. 사회당 연합은 지난 선거보다 90여 석이 많은 295석을 차지하여 집권정당으로 부상했다. 한편 UMP(우파정당)는 지난 선거에 비해 120여 석이 모자란 196석을 차지했다. 환경당(18석)의 의회 등장이 두드러지는 선거이기도 하다.

2) 공무원연금 및 특수직역연금

역대 프랑스 정부의 연금 개혁에서 공무원연금과 특수직역연금은 뜨거운 감자로 간주되었다. 개혁의 필요성에 대해서는 역대 정부가 공감함에도 불구하고 어느 정부도 개혁 시도를 감행하지 못했다. 그 이유는 후에 상술하겠지만 공공 노조를 비롯한 개혁 반발 세력의 움직임이 매우 강할 것으로 예상되기 때문이다.

이의 단적인 예가 1995년의 연금 개혁 사례이다. 당시 우파정부는 재정 적자 해소의 시급성과 사회적 형평성 복원의 명분하에 연금 개혁을 단행했다. 당시 총리였던 알랭 쥐페(A. Juppé)가 발표한 개혁안의 핵심 개념은 공무원 및 특수직역연금의 급여 관련 규정을 일반연금과 유사하게 개정하는 것이다. 구체적으로 150분기인 완전연금 수급을 위한 기여금 납부기간을 일반연금과 동일하게 160분기로 늘리는 것이다. 비난 회피(blame avoidance)의 관점에서 보면 당시 프랑스 정치 상황은 연금 개혁을 시도하기에 유리한 시점이었다.[18] 차기 총선이 약 3년 그리고 대통령선거는 약 7년(2002년 실시) 정도 남아 있는 시점이기 때문에, 개혁으로 인한 부정적 선거 결과를 최소화할 수 있을 것으로 기대했다. 하지만 정치·사회 세력의 강한 반대에 부딪쳐 연금 개혁은 의회 통과에도 불구하고 기여금 납부기간의 연장을 비롯한 개혁안의 주요 골자에 대한 정부의 철회 선언으로 연금 개혁은 마무리되었다.

2003년에 실시된 연금 개혁의 주요 골자는 이의 연장선상에서 마련되었다. 2002년의 총선 결과 절대다수당이 된 우파정부는 일반연금뿐만 아니라 공무원연금의 동시 개혁을 시도했다. 당시 공무원연금 개혁의 주요 골자는

---

18) 피어슨(Pierson)에 따르면 사회보장 지출 억제를 원하는 정부가 있다면 그 정부는 두 가지 도전에 직면할 것이라는 것이다. 하나는 지출 억제의 정당화이고 나머지 하나는 이에 따른 선거 결과의 최소화이다. 두 가지를 요약하면 '비난 회피(blame avoidance)'이다(Pierson 1991). 한편 본 연구자는 국가 중심적 이론의 관점(국가 자율성, 국가 능력)에서 1995년의 프랑스 연금 개혁과 1986년의 한국의 의료보험 개혁과정을 비교한 바 있다. cf. 심창학(2002).

첫째, 완전연금 수급을 위한 기여금 납부기간을 기존의 150분기(37.5년)에서 단계를 거쳐 2012년에는 164분기까지 늘리는 것이다. 이는 공무원연금과 일반연금의 수급 요건이 같아지는 것을 의미한다. 둘째, 일반연금과 마찬가지로 공무원연금도 연금삭감제도와 가산제도를 도입한다. 이의 비율 역시 동일하다. 이는 수급 요건 측면에서 공무원연금은 이제 더 이상 일반연금과 차이가 없어짐을 의미한다. 후술하겠지만 개혁안의 주요 골자가 유사함에도 불구하고 1995년 사례와는 반대로 2003년의 연금 개혁이 정부의 의도대로 실현된 데는 반면교사의 차원에서 이루어진 정부의 노사 대표와의 지속적인 협의 그리고 여론 형성의 정치가 결정적이었다.

공무원연금은 2010년 개혁을 통해 역사적으로 중요한 분수령을 이루게 된다. 개혁의 주요 골자 중 다음 세 가지는 일반연금과 동일하다. 첫째, 법정퇴직최소연령을 일반연금과 마찬가지로 60세에서 단계적 연장을 통해 62세까지 늘리는 것이다(2018년). 둘째, 기여금 납부기간 미충족에도 불구하고 완전연금 수급이 가능한 연령을 기존의 65세에서 2016년부터 점진적 연장을 통해 67세로 상향조정하는 것이다(2023년까지). 셋째, 완전연금 수급을 위한 기여금 납부기간을 2020년까지 164분기(41년)에서 166분기(41.5년)로 연장하는 것이다(추가 조치). 한편 공무원연금에만 적용되는 내용이 있는데 기여율의 단계적 인상이다. 이는 공무원 부담률을 의미하는 것으로 7.85%에서 2020년에는 10.55%까지 단계적 인상을 예고하고 있다. 이렇게 볼 때 수급 요건에 있어서 공무원연금은 일반연금과 동일하게 됨으로써 수급 요건에서 공무원연금이 가지고 있었던 차별성은 소멸되었다고 할 수 있다. 그럼에도 불구하고 연금 수준에서 공무원연금이 지니고 있는 상대적 관대성은 그대로 유지되었다. 이는 75%에 달하는 연금의 임금대체율과 연금 산정의 기준이 되는 평균임금의 산정기간을 개혁 전과 마찬가지로 퇴직 전 6개월인 점에서 알 수 있다. 〈표 5〉는 이상 내용을 정리한 것이다.

한편, 이상의 공무원연금 개혁 방향은 2007년과 2008년에 실시된 특수직역연금(SNCF, RATP 등 …) 개혁에서도 그대로 나타난다. 2007년 집권한 우파정당의 사르코지 대통령은 특수직역연금에서 보여준 관대한 수급 요건

〈표 5〉 프랑스 공무원연금 개혁 개관(1995년~2010년)

	수급개시 연령(법정 퇴직최소 연령)	완전연금 수급을 위한 기여금 납부기간	완전연금 수급가능 연령	완전연금 임금대체율	삭감 시스템	가산 시스템	평균임금 산정기간
1995년 전	60세	150분기	65세	75%	없음	없음	퇴직 전 6개월
1995년 (무산)	60세	150분기 → 160분기	유지	유지	없음	없음	유지
2003년	60세	150분기 → 164분기	유지	유지	연 5%	연 3%	유지
2010년	62세 (2018년)	172분기 (2035년)	65세 → 67세	유지	유지	유지	유지

을 일반연금과 유사한 수준으로 하향조정을 시도했다.[19] 완전연금 수급을 위한 기여금 납부기간을 2016년까지 164분기로 늘리고 연금 산정에 임금인상이 아닌 물가인상분을 반영한다. 그리고 기존에 없던 연금가산제도와 연금삭감제도 또한 이 시기에 도입되었다. 일반연금과 공무원연금에 비해 가장 중요한 내용은 급여 수준의 변화를 시도하고 있다는 점이다. 연금 급여 산정에 필요한 평균임금 부분에서 특수직역연금의 대부분은 퇴직 전 마지막 달의 임금을 기준하고 있다. 이를 공무원연금과 마찬가지로 퇴직 전 6개월 평균임금으로 바꾸는 것이다.

지금까지 본 글은 일반연금과 공무원연금 및 특수직역연금을 통해서 1990년대 이후 진행된 프랑스 연금 개혁 과정을 살펴보았다. 각 연금제도별 일정 부분 차이에도 불구하고 프랑스 연금 개혁의 목표 및 방향은 두 가지

---

19) 2007년 선거 결과 하원은 양당 구도를 형성했다. 우파정당인 UMP는 320석을 차지하여 지난 선거에 이어 제1당이 되었다. 사회당, 급진파 연합은 204석을 차지했으며 민주좌파는 24석을 차지하여 제3당으로 부상했다.

〈표 6〉 프랑스 특수직역연금 개혁 개관(2007~2008년)

	수급개시 연령(법정 퇴직최소 연령)	완전연금 수급을 기여금 납부기간	완전연금 수급 연령	완전연금 임금대체율	삭감 시스템	가산 시스템	평균임금 산정기간
2007년 전	다양	150분기	다양	다양	없음	없음	퇴직 직전 1개월
2007~ 8년	상동	150분기 → 164분기	상동	상동	도입	도입	퇴직 전 6개월

이다. 첫째, 현재 혹은 미래의 연금 재정 압박에 대한 대응의 차원에서 단계적 접근방법을 통해 재정 적자를 해소하는 것이다. 세 연금제도에서 공히 나타나는 해법이 수급 요건의 강화이다. 이를 실현하기 위해 수급개시 연령의 상향조정, 완전연금 수급을 위한 기여금의 연장 등이 제시되었다. 둘째, 연금 간 차이 해소를 통해 정부의 표현을 그대로 인용한다면 '사회적 공평성'을 추구하고자 한다. 시기적으로 개혁 작업이 먼저 진행된 일반연금에 상응하는 방향으로 동시적 혹은 순차적으로 공무원연금 및 퇴직연금의 개혁이 진행됨을 알 수 있다. 셋째, 수급 요건의 엄격성과 달리 급여 수준을 하락시키고자 하는 개혁 시도는 찾아보기 힘들다. 물론 연금 산정의 기준이 되는 평균임금의 적용기간에서 변화가 있는 것은 사실이다(1993년의 일반연금, 2007~8년의 특수직역연금). 그럼에도 불구하고 연금 급여 수준의 잣대라 할 수 있는 연금의 임금대체율에 대해서는 단 한 차례의 개혁 시도도 없이 그대로 유지되고 있다.

지금까지의 논의를 바탕으로 다음 절에서는 연금 개혁 과정에서 직·간접적으로 영향을 미친 사회적 대화의 구체적인 내용을 살펴보자.

III. 연금 개혁과 사회적 대화

손영우(2015)에 따르면 전국 수준에서 프랑스의 사회적 대화 영역은 의회·
자문기구와 노·사의 전(全) 산업, 산별교섭으로 구분된다. 한편 본 글은 사
회적 대화를 성격에 따라 기제, 방식 그리고 결과 및 영향으로 나누고 연금
개혁 과정에서 나타나는 모습을 살펴보고자 한다.

1. 사회적 대화 기제

여기서 사회적 대화 기제란 특정 이슈의 제기로 인해 정치 및 사회갈등이
발생 혹은 증폭될 때 이를 해결하기 위해 개입되는 제도적 메커니즘을 말한
다. 지금부터 소개하는 사회적 대화 기제는 비단 연금 문제뿐만 아니라 정
치·경제·사회 전 영역의 문제를 다루고 있다.

1) 경제사회환경위원회(Conseil économique, social et environmental, 이하 CESE)

본래 이름은 경제사회위원회였으나 2008년 헌법 개정과 함께 환경이 추
가되었다. 1925년 출범 당시에는 3개 단체의 47명이 참가했으나 현재는 총
233명으로 구성되어 있다. 1958년의 제5공화국 헌법에 근거하여 경제 사회
각 부문의 이익 대표로 구성된 국민 의회로서 인정받음과 동시에 상·하원
에 이어 '제3의 의회'로 불린다.

헌법상 입법 자문기구로서 자문위원의 구성은 〈표 7〉과 같다.[20]

---

20) 경제사회이사회의 기능에 대해 프랑스 헌법의 관련 조항은 행정부의 요청이 있는 경
우 정부 법안, 정부 시행령, 대통령령, 하원의 법률안에 대해 의견을 제시한다고 명시
하고 있다. 그리고 국가의 경제·사회 문제와 관련하여 정부 정책에 대하여 의견을
제시할 수 있다고 규정하고 있다.

〈표 7〉 프랑스 경제사회환경위원회의 구성

(단위: 명)

직능	지명단체	직능	지명단체
경제생활 및 사회적 대화 위원(140)			
봉급생활자 대표(69)	CFDT, CFTC, CGT CGT-FO, CFE-CGC, UNSA, FSU, USS	상공업, 서비스 대표(27)	MEDEF, CGPME …
농민 대표(20)	APCA, FNSEA …	수공업자 대표(10)	APCMA …
전문직 대표(40)	UNAPL …	전문 공익 위원(10)	장관회의 결정
사회적·지리적 결속 및 결사체 위원(60)			
비농업 분야 공제조합, 협동조합(8)	FNMF …	농업분야 공제조합, 협동조합(4)	전국 농업 공제조합 연맹 …
가족대표 단체(10)	UNAF …	결사체 및 재단 대표(8)	결사체 운동 단체 …
해외영토 사회· 경제 활동대표 (11)	해외영토담당장관의 보고서 → 명령 발효	청년 및 학생 대표(4)	청년담당부에서 지명
전문공익위원 (사회, 문화, 스포츠, 장애, 퇴직 …)(15)	장관회의 결정		
자연, 환경 보호(33)			
결사체 대표자 (18)	프랑스 자연 환경 …	전문 공익 위원(15)	장관회의 결정

출처: CESE 홈페이지(http://www.lecese.fr/decouvrir-cese/conseillers)

인근 국가의 유사한 기구와의 비교 관점에서 프랑스 CESE는 포괄적인 특징을 지니고 있다. 우선 자문위원 구성 차원에서 노사단체뿐만 아니라 직업 및 직종 대표, 사회적 경제 대표, 가족, 청년, 학생, 해외영토 대표, 그리고 최근의 환경단체 대표까지 18개 그룹의 경제·사회 주체가 총망라되어 있다. 그리고 실질적 활동이 이루어지고 있는 9개 분과 명칭에서 그대로 드러나듯이 여기서 다루고 있는 문제 영역 또한 매우 광범위하다.[21]

한편, CESE의 기능과 역할은 크게 세 가지이다(손영우 2005). 첫째, 정부가 법안을 상정하기 전에 사회에 대한 그 영향을 미리 예측할 수 있는 '사회적 실험실' 역할을 한다. 이는 정부의 요청에 의해 의견을 개진하는 정부위탁활동과 입법안이 통과되기 전에 자발적으로 자신의 의견을 개진하는 자기위탁활동을 통해 수행된다. 둘째, CESE 활동을 통해 정부·의회기관과 이익집단 간의 많은 정보가 유통되도록 하는 '교차로' 역할을 한다. 이는 기구 내의 분과와 그룹 활동을 통해 이루어지고 있다. 셋째, 사회그룹 간의 대화를 통한 '사회적 윤활유' 역할을 하고 있다. 1회에 이틀, 매달 2회 열리는 본회의와 분과 활동 그리고 비정기적 접촉은 이를 가능케 한다.

CESE의 역할에 대한 비판에도 불구하고[22] 국가정책을 마련하는 데 미치는 역할은 상당히 크다고 할 수 있다. 일례로 1988년 한국의 국민기초생활보장제도와 유사한 최저소득보장제도에 관한 법(RMI법)이 제정될 때 조셉 렌스키 신부가 경제사회위원회에 제출한 빈곤에 관한 보고서가 촉진제 역할을 했다. 한편 연금 개혁을 비롯하여 사회복지와 관련된 활동은 사회 문제 및 보건 분과에서 수행되고 있다.[23] 조사 결과 매년 3~5개 분과의 공식 견해가 본회의에서 채택된 것으로 나타나는데 연금과 관련해서는 2000년의 공식 견해가 대표적이다.[24] 여기서는 제도 간 차이 해소를 연금 개혁의 주

---

21) 사회 문제 및 보건 분과, 경제 및 재정 분과, 농·어업 식품 분과, 노동 및 고용 분과, 유럽 및 국제 문제 분과, 문화, 교육·문화 및 통신 분과, 지속가능 국토개발 분과, 경제활동 분과, 환경 분과 등이다.
22) 비판 중의 하나는 진정한 합의기구가 아니라 주로 정부가 사용자단체 및 노조 지도자들에게 정책을 알려주고 설명해주는 기구라는 점이다. 따라서 사안에 따라서는 일부 노조 대표자들은 불참한 가운데 결정이 이루어지는 사례도 많다(닉 퍼슨 2003, 167).
23) 위원장을 포함하여 총 30명의 자문위원으로 구성되어 있음.
24) CESE(2000). 공식 견해 문서는 본문과 총회의 표결 결과 그리고 그룹별 견해의 순으로 구성된다.

요 현안으로 보고 있다. 흥미로운 점은 대안으로 당시 정부 정책 방향과는
달리 평균임금의 적용 기간의 변화를 통해서 일반연금의 급여 수준 상승이
필요함을 주장하고 있다는 점이다. 반면 연금의 임금대체율 조정에 대해서
는 반대 입장을 분명히 하고 있다(CESE 2000, 31). 한편, 2015년 6월을 시
한으로 개정을 추진 중인 공무원연금 개혁과 관련된 정부의 견해 요청에
대해 CESE는 법정퇴직연령의 단계적 연장(63세)과 기여율의 인상을 권고하
고 있다.[25]

헌법상 입법 자문기구로서 CESE의 모든 공식 견해가 정부연금 개혁안에
포함되는 것은 아니다. 하지만 정부의 연금 개혁안의 방향 정립에 도움을
주거나 개혁에 대한 사회적 파트너의 입장을 미리 청취할 수 있다는 점에서
주요한 사회적 대화 기제라 할 수 있다.

2) 노사(정) 협의

노사협의는 노사양자주의를 지향하고 있다는 점과 연금 개혁처럼 특정
사회 이슈 해결을 위한 임시기구라는 점에서 이해관계자주의에 바탕을 둔
헌법상 공식기구인 경제사회위원회와 차별성을 보이고 있다. 한편, 연금 개
혁 과정에서 가장 활동이 두드러지게 나타나는 사회적 대화 기제가 바로
노사 혹은 노사정 협의이다.[26] 프랑스가 낮은 코포라티즘의 국가로서 노사
합의 정도가 낮음에도 불구하고 노사 대표 단체가 정부의 협상 파트너로
간주되는 것은 연금 속성상 근로자와 사용주는 연금제도의 재정 제공자임과
동시에 수급자이며 노사 대표 단체는 이들의 이해관계를 대변하는 정당성을
지닌 경제·사회주체이기 때문이다. 재원의 대부분을 기여금에 의존하는 비
스마르크 복지제도의 성격이 강한 프랑스에서는 더욱 그러하다. 뿐만 아니
라 낮은 가입률에도 불구하고 프랑스 노조의 영향력이 강하게 작용하는 제

---

25) http://telquel.ma/2014/10/30/cese-recommande-daugmenter-lage-retraite-63-ans
_1421172
26) 프랑스에는 현재 대표성을 지닌 5개 노조와 3개의 신생 노조 그리고 Medef 등 3개의
경영자 단체가 있다. 이의 자세한 내용은 심창학(2014, 200-201)을 참조.

〈표 8〉 프랑스 노조 가입률 및 단체협약적용률 추이

	1960	1965	1970	1975	1980	1985	1990	1995	2000	2005
노조 가입률	17.7	17.3	19.7	19.9	16.6	12.6	9.8	–	8.6	7.6
단체협약 적용률	〉70	〉70	〉70	〉70	80+	〉70	90+	95	90+	95*

* 2007년 통계수치임
출처: DICE Report, 63의 관련 〈표〉; OECD(2004, 145)의 Table 3.3; D. Venn(2009, 16 이하)
　　table 1의 내용을 바탕으로 재정리; 심창학(2014, 203)의 표에서 재인용

도적 요인 또한 중요하다. 예컨대 단체협약의 경우 이는 한번 체결되면 조합원뿐만 아니라 비조합원에게도 적용된다. 즉, 비조합원이라 할지라도 소속 사업장에서 결성되어 있는 특정 노조(대표성을 지닌 노동조합) 중 한 노조라도 협약에 서명하면 단체협약은 유효한 것으로 간주되며, 법정 반대 요건만 충족되지 않으면 그 결과는 자동적으로 전체 근로자에 적용되는 것이다. 따라서 노조 가입률보다 노조 결성률이 더 중요하게 인식되며 이는 〈표 8〉처럼 낮은 노조 가입률과는 반대로 단체협약 적용률은 높은 결과를 가져온다(심창학 2014, 203).

한편 연금과 관련하여 주목할 점은 프랑스 노조는 공공노조 중심이라는 점이다. 공무원을 포함한 공공영역 근로자의 노조 가입률은 일반 기업보다 3배 높다(5.2% 대 15.3%). 더 중요한 요소인 노조 결성률 역시 공공 영역이 2배 이상 높다(36.5% 대 72.1)(이상 2003년 기준, 심창학 2014, 204). 1990년대 이후 프랑스 연금 개혁은 일반연금은 물론이거니와 공무원연금과 특수직역연금을 대상으로 하고 있다.[27] 이러한 점을 고려할 때 연금 개혁 과정에서 나타나는 노사 협의는 정부 입장에서는 반드시 거쳐야 할 절차인 것이

27) 6차례의 연금 개혁 중 개혁이 무산된 유일한 사례가 공무원연금과 특수퇴직연금인 점 역시 이와 무관하지 않은 것으로 판단된다.

<표 9> 노사(정)협의 사례

	개혁대상		노사정회의
2003년	일반연금/ 공무원연금	2월 3일: 정부안 공개 5월 15일: 노사정회의 7월 4일: 하원 통과	정부, 사용주단체, 노조 대표 단체 중 CFDT와 CGC 동의
2007년	특수직역연금	10월 1일: 연금개혁안 발표 12월: 노·정회의	정부, 공공 노조 참여 (CGT-SNCF, CGT-RATP …)
2010년	일반연금/ 공무원연금	1월~5월: 정부와 노조 대표 회의 6월: 협상안 발표 10월: 하원 통과	–

다. 한편, 자료 확인이 가능한 수준에서 정부 주도하에 이루어진 노사(정)협의 사례는 〈표 9〉와 같다.

흥미로운 현상은 노사(정)협의 시도 여부가 연금 개혁의 결과를 결정짓는 주요 요인으로 작용하고 있다는 점이다. 구체적으로 노사(정)협의가 진행된 개혁 대부분은 정부의 의도대로 진행되었다. 반면, 노사협의에 대한 정부의 의지가 없는 상태에서 진행된 개혁은 결국은 실패로 끝났다. 대표적인 사례가 1995년의 공무원 및 특수직역연금 개혁이다. 이에 대해 은민수는 동거체제였던 1993년과는 달리 1995년에는 우파진영이 대통령직과 의회를 모두 장악함으로써 사회 파트너와의 협상 필요성을 느끼지 못한 것으로 보고 있다. 달리 말하면 당시 정부는 권력 내의 거부점(veto point)이 사라진 상태에서 강력한 권력을 바탕으로 노조 등의 승인 없이도 계획을 실시할 수 있다고 믿었던 것이다(은민수 2006, 220). 하지만 이는 오히려 노조를 중심으로 한 강력한 반발을 가져오게 되었고 개혁안 철회로 귀결되었다. 후술하겠지만 노사(정)협의는 연금 개혁의 내용 변화를 가져오는 중요한 계기가 됨에 유의할 필요가 있다. 1990년대 이후 연금 개혁의 큰 방향은 수급권 약화임은 부인하지 않는다. 그럼에도 불구하고 일정 부분 수급권을 오히려 강화시키는 조치도 있음에 주목할 필요가 있으며 상당 부분은 노사(정)회의를 통해서 합의된 것이다. 임시기구이지만 연금 개혁의 방향을 결정짓는 데 노사(정)회의의 중요성이 발견되는 대목이다.

3) 사회정상회담(sommet social)에서 사회대토론회(grande conférence sociale)로

이는 사회적 대화 기제 중 공식성의 차원에서 경제사회환경위원회와 노사(정)협의의 중간에 위치하고 있다. 즉 경제사회환경위원회와 달리 법정기구는 아니다. 하지만 특정 이슈에 한해 열리는 노사(정)협의에 비해서는 훨씬 포괄적인 성격을 담고 있다. 기본적으로 노사 대표 그리고 사안에 따라서는 직능별·직종별 이해관계자 대표, 시민단체 대표 등이 참석한 가운데 경제·사회 현안에 대한 정부의 입장을 밝히고 이에 대한 의견을 피력하는 회의이다. 그리고 양대 회의의 공통점은 대통령 취임과 함께 시작되었다는 점이다.

먼저 사회정상회담은 2007년 사르코지(Sarkozy) 대통령의 취임과 동시에 개최되었다. 사회정상회담을 통해 사르코지 대통령은 사회개혁의 로드맵을 밝히기도 했으며 이와 관련된 구체적인 정책을 제시했다. 예컨대 2009년 2월의 노사 대표 단체가 모인 사회정상회담에서는 경기부양을 위해 소득세 감면, 사회적 취약계층에 대한 일시금 지급과 200유로 상당의 바우처 제공, 고용과 직업훈련을 위한 사회투자기금 조성, 구직자에 대한 특별 보조금의 제공 등을 내용을 지닌 정책을 실시할 것이라고 밝혔다. 이에 대해 노조 대표 단체는 경제 위기 타개를 위한 구조적 대응이 없음을 지적했다.[28] 한편 대선을 3개월 앞둔 2012년 1월에 열린 사회정상회담에서는 실업 문제 해결을 위한 일련의 강력한 조치가 실시될 것이라고 밝혔다.[29] 특히 2년 이상의 장기 구직자에 대한 직업훈련의 필요성을 강조했다. 하지만 사르코

---

28) http://www.vie-publique.fr/actualite/alaune/sommet-social-annonces-reactions-syndicales.html

29) http://tempsreel.nouvelobs.com/politique/20120118.OBS9104/sommet-social-sarkozy-annonce-des-mesures-les-syndicats-restent-mesures.html

지 대통령 시기의 사회정상회담은 형식적이라는 비판을 많이 받았다. 주로 노사 대표 단체만 참석했으며, 정기적 회의도 아니었을 뿐만 아니라 회의 진행 방식에서도 정부의 정책을 알리는 데 주력하는 모습을 보였다.

한편, 2012년에 집권한 사회당의 올랑드(Hollande) 정부는 이와는 다른 접근방법을 취하고 있다. 대통령 공약 사항이기도 했던 사회대토론회는 기본 성격은 사회정상회담과 유사하나 형식과 내용 면에서 〈표 10〉처럼 많은 차이를 보이고 있다.

2012년 7월 300여 명의 대표들이 참여한 가운데 열린 사회대토론회는 2015년까지 진행되었다. 진행방식은 매년 노사정 대표 합의하의 의제 선정

〈표 10〉 사르코지 정부와 올랑드 정부의 사회적 대화 비교

	사르코지 정부	올랑드 정부
명칭	사회정상회담	사회대토론회
대화의 폭	특정 주제, 사안별	사회·경제정책 전반
대화 주체	노사 대표	노사 대표 및 사회단체
대화 시기	정부 필요시 소집	집권기간
의제선정	정부	노사정
의안제출	정부	노사정, 사회단체(의견제시)
진행과정	정부가 의안 제출, 설정한 시간 내에 노사합의 요구, 합의 시 노사합의안 입안, 합의 실패 시 정부안 추진	차기년도 정책 전반에 대한 토론을 통해 의제 선정, 주제별 노사(사회단체)공동논의를 진행, 합의안 도출. 이후 담당부처와 협의
총리와 정부의 역할	정부안 제출, 합의시한 설정, 총리의 역할은 없음	정부 부처별로 노사 논의 주도·진행, 총리는 이를 총괄, 매년 진행과정을 결산, 이를 총괄할 총리 부속 사회적 대화 위원회 설치

출처: 손영우(2012), p.31의 〈표〉를 바탕으로 재정리

→ 의제별 하위 주제 선정 → 하위 주제별 로드맵(방법, 시기) 결정 → 결산
(차기연도 회의 시)으로 이루어진다. 여기서 특이한 점은 진행 전 과정이
정부 주도가 아니라 노사정 합의하에 이루어진다는 점이다. 그리고 로드맵
에 따른 정책 추진을 위해 의제별 행정부처 혹은 담당장관이 정해진다. 단
순히 정부 정책을 홍보하는 자리가 아니라 경제 · 사회 정책 입안 및 추진에

〈표 11〉 사회대토론회 의제(2012년~2015년)

2012	2013	2014	2015
일자리 개발, 청년고용 우선 (노동부)	고용 활성화와 직업 훈련 (노동부)	고용 활동 증진: 청년, 고령자, 한계집단	직업경로보장과 경제활동 개인 계좌 설립 (노동 · 사회적 대화부)
평생 교육 훈련과 능력개발 (직업훈련 담담장관)	근로조건개선, 위험 예방, 근로자 건강 개선(여성권리부)	청년: 학교에서 직업통합까지의 이행 보장	고용, 녹색 성장 및 훈련 (환경부)
공정하고 효과적인 보상시스템 보장 (경제 · 재정부)	미래 일자리 창출 (산업재건부)	유럽 성장과 고용을 위한 경제 · 사회 의제 개발	신산업과 디지털 변혁 (경제 · 산업 · 디지털부)
직장 내 삶의 질 향상과 평등 구현 (여성 권리부)	**연금 및 사회보호 미래 보장 (사회 · 보건부)**	투자 연계 성장 촉진	-
생산 재건 조건 극대화(산업재건 및 디지털 부)	공공서비스모델과 공공활동 현대화 (국가개혁부)	건강 정책 혁신	-
사회보호 및 연금 미래 보장 (사회 · 보건부)	사회유럽 (직업훈련 담당장관)	공공기능개혁 과정에서의 사회적 대화	-
공공 기능 현대화 (국가개혁 · 분권화 · 공공기능부)	-	-	-

출처: http://travail-emploi.gouv.fr/grands-dossiers/conference-sociale-2015/의 관련 내용을
재정리

노사정이 공동 참여하는 성격이 강하다. 〈표 11〉은 2012년부터 2015년까
지 열린 사회대토론회에서 선정된 의제 및 관련된 행정부처(담당장관)를 정
리한 것이다.

〈표 11〉처럼 연금(개혁)은 사회대토론회의 의제 중의 하나이다. 1990년
대 이후의 개혁에도 불구하고 여전히 국가정책 아젠다에 포함되어 있음을
보여주는 대목이다. 한편 2012년 연금미래보장 의제는 2012년 9월에 작업
이 시작되는 연금정책방향위원회(COR)의 진단을 바탕으로 2013년 봄에 연
금 개혁과 관련된 노사협의가 이루어지는 방향으로 로드맵이 결정되었다.
2013년의 연금 개혁은 COR 보고서(COR 2012)와 이에 바탕을 둔 사회대토
론회 활동과 무관하지 않음을 보여주는 대목이다.

2. 사회적 대화의 방식

1) 전문가 정치 대 사회 운동

연금 개혁에서 특이한 사항 중의 하나는 개혁 초기 정부는 소위 '전문가
정치'의 방식을 취하고 있다는 점이다. 연금 개혁의 필요성을 강조하면서
항상 언급되는 것이 정부 자문기구 혹은 전문가 보고서 내용이다. 대표적인
것이 앞에서 언급한 연금정책방향위원회(COR)의 보고서이다.[30] 이는 객관
적인 차원에서 연금 개혁의 필요성을 알리는 효과적인 수단으로 동원되었
다. 특히 1995년과의 비교 관점에서 개혁 성공 사례로 자주 언급되는 2003년
연금 개혁을 위해 총 4개의 보고서가 발간되었다. 예컨대 「브리에트 보고서
(Le rapport Briet 1995)」는 사회적 공평성을 주장하면서 기여금 납부기간

---

30) COR는 독립기구로서 프랑스 연금 체계의 중·장기적 예측 및 분석을 위해 2000년에
    설립되었다. 위원회 분석 결과 및 권고는 보고서의 형태로 총리나 의회에 제출된다.
    위원장 외에 의원(7명), 노사단체대표(16명), 가족 및 퇴직자단체대표(2명), 행정부
    대표(7명), 공익전문가(7명) 등 총 40명으로 구성되어 있다(http://www.cor-retrai
    tes.fr/index.php).

의 연장을 대안으로 제시했다. 1999년 발간된「샤르팽 보고서(Le rapport
Charpin 1999)」는 재정 적자가 2040년에 최고조에 달할 것으로 예측하면
서 이의 해결 대안으로 기여금 납부기간을 42.5년까지 늘리는 것이 필요하
다고 강조한다.[31]

　한편 일련의 정부 개혁안에 대한 사회 세력의 반응은 두 가지이다. 첫째,
연금 개혁에 반대 입장이다. 이는 주로 노조를 중심으로 한 시위 및 파업을 통해
서 나타났다. 특히 1995년의 연금 개혁이 무산된 데는 3주 동안 실시된 철
도노조(SNCF)와 파리교통공사(RATP)의 파업이 결정적이었다(심창학 2002).
특수직역연금 개혁이 시도된 2007년의 연금 개혁 당시에도 1995년의 파업
에 비견될 정도로 대규모의 시위 시도 및 파업이 진행되었다. 퇴직연령 상
승을 예고하는 2010년 연금 개혁은 기여금의 추가 부담뿐만 아니라 자기
세대의 실업 증대를 초래할 것이라는 우려 때문에 고교생까지 시위에 동참
하는 모습은 국내 매스컴을 통해 알려지기도 했다.

　반면 2000년대 접어들어 새로운 모습이 나타나기 시작했는데 연금 개혁
을 지지하는 시위가 바로 그것이다. 대표적으로 2003년 연금 개혁 당시 자
유주의 시민단체(Liberté chérie)의 주도로 이루어진 시위를 들 수 있다. 6
월 15일, 시위에 참여한 규모는 1만 8천여 명(경찰 추산)에서 15만 명(주최
측 추산) 정도로 파악되는데 이들은 개혁을 지지하는 '침묵하는 다수'를 대
변하고 있다고 주장함과 동시에 개혁 반대 운동을 강력히 규탄했다. 불과
몇백 명에 불과했던 기존의 유사 시위에 비해 이 시위는 당시 매우 놀랄만
한 사건으로 기록되었다.

2) 여론 형성의 정치

　한편 당시 연금 개혁에 대한 여론 조사 결과를 살펴보면 시간이 갈수록
개혁을 지지하는 층이 점점 두터워지고 있었다. 예컨대 특수직역연금의 개
혁이 진행된 2007년 당시 여론 조사 결과를 보면 응답자의 62%가 개혁에

---

31) 이외에도「le rapport Teulade」(1999),「le rapport Taddei」(2001) 등이 있음.

<표 12> 연금 개혁 대안에 대한 호의적인 응답 비율(%)

대안	2003.04	2007.10	2008.03	2010.02	2010.04	2010.05
연금유보 기금의 활용	61	51	57	48	46	47
기여금 납부 기간 연장	36	–	44	45	38	46
퇴직연령 상향조정	30	–	38	41	33	43
기여율 인상	25	–	25	27	26	28
급여수준 하락	14	–	8	5	7	8

출처: Ifos 2010, 6

반대하는 파업의 정당성에 대해서 부정적인 입장을 보였다. 파업에 대해 예상되는 정부의 대응에 대해서 51%는 노조 요구 일부를 들어주는 선에서 끝날 것이라고 응답한 반면, 44%는 교섭이나 양보 없이 기존 개혁안을 밀고 나갈 것으로 보고 있다. 한편 개혁안을 철회할 것이라는 응답은 4%에 불과했다. 이는 여론 자체가 노조가 파업을 통해 개혁 저지를 이끈 1995년과는 많이 달라졌다는 것을 의미한다(이정원 2007, 99).

한편 연금의 재정 적자 해소를 위한 대안에 대한 여론 조사 결과를 살펴보면 <표 12>처럼 역대 정부의 개혁 방향과 여론 간에 조응성이 발견된다.

위의 연금 개혁 대안 중 프랑스 사람들이 가장 선호하는 것은 연금유보기금(FRR)의 활용을 통한 방법이다. FRR은 1999년에 설치된 기금으로 미래의 재정불균형 해소를 위해 조성된 기금이다. 가장 선호도가 높음에도 불구하고 이를 채택하기에는 논란의 여지가 많다. 왜냐하면 이 기금은 단기적인 재정 적자를 염두에 둔 것이 아니기 때문이다. 구체적으로 2020년을 목표 시점으로 조성된 것으로 당장 사용할 수 있는 성격의 기금이 아닌 것이다.

다음으로는 기여금 납부기간 연장, 퇴직연령 상향조정의 순으로 프랑스 국민은 선호하고 있다. 흥미로운 점은 이들 대안은 1990년대 이후 진행된 연금 개혁 방향과 일치한다는 점이다. 한편, 프랑스 국민은 급여 수준의 하락 대안에 가장 부정적인 반응을 보이고 있는데 이는 정부의 개혁안에서도 언급되지 않은 부분이다.

이렇게 볼 때 1990년대와 달리 2000년대에 접어들어 노조 등 사회 세력의 반대에도 불구하고 정부의 연금 개혁이 순조롭게 진행된 데는 연금 개혁에 대한 여론 동향이 크게 작용한 것으로 보인다.

3. 사회적 대화의 성과: 수급권 유지 혹은 강화

사회적 대화 방식에서 개혁 초기에 정부는 전문가 정치를 통해 연금 개혁의 당위성을 알리는 데 주력하는 한편, 노조 등 사회 세력은 시위 및 파업을 통해 반대 입장을 분명히 했다. 한편 여론 동향은 특히 2000년대 이후 연금 개혁을 실현하는 데 중요한 동인으로 작용했다.

여기서 제기되는 질문은 과연 이상의 요인들이 연금 개혁을 가져오는 충분조건이었는가 하는 점이다. 앞에서 살펴본 바와 같이 연금 개혁의 주된 내용은 수급 요건의 강화를 통한 재정 적자 해소이다. 이는 곧 연금제도의 수급권 약화를 의미한다. 여기서 중요한 점은 일련의 연금 개혁이 수급권 약화만을 그 내용으로 담고 있는 것은 아니라는 점이다. 수급권 강화 혹은 기존 수급권 유지를 보여주는 내용도 포함되어 주목할 필요가 있다. 일부는 정부 원안에 포함되어 있기도 하고, 노사 협의 혹은 시위 및 파업 등의 사회운동의 결과 추가된 것도 있는데 구체적인 내용을 정리하면 〈표 13〉과 같다.

첫째, 기여금 납부기간의 연장 혹은 수급개시 연령의 상향조정이라는 일련의 연금 개혁이 특정 근로자에게는 그대로 적용되지 않음을 알 수 있다. 대표적으로 장기근속근로자와 특수직종출신의 근로능력약자를 들 수 있다. 이들에 대해서는 기존 제도가 그대로 적용되거나 좀 더 관대한 적용을 받게 되었다. 세 자녀 이상을 둔 연금 수급자에 대한 완전연금 수급 가능 연령은 기존의 65세가 그대로 적용된다.

⟨표 13⟩ 연금 개혁의 결과로 나타난 수급권 유지 혹은 강화 측면

연도	구분	내용
2003	일반연금	• 장기근속근로자의 조기퇴직제도(60세 이전, 43.5년 기여 충족) • 기여 최저연금 개선 • 연금크레디트: 학업(최대 3년) • PERP(적립식 개인연금)/PERCO(단체연금)
	공무원연금	• 보충연금제도 신설(RAFP): 적립식
2010	일반연금	• 수급개시 연령 유지(60세): 장기근속근로자/특수직종출신의 근로능력약자 • 완전연금 수급 자격 연령 유지(65세): 세 자녀 연금수혜자 • 연금크레디트제도 강화: 실업급여 미수혜 청년(기존의 4분기에서 6분기)/출산 휴가 여성
2013	일반연금	• 연금크레디트제도 강화: 직업 훈련, 급여미수급 실업기간, 직업상 사고, 인턴 및 일·학교 병행 근로

둘째, 연금크레디트제도의 개선 및 강화이다. 연금크레디트는 출산 등 불가피한 사유로 경제활동이 중지되는 기간을 가입기간으로 인정하는 제도로서 연금 수급권 강화를 목적으로 하고 있다. ⟨표 13⟩처럼 일반연금에서 개혁 시 매번 연금크레디트제도가 확대 강화되는 경향을 보이고 있다.

셋째, 가장 중요한 대목으로 보충연금제도의 도입이다. 2003년 연금 개혁에서 일반연금 가입자들을 대상으로 3층체계 연금(추가연금)에 PERP(적립식 개인연금)와 PERCO(단체연금)가 도입되었다. 한편, 공무원들에게는 RAFP(공공기능 보충연금)로 불리는 적립식 보충연금제도가 도입되었다. 이 제도는 공공노조와 국가 간 협의의 산물로 알려져 있다(심창학 2015, 180).[32] 이처럼, 기본연금의 수급권 약화로 인한 가입자들의 불만을 약화시키는 대안으로서 각 연금제도에 보충연금(RAFP) 혹은 추가연금(PERP, PERCO)이 도입된 것이다.

---

32) 2003년 관련법에 의해 2005년에 도입되어 현재 가입자는 약 460만 명이다(중앙 및 지자체 공무원).

전반적으로 1990년대 이후의 연금 개혁은 연금 가입자의 수급권 약화를 가져오고 있음은 분명하다. 그럼에도 불구하고 특정 집단에 대해서는 수급권이 유지되기도 할 뿐 아니라 새로운 연금제도가 도입되는 등 수급권 강화의 측면이 있는 것 또한 사실이다. 이보다 더 중요한 점은 이의 상당 부분은 노조의 대응 혹은 이에 바탕을 둔 노사(정)협의의 결실이라는 점이다. 이렇게 볼 때 프랑스 연금 개혁은 재정 적자 해소 및 사회적 형평성 구현, 개혁 우호적인 여론 형성에 바탕을 둔 정부와 이에 반대하는 노조, 그리고 노사(정)협의를 통해서 나타나는 사회적 대화의 산물이라 할 수 있다.

IV. 나가는 말

본 글은 지금까지 사회적 대화 기제와 방식을 통해 1990년대 이후의 연금 개혁 과정을 살펴보았다. 대화의 제도적 메커니즘인 경제사회환경위원회와 사회대토론회는 연금 개혁은 초미의 국가적 관심사로서 의제의 핵심에 자리 잡고 있다. 그리고 노사(정)협의를 통해 특정연금 개혁에 관한 사회 파트너와의 지속적인 협상이 진행되었다. 정부는 개혁 초기에는 보고서를 연금 개혁의 당위성을 알리는 데 주력하는 한편, 필요한 경우 여론 정치에 호소하는 모습을 보이고 있다. 한편, 연금 개혁에 대한 사회 세력의 입장은 두 가지로 대변되는데 노조를 중심으로 연금 개혁 반대 운동과 일부 시민단체 주도의 연금 개혁을 지지하는 움직임이 있음을 알 수 있다. 프랑스 연금 개혁은 이상 살펴본 요인의 복합적인 상호작용의 결과물이라 할 수 있다. 이러한 맥락에서 볼 때 연금 개혁이 전반적으로는 수급권 약화를 가져옴에도 불구하고 특정 집단에 대한 수급권의 유지 및 강화, 연금크레디트제도의 확대, 보충 혹은 추가연금제도의 도입이라는 수급권 강화의 측면도 있는 점은 당연지사라 할 수 있다.

일반적으로 프랑스는 저수준의 코포라티즘 국가 혹은 강력한 중앙집권적 국가로 알려져 있다. 하지만 연금 개혁에서처럼 프랑스의 사회적 대화는 많은 실험을 거치고 있다. 기존에는 노동운동과 노사협의가 사회적 대화의 주를 이루고 있었다면 최근에는 이해관계의 제도화를 통해 협의의 정치를 실현하려는 새로운 시도가 나타나고 있다. 사르코지 정부하의 사회정상회담과 올랑드 정부하의 사회대토론회는 이의 대표적인 사례이다. 이러한 프랑스 사례는 소통이 화두가 되고 있는 한국사회의 현주소를 확인하고 사회갈등을 해소하는 방향을 설정하고자 정책적·학문적 논의의 장에 소중한 밑거름이 될 것이다. 끝으로 사회적 대화의 관점에서 연금 개혁을 개관한 나머지 본 글에서는 다루지 못했던 이론적 논의(예: 연금 개혁의 신제도주의적 해석)에 대한 학계의 지속적인 관심이 있어야 할 것이며, 이는 본 글의 후속연구 주제이기도 하다.

【참고문헌】

노대명. 2012. "연금제도." 정기혜 외 편. 『주요국의 사회보장제도: 프랑스』. 한국보
　　건사회연구원.

닉퍼슨(Nick Parsons). 2003. "1990년대의 프랑스: 역사의 무게와의 투쟁." 조재희
　　외. 『유럽의 사회협의제도』. 한국노동연구원.

손영우. 2005. "이익집단의 정치제도화에 관한 연구: 프랑스의 경제사회위원회를 중
　　심으로." 『시민사회와 NGO』 제3권 제2호. 193-220.

_____. 2012. "프랑스 사회당 정부의 '사회대토론회'의 의미와 내용." 『국제노동브
　　리프』 11월호. 29-42.

_____. 2015. "프랑스 사회적 대화 구조의 변화: 노조대표성 개혁과 사회대토론회."
　　『한국정치학회보』 49집 1호. 23-48.

심창학. 2002. "한국, 프랑스 사회보장제도 개혁과정 비교─국가중심적 이론에 근거
　　하여." 『상황과 복지』 12호. 215-254.

_____. 2014. 『사회보호 활성화 레짐과 복지국가의 재편』. 도서출판 오름.

_____. 2015. "프랑스." 김상호 외. 『일반국민과 공무원의 노후보장체계 국제비교연
　　구』. 153-210. 국민연금공단·국민연금연구원.

은민수. 2006. "유럽의 연금제도와 정치제도─영국과 프랑스의 연금개혁사례를 중
　　심으로." 『세계지역연구논총』 24집 1호. 201-226.

이인재 외. 2010. 『사회보장론』. 도서출판 나남.

이정원. "프랑스의 공공부문 연금개혁관련 파업사태." 『국제노동브리프』 5(12).
　　95-98.

정병기. 2014. "프랑스 코포라티즘─동시적 교환과 제한된 일반적 교환의 사회협약
　　정치." 『지중해 지역연구』 16(3). 1-24.

정홍원. 2010. "2010년 프랑스 연금개혁의 내용과 시사점." 『보건·복지 Issue &
　　Focus』 제60호. 11월. 1-8. 한국보건사회연구원.

CESE. 2000. *AVIS adopté par le Conseil économique et social au cours de séance du 12 janvier 2000*. CESE.

COR(Conseil d'orientation des retraites). 2010. *Retraites: perspectives actualisées à moyen et long terme*. en vue du rendez-vous de 2010. COR.

_____. 2012. *Retraites: Perspectives 2020*, 2040 et 2060. COR.

Drees. 2013. *Les retraités et les retraites*. Ministère des finances et des comptes publiques.

Ifos. 2010. *Les Français et la réforme des retraites*. ifos.

OECD. 2010. "Pensions in France and abroad: 7 key indicators"(http://www.bo llettinoadapt.it/old/files/document/6952PENSION_FRANCE_2.pdf).

Pierson, C. 1991. *Beyond the Welfare State?: The New Political Economy of Welfare*. Cambridge, UK: Polity press.

Service des Retraites de l'Etat. 2014. *Les chiffres-clés des retraites de l'Etat 2013*. Ministère des Finances et des Comptes Publics.

CESE 홈페이지(http://www.lecese.fr/)(경제사회환경위원회).

http://www.cor-retraites.fr/index.php(연금정책방향위원회).

http://travail-emploi.gouv.fr/grands-dossiers/conference-sociale-2015/(사회대토 론회).

색인

편저자 및 필자 소개 (원고 게재순)

▶▶ **고상두**

연세대학교 지역학협동과정 교수

베를린 자유대학교 정치학 박사

주요 저서 및 논문 |

『통일독일의 정치적 쟁점』(도서출판 오름, 2007)

『시민사회운동: 이론적 배경과 국제적 사례』(법문사, 1999) 외 다수

▶▶ **민 희**

경희대학교 정치외교학과 SSK 중형연구단 연구교수

경희대학교 정치학 박사

주요 저서 및 논문 |

"감정과 정치참여"(『한국정치학회보』, 2016)

"Democracy in South Korea: Consolidated but in Deficits"
(*Korea Observer*, 2012) 외 다수

▶▶ **이민규**

경상대학교 심리학과 교수

성균관대학교 임상심리학 박사

주요 저서 및 논문 |

『커넥션의 심리학』(교보문고, 2011)

『인간의 마음과 행동』(박영사, 2004) 외 다수

▶▶ **윤성이**

경희대학교 정치외교학과 교수

Ohio State University 정치학 박사

주요 저서 및 논문 |

  "한국사회 이념갈등의 세대 간 특성 비교: 주관적 이념 결정요인과
이념표상의 차이를 중심으로"(『21세기정치학회보』, 2014)

  "Democracy in South Korea: Consolidated but in Deficits"
(*Korea Observer*, 2012) 외 다수

▶▶ **장선화**

연세대학교 국가관리연구원 사회통합연구센터 연구교수

이화여자대학교 정치학 박사

주요 저서 및 논문 |

  "사회협약의 정치: 세계화시대 경제위기와 집권 정당의 위기극복 전략"
(『한국정당학회보』, 2014)

  『미국과 유럽연합의 관계』(서울대학교출판문화원, 2014) 외 다수

▶▶ **서정건**

경희대학교 정치외교학과 부교수

미국 텍사스 주립대(어스틴) 정치학 박사

주요 저서 및 논문 |

  "Security Ties or Electoral Connections? The US Congress and
the Korea-US Free Trade Agreement, 2007-2011"(*International
Relations of the Asia-Pacific*, 2015)

  『정당정치의 변화, 왜 어디로』(형설출판사, 2015) 외 다수

▶▶ **김성진**

덕성여자대학교 정치외교학과 부교수

University of Glasgow 박사(러시아정치)

주요 저서 및 논문│

"유럽의 이주갈등: 경제·사회정책의 영향을 중심으로"(『사회이론』, 2015)

"몰도바 정체성과 민족주의"(『슬라브학보』, 2014) 외 다수

▶▶ **김민정**

서울시립대학교 국제관계학과 교수

프랑스 파리 2대학 정치학 박사

주요 저서 및 논문│

"한국 여성의 정치적 대표성 확대를 위한 여성할당제의 효과"
  (『페미니즘연구』, 2014)

『젠더정치학』(공저)(한울, 2011) 외 다수

▶▶ **심창학**

경상대학교 사회복지학과 교수, 경상대학교 인권사회발전연구소 소장

파리 4대학교(파리-소르본느) 사회학 박사

주요 저서 및 논문│

『사회보호 활성화 레짐과 복지국가의 재편』(도서출판 오름, 2014)

『각국의 공공부조제도 비교연구: 프랑스편』(한국보건사회연구원, 2015) 외
  다수